Museen der Welt

Kunsthistorisches Museum Wien

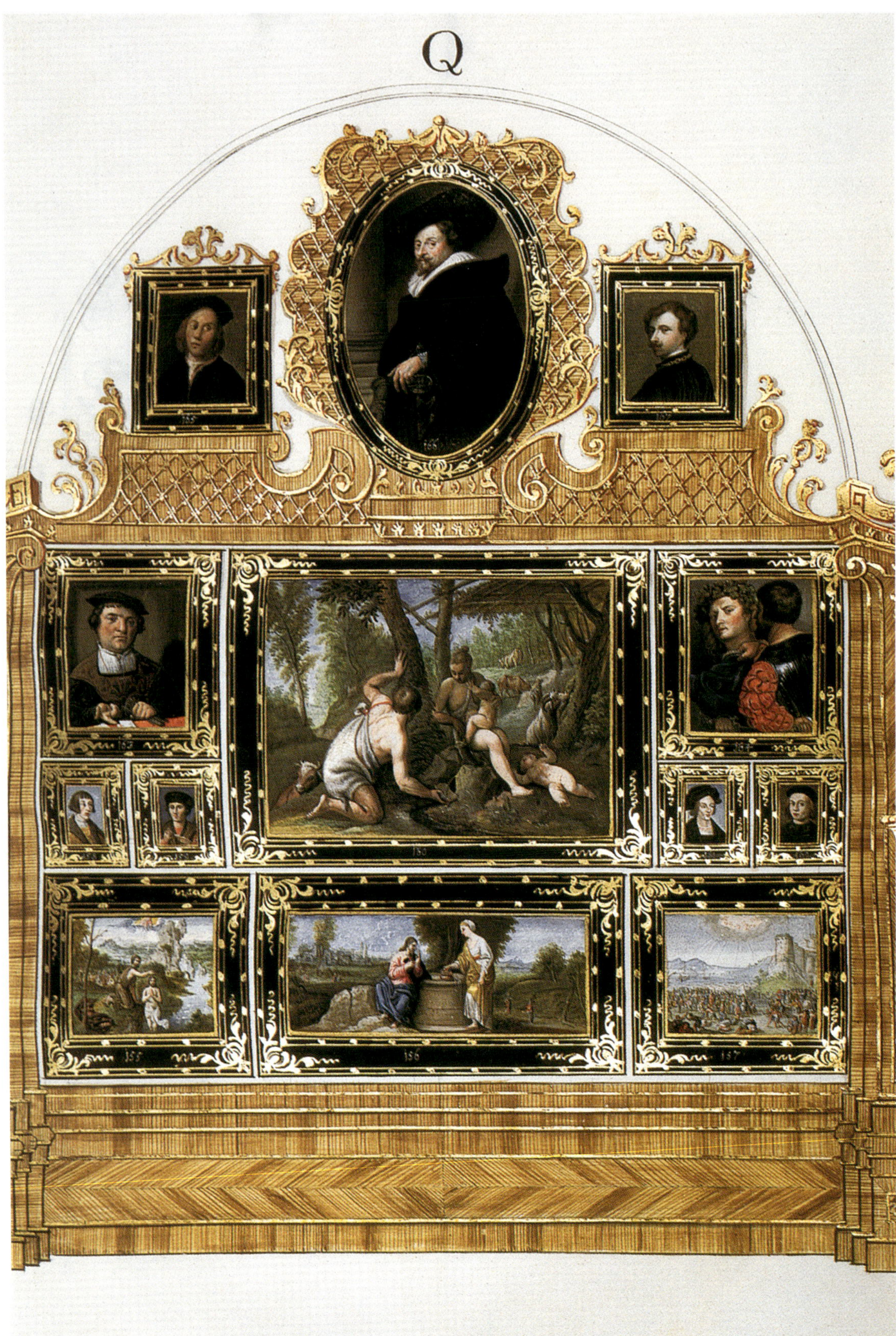
Q
155
156
157

Museen der Welt

Kunsthistorisches Museum Wien

Die Gemäldegalerie

von Wolfgang Prohaska

C.H.Beck / Scala Arts & Heritage Publishers

FRONTISPIZ

Ferdinand Storffer

Neufelden/Oberösterreich 1693–Wien 1771

Bildinventar der Sammlungen Kaiser Karls VI. in der Stallburg in Wien, Bd. I, 1720 (Inv. Nr. Min 75)

Dargestellt sind u.a. Rubens' Selbstbildnis, darunter *Adam und Eva nach der Vertreibung aus dem Paradies* von Veronese und – in den Proportionen stark verändert – Annibale Carraccis *Samariterin am Brunnen*, links davon die *Taufe Christi* von Patinier und rechts oben in der Mitte Tizians *Bravo*.

ABBILDUNG AUF DER EINBANDVORDERSEITE

Diego Velázquez

Infantin Margarita Teresa im rosafarbenen Kleid, um 1653/54

ABBILDUNG AUF DER EINBANDRÜCKSEITE

Pieter Bruegel d.Ä.

Bauerntanz, um 1568

AUFNAHMEN Kunsthistorisches Museum, Wien
LAYOUT Sara Robin, London
REDAKTION Verlag C.H.Beck oHG, München
und Scala Arts & Heritage Publishers, London

1. Auflage 1984

6. Auflage 2023

Vertrieb in der Bundesrepublik Deutschland, Österreich und der Schweiz durch Verlag C.H.Beck oHG, München
www.chbeck.de

ISBN 978 3 406 66626 1

Gedruckt in Italien

Inhalt

Geschichte der Gemäldegalerie

Die Gemäldegalerie des Kunsthistorischen Museums verdankt ihre Entstehung und ihre spezifischen Eigentümlichkeiten einer Reihe von großen Sammlerpersönlichkeiten des Hauses Habsburg. So bewahrt sie trotz der heute so grundlegend veränderten politischen Verhältnisse und trotz mancher Erwerbungen im 19. und 20. Jahrhundert noch immer den Charakter einer vornehmen fürstlichen Privatsammlung – und dies mit allen Vor- und Nachteilen. Ihr Ursprung liegt im 16. und 17. Jahrhundert; bereits um 1800 war ihr heutiges inneres und äußeres Gesicht im wesentlichen geprägt. Trotz ihrer Vielseitigkeit und ihres Reichtums ist sie – gegenüber den später entstandenen, schon unter enzyklopädischen oder kunsthistorischen Gesichtspunkten zusammengestellten Nationalgalerien wie jenen in London und Berlin (von den amerikanischen Sammlungen ganz zu schweigen) – unsystematisch. Die Galerie ist kein kunstgeschichtliches Lehrbuch, in dem alle Zeiten, Länder und Stile gleichmäßig vorgeführt werden, historische Vollständigkeit das erstrebte Ziel ist. Vielmehr hat sie ihre wohl keiner anderen Gemäldesammlung vergleichbaren Stärken, dann jedoch ganz wesentliche Lücken, die, bewußt oder unbewußt, auch von Generationen ihrer Kustoden weitgehend respektiert worden sind.

Dem unvergleichlichen Reichtum an venezianischer Malerei des 16. Jahrhunderts, flämischer Malerei des 17. Jahrhunderts, der schwer anderswo erreichten Vollständigkeit der italienischen Barockmalerei, dem Bruegel-Bestand von zwölf sicheren Bildern – bei einem überlieferten Gesamtwerk von etwa 40 Gemälden –, der wunderbaren Sammlung altniederländischer und altdeutscher Malerei, all dem steht das fast vollständige Fehlen französischer, englischer Maler, steht die weitgehende Absenz der italienischen ‚Primitiven', der Maler aus dem 13. und 14. Jahrhundert sowie der Frührenaissance in Italien gegenüber. Die Sammlung holländischer Kunst des 17. Jahrhunderts ist, ebenso wie die des italienischen 18. Jahrhunderts, für eine Galerie dieses Ranges und Anspruchs erstaunlich klein, auch wenn sie Spitzenwerke dieser Schulen und Epochen enthält.

Ließe man die eigentliche Sammlungsgeschichte der Wiener Gemäldegalerie mit Kaiser Maximilian I. (1459–1519) beginnen, stieße man auf kaum mehr als den ideellen Ausgangspunkt der Bilder-Sammlungstätigkeit der Habsburger. Denn das einzige möglicherweise auf seine Veranlassung hin gemalte Stück in kaiserlichem Besitz, Dürers Porträt des Kaisers (*Kaiser Maximilian I.*), ist erst später sicher in der Sammlung nachweisbar. Ohne Zweifel besaß Maximilian Bilder. Für ihn wie für seine unmittelbaren Nachfolger, ja für den Anfang einer jeden fürstlichen Gemäldesammlung, war das Porträt wohl zuerst das Vehikel familienpolitischer Verbindungen

David Teniers d.J.
Antwerpen 1610–
Brüssel 1690
Erzherzog Leopold Wilhelm in seiner Galerie in Brüssel
(Ausschnitt aus Abb.
S. 79), um 1651

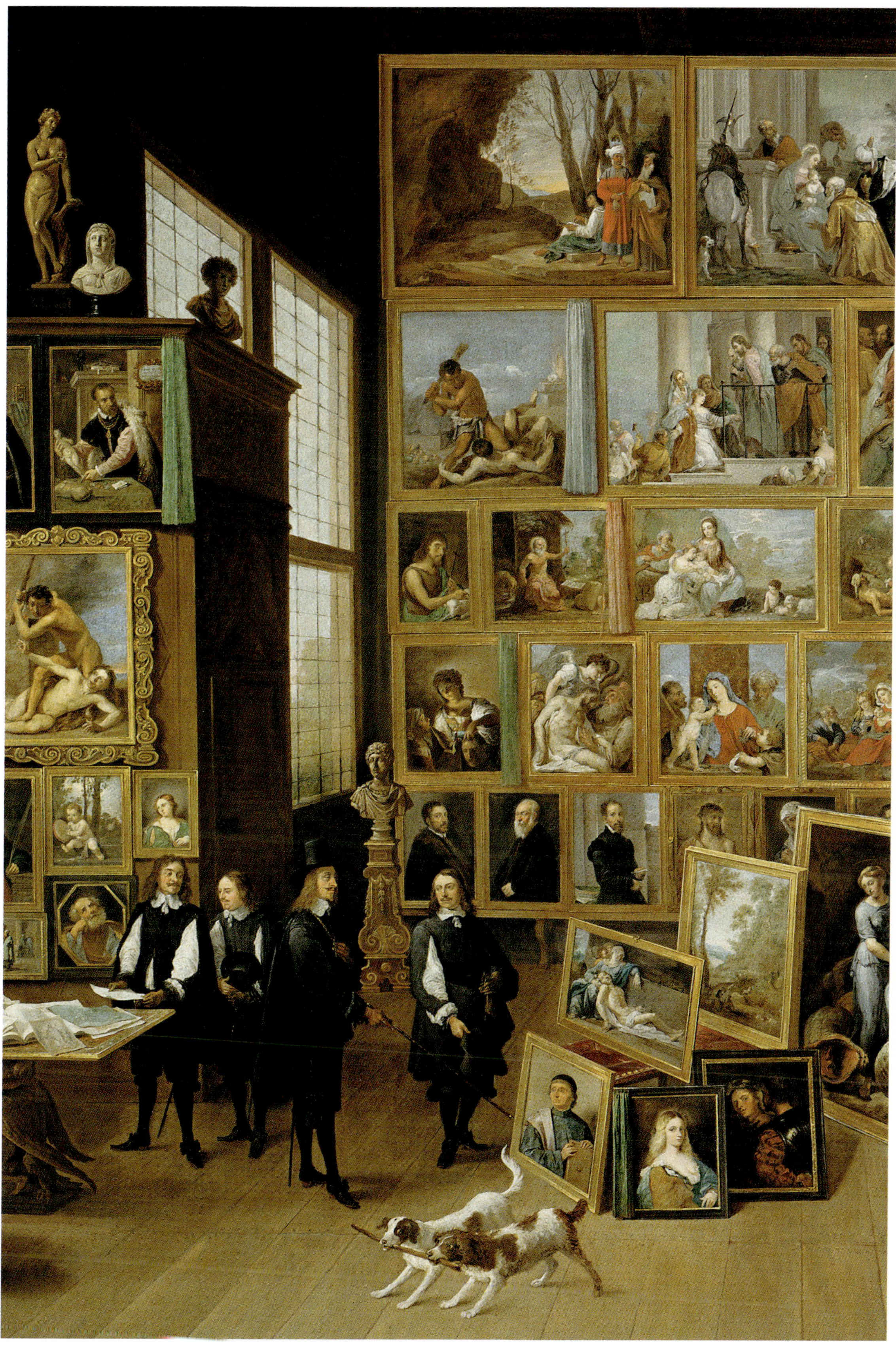

oder vor allem genealogischer Interessen, denen Maximilian – wie viele seiner Standesgenossen – mit besonderer Vorliebe nachging: ihren künstlerisch großartigsten Niederschlag haben diese jedoch nicht in der Malerei, sondern, in Bronze gegossen, in Maximilians monumentalem Grabmal in Innsbruck gefunden. Dieses auf das Porträt, die familiär, politisch, militärisch bedeutende Person, auf den durch körperliche Schönheit ausgezeichneten Menschen, auf den großen Charakter gerichtete Interesse herrscht auch noch bei einem der interessantesten habsburgischen Sammler vor, bei Erzherzog Ferdinand II. von Tirol (1529–1595), dem Sohn Kaiser Ferdinands I., der erst Regent in Böhmen, dann Statthalter in Tirol war und auf Schloß Ambras bei Innsbruck neben den berühmten „Kunst- und Wunderdeßgleichen Rüst- und Harnisch-Camern“ (so in seinem Testament von 1594) auch eine Porträtsammlung von über 1000 Bildnissen in Miniaturformat zusammengetragen hat – sie ist heute in der numismatischen Abteilung des Kunsthistorischen Museums aufgestellt.

Dieser jeder fürstlichen Sammlung bis zu einem gewissen Maße eigene Schwerpunkt im Porträt ist bei den Habsburgern in ihrer Familienbewußtheit von Anfang an besonders stark ausgeprägt, so daß man durchaus von einer gewissen ‚Kopflastigkeit‘ in der Wiener Gemäldegalerie sprechen kann – und dies heute noch immer, auch nachdem 1976 aus den Beständen der Gemäldegalerie auf Schloß Ambras eine historische Porträtsammlung der Habsburger und der mit ihnen verbundenen Herrscherhäuser eingerichtet wurde.

In *Kaiser Rudolf II.* (1552–1612) begegnen wir dem umfassendsten Sammler unter den Habsburgern. Aufgewachsen in Spanien am Hof seines Onkels, Philipps II., und künstlerisch durch die Sammlungen der spanischen Habsburger geprägt, residierte der hochgebildete, introvertierte, zu Depressionen, auch Wahnvorstellungen neigende Herrscher, dessen ausgesprochen psychopathische Züge von einem ausgeprägten sexuellen Appetit verstärkt wurden, in Prag, wo er eine der vielfältigsten, in enzyklopädischer Breite entwickelte, eine schon zu seinen Lebzeiten sagenumwobene Kunstkammer anlegte. Mit seiner Person wächst das Sammeln von Kunst aus dem Bereich der – wenn auch noch so universalistischen – familienpolitischen Dokumentation oder aus dem Bereich des ‚Kuriosen‘ heraus und tritt gleichberechtigt neben die Beschäftigung mit den Naturwissenschaften, mit denen die Kunst in einer durchdachten, beziehungsreichen Weltordnung stand. Dazu kommt, daß Rudolf seine Ankäufe mit subtilem Qualitätsgefühl tätigte, dabei also auch und vorzüglich nach innerkünstlerischen Kriterien vorging.

Rudolf war ein leidenschaftlicher, seine Ziele mit äußerster Hartnäckigkeit verfolgender Sammler: „als, was der Kaiser wais, meint er, er mies' haben“ – so Erzherzogin Maria von Innerösterreich, die als Tochter, Schwester und Tante der großen bayerischen Mäzene und Sammler Albrecht V., Wilhelm V. und Maximilian I. wußte, wovon sie sprach. Bei Rudolf läßt sich auch zum ersten Mal der Gedanke – noch nicht konsequent in der Ausführung – fassen, den gesamten habsburgischen Kunstbesitz in einer, in des Kaisers Hand zu vereinen. So hat er nach dem Tod seines Onkels, Ferdinands II. von Tirol, die Ambraser Kunstkammer von dessen Erben erworben; auch der Nachlaß seines Bruders Ernst, der Statthalter in den Niederlanden war (1593–1595), ist großteils in Rudolfs Hände gelangt.

Wenn auch der Hauptteil von Rudolfs umfangreicher Gemäldesammlung in Prag, vor allem durch die schwedische Plünderung von 1648, in alle Winde zerstreut wurde, sind doch bedeutende Teile bald nach des Kaisers Tod nach Wien gelangt und dadurch in habsburgischem Besitz verblieben.

Das, was Rudolf schätzte – soweit man vorsichtig etwas wie eine Geschmacksrichtung aus der Rekonstruktion seiner Bildersammlung erschließen kann –, mag Wesenszüge dieses so widerspruchsvollen Herrschers erkennen lassen. Da ist einmal der hohe intellektuelle Anspruch, wie er sich gerade in jenen Werken manifestiert, in denen der formal schöpferische Akt, die künstlerische und programmatische Invention, die Arbeit des Erfindens bis zur Überdeutlichkeit ausgedrückt ist. So war Rudolf ein leidenschaftlicher, hartnäckiger, ja manchmal skrupelloser Sammler von Dürers Werken. Die auf einem anderen Niveau ebenso experimentierende Kunst von Rudolfs Hofmalern in Prag, die Kunst Bartholomäus Sprangers, Hans von Aachens, Joseph Heintz', weist in dieselbe Richtung und bildet heute eines der charakteristischsten Ensembles in der Wiener Galerie. Auf der anderen Seite: Rudolfs Bemühungen um die Sammlung seines Bruders Ernst, in der er die Werke Bruegels – des größten Schilderers von Welt, so wie sie ist oder wie sie sein könnte – vorfand, mögen vielleicht vom vergeblichen Versuch des Einsiedlers im Prager Hradschin zeugen, Wirklichkeit einzufangen.

Rudolfs Vorliebe für sinnliche Sujets war offenbar allgemein bekannt; man versuchte, dies bei Geschenken an den Kaiser klug zu berücksichtigen. So liest sich etwa die Liste jener Bilder, die aus seinem Nachlaß an Erzherzog Albrecht nach Brüssel gingen, wie ein Vorschlag zum Aufbau eines erotischen Kabinetts, und natürlich befriedigten Rudolfs schon oben genannte Hofmaler diesbezügliche kaiserliche Bedürfnisse in besonders geistvoller Weise. Daß Rudolf aber auch auf diesem Gebiet künstlerische Qualität höchsten Ranges begehrte, bezeugen die langwierigen Verhandlungen in Spanien, um Correggios *Jupiterliebschaften* zu erwerben. Obwohl von Rudolfs Bilderbestand nur noch Fragmente in Wien erhalten blieben, so muß seine Sammlung jedoch als verpflichtendes Erbe und ideeller Ausgangspunkt aller späterer habsburgischer Kunstförderung gegolten haben.

Der eigentliche Vater der heute noch existierenden Gemäldegalerie ist Erzherzog Leopold Wilhelm (1614–1662), der Bruder Kaiser Ferdinands III. Geistlichen Standes, hatte Leopold Wilhelm schon eine mehr oder weniger erfolgreiche kirchliche und militärische Karriere hinter sich, als er in großem Stil zu sammeln begann. Seine Bilderkäufe, zum größten Teil während seiner Statthalterschaft für den spanischen König in den Niederlanden (1647–1656) betrieben und begünstigt durch die politischen Ereignisse am Ende des Dreißigjährigen Krieges bzw. durch den Zusammenbruch der englischen Monarchie 1648, waren auf zwei Ziele gerichtet: Zum einen baute Leopold Wilhelm eine eigene Sammlung auf, die er 1656, nach dem Ende seiner politischen Tätigkeit in Brüssel, nach Wien transferierte und in der Stallburg, einem Teil der Hofburg, aufstellte. Er ließ sie 1659 in einem noch heute als mustergültig anzusprechenden, äußerst genauen Inventar katalogisieren und vererbte sie am Ende testamentarisch seinem Neffen, dem Kaiser Leopold I. Diese etwa 1400 Bilder, von denen vor allem der italienische Bestand schon zu Lebzeiten des Erzherzogs auch in einem gestochenen Bildinventar, dem ‚Theatrum Pictorium', und von seinem Hofmaler David Teniers in den sogenannten Galeriebildern festgehalten und bekannt gemacht war, sind der Grundstock der heutigen Wiener Gemäldegalerie. Zum anderen erwarb Leopold Wilhelm Bilder für die Sammlung seines kaiserlichen Bruders in den leergeplünderten Sälen der Prager Burg, von wo Teile dann unter Kaiser Karl VI., aber auch später noch nach Wien transferiert wurden.

Leopold Wilhelms Interesse konzentrierte sich vorzüglich auf niederländische und italienische, darunter besonders auf venezianisch-oberitalienische Malerei des 15. und 16. Jahrhunderts. Hier kam ihm zustatten, daß nach der Hinrichtung des

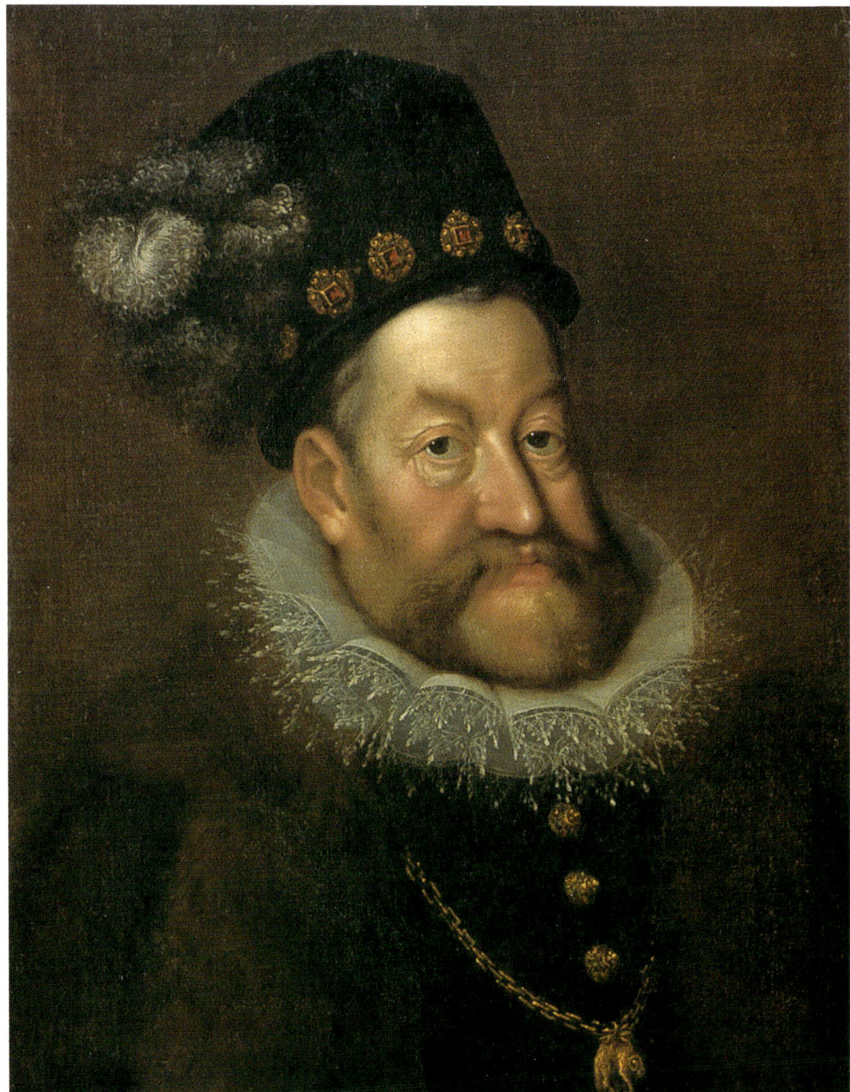

Hans von Aachen
Köln 1551/52–Prag 1615
Kaiser Rudolf II.,
um 1606/1608
Leinwand, 60 x 48 cm
(Inv. Nr. 6438)
Wahrscheinlich aus der
Kunstkammer Rudolfs II.

Kaiser Rudolf II. (1552–1612), Sohn Kaiser Maximilians II., in Spanien aufgewachsen und seit 1576 Kaiser, zählt zu den bedeutendsten habsburgischen Kunstsammlern und Mäzenen. Wichtige Teile seiner Sammlung sind im Kunsthistorischen Museum in Wien erhalten, andere durch die Eroberung Prags durch die Schweden 1648 in alle Welt zerstreut.

malereibesessenen englischen Königs, Karls I., und der Konfiszierung seiner Sammlung sowie der Kollektionen seiner Höflinge große Bestände vor allem venezianischer Malerei in den Niederlanden verkauft wurden. Auf sie legte auch Leopold Wilhelm sofort seine Hand.

Die Erwerbungen reichten von Giorgione über Palma il Vecchio zu Tizian, Veronese, Tintoretto und zu den Bassani, von Antonello da Messina über Bellini zu den großen Meistern Bergamos und Brescias; bei den Niederländern von van Eyck, der – schon ist das historische Interesse spürbar – im Inventar als Erfinder der Ölmalerei apostrophiert wird, über Goes, Geertgen, Gossaert, die Massys, Patinier, Aertsen zu Jan Brueghel. Zum anderen sammelte Leopold Wilhelm seine flämischen Zeitgenossen: David Teniers war sein Hofmaler, Peter Paul Rubens selbst war kurz vor dem Beginn seiner Statthalterschaft gestorben, der gesamte Rubens-Umkreis ist bei ihm und damit in der Wiener Galerie in seltener Vollständigkeit vertreten.

Deutlich ist Leopold Wilhelms Vorliebe für das kleinfigurige, malerisch vollkommen durchgearbeitete Stück, für ruhige klassische, eher nahsichtige Malerei, für das Bild des Connaisseurs, das Stilleben im weitesten Sinn. Deshalb die Liebe zur minuziösen Malerei der Alten Niederländer, zu Giorgione und Lorenzo Lotto, deshalb besaß er von Rubens die ‚Kleine Beweinung', die *Gewitterlandschaft*, aber keine der großformatigen Allegorien, Jagdstücke oder Mythologien. Aus diesem Grunde liebte er bei den Italienern des 17. Jahrhunderts Fetti, Strozzi, Forabosco und Guido Cagnacci – den er nach Wien holte –, nicht so sehr ‚rhetorische' Maler wie Pietro da Cortona, Domenichino oder Guido Reni. Das, was er für seinen kaiserlichen Bruder erwarb, für die weiten Raumfluchten der Prager Burg, entsprach schon eher ‚barockem' Geschmack, hier überwiegt die raumbeherrschende Dekoration, die bewegte großformige Komposition.

War wohl das Interesse Kaiser Leopolds I. (1640–1705) nicht so sehr auf die Malerei als auf Musik, Theater und – in jenen unruhigen Zeitläuften wider Willen – auf die Türken- und Franzosenkriege gerichtet, so kamen doch während seiner Regierungszeit sowohl die aus persönlich-dynastischen Gründen von Madrid nach Wien geschickten verschiedenen *Infantenporträts* von Velázquez hierher, als auch, nach dem Aussterben der tirolischen Linie der Habsburger 1665, der in Innsbruck aufgestellte Kunstbesitz dieses Familienzweiges an den Kaiser. Durch Heirat mit mediceischen Prinzessinnen in zwei Generationen gab es dort enge Beziehungen zu Florenz, und so kommt es, daß die Wiener Galerie heute nicht nur einen vorzüglichen Bestand Florentiner Barockmalerei ihr eigen nennt, sondern beispielsweise auch in den Besitz eines der größten Meisterwerke des Museums überhaupt gelangte, der *Madonna im Grünen* von Raffael.

Die auf die verschiedenen Residenzen verteilten oder dort verbliebenen Sammlungen drängten geradezu nach einer Systematisierung in barockem Sinn. Aber erst nachdem Österreich die doppelte militärische Bedrohung von Osten und von Westen, durch das Osmanische Reich und durch Frankreich, abgewehrt hatte, und nach dem Spanischen Erbfolgekrieg, auf dem Höhepunkt des österreichischen ‚Heldenzeitalters' also, unternahm es Kaiser Karl VI. (1685–1740), den Großteil des habsburgischen Gemäldebesitzes zu vereinigen und in den auch künstlerisch adaptierten Räumen der Stallburg in Wien neu aufzustellen. Ganz im Sinne des Zeitgeistes entwarf man ein dekoratives, auf Achsensymmetrie, Größenentsprechungen, Aufgipfelungen beruhendes System von Öffnungen in der geschnitzten und vergoldeten Wandvertäfelung, in welche die Bilder eingepaßt wurden. So prächtig der Anblick gewesen sein muß – und wir können uns eine gute Vorstellung von der kaiserlichen Galerie unter Karl VI. machen, da der Kaiser ein gemaltes *Bildinventar* in drei Bänden (1720, 1730, 1733) von Ferdinand Storffer anlegen ließ –, so starr und ohne Möglichkeit des Zuwachses oder der Änderung mußte dieses System sein. Wie bedeutend für Karl VI. die 1728 abgeschlossene Neuordnung gewesen war, zeigt das große Dedikationsbild (*Karl VI. und Gundaker Graf Althann*) von Francesco Solimena.

Vielleicht bedingte es auch die selbstauferlegte Erstarrung der Gemäldegalerie in dekorativer Repräsentanz, daß der Kaiser auf den Ankauf von Prinz Eugens großartiger Gemäldegalerie verzichtete. Deren Aufstellungsort, das Prinz-Eugensche Sommerschloß Belvedere, damals außerhalb der Mauern gelegen und 1752 von Maria Theresia angekauft, sollte jedoch für die kaiserlichen Sammlungen bedeutsam werden. Zuvor muß allerdings der Erwerbungen Maria Theresias (1717–1780) und ihres Sohnes, Kaiser Josephs II. (1741–1790), gedacht werden, die jedenfalls mittelbar zur Übersiedlung der Bildergalerie ins Belvedere führten. Maria Theresia als Bilderkennerin oder gar als Bilderliebhaberin zu bezeichnen, mag angesichts mancher erstaunlicher Verkäufe aus den Sammlungen unangemessen erscheinen – trotz der von Bernardo Bellotto für den Hof gemalten Bilderfolge von Wiener Veduten und

Ansichten habsburgischer Schlösser. Gleichwohl ging man seit den frühen siebziger Jahren daran, den kaiserlichen Bilderbesitz neu zu ordnen. In dieser Zeit allgemeiner Belebung des Kunstbetriebes manifestierten sich wohl die „praktischen Folgerungen für die Stellung der Künste in einem ‚aufgeklärten' Staatswesen": Die allgemeine Zugänglichkeit der Sammlungen zur Belehrung und Bildung der Untertanen implizierte namentlich andere, didaktisch-historische Aufstellungsprinzipien und eine wissenschaftliche Erforschung des Bestandes. Mitten in diese auch einen allgemeinen Funktionswandel der Sammlung bedingende Reorganisation, also in die Jahre zwischen 1775 und 1781, fallen die bedeutenden Zugänge aus flämischen Kirchen, seien es die zum Teil riesigen Rubens-, van Dyck und de Crayer-Altarbilder aus den aufgehobenen Jesuitenkollegien und anderen Kirchen der Österreichischen Niederlande oder die Erwerbung der *Rosenkranzmadonna* Caravaggios aus der Dominikanerkirche in Antwerpen. Neben den kirchlichen Ausstattungen aus den österreichischen Niederlanden sind auch in Italien und Wien Altarbilder aus Kirchen erworben worden und prägen heute die barocken Abteilungen der Wiener Galerie. Hier wie da ist kaum individueller Geschmack oder Vorliebe zu spüren, viel eher die Sorge, daß wertvolle Zeugnisse künstlerischer Gestaltung durch die Unruhe stiftenden kirchlichen Reformen verlorengehen könnten, ja die Notwendigkeit, gerade jenen durch ihren nun säkularisierten Zeugnischarakter ausgezeichneten Werken in einem der Allgemeinheit zur Belehrung zugedachten Museum einen idealen Aufstellungsort zuzuweisen. Es mag auch sein, daß bei Rubens' *Ildefonso-Altar* das Andenken an die stiftenden habsburgischen Ahnen eine Rolle gespielt hat. Diese meist großformatigen Bilder aber hatten in der alten Stallburg einfach keinen Platz mehr. So ordnete Maria Theresia 1776 die Transferierung der Gesamtbestände der kaiserlichen Galerie in das Obere Belvedere an.

Joseph II. berief 1778 den Basler Kupferstecher und Kunsthändler Christian von Mechel, der das Schloß Belvedere so nutzen wollte, „daß die Einrichtung im Ganzen so wie in den Theilen lehrreich und … sichtbare Geschichte der Kunst werden mochte". 1781 war die Einrichtung fertig, 1783 kam, französisch und deutsch, das gedruckte, von Mechel selbst verfaßte ‚Verzeichniß der Gemälde' heraus, „der erste nach modernen Grundsätzen eingerichtete, dem Publikum wie dem Fachmanne dienende … Katalog aller späterhin im Kunsthistorischen Museum vereinigten Sammlungen" (A. Lhotsky). Die Bilder waren historisch nach Schulen geordnet, von einheitlichen, josephinischen Rahmen gefaßt, die Säle selbst doppelsprachig beschildert. Die Galerie war dreimal in der Woche allgemein, jedoch nur „mit gesäuberten Schuhen" zugänglich, außer für Kinder und an Regentagen. Im Programm ist der Geist Winckelmanns zu spüren, im Detail die Pendanterie eines aufgeklärten Despotismus.

Es ist wohl ein wenig ungerecht, den oft bedauerten, unter Kaiser Franz I. (1768–1835) zwischen 1792 und 1821 abgewickelten Bildertausch zwischen den kaiserlichen Sammlungen in Wien und den großherzoglichen, nun habsburgisch-lothringischen Galerien in Florenz nur negativ zu sehen. Der Plan, Lücken im historischen Bestand zu füllen, war charakteristisch für die Zeit; Mißgriffe allerdings und empfindliche Verluste (z.B. die *Anbetung der Könige* von Dürer oder Tizians *Flora* in den Uffizien) brachten die ganze Unternehmung aus späterer Sicht in Mißkredit. Auf der anderen Seite fügten sich die Erwerbungen von Werken des florentinischen 16. und 17. Jahrhunderts auch im Charakter ganz ausgezeichnet in den Wiener Bestand ein.

Eingeleitet von der Eroberung Wiens 1809 durch Napoleon, dessen Kunstkommissar Vivant Denon von den zuvor nicht mehr in Sicherheit zu bringenden

Bildern 400 nach Frankreich abtransportieren ließ, bedeutete das 19. Jahrhundert im Ganzen einen fast vollständigen Stillstand der Erwerbstätigkeit. Während London, auch Paris und besonders in der zweiten Hälfte des Jahrhunderts die großen deutschen Museen, allen voran Berlin, durch Ankauf ganzer Sammlungen oder Erwerbung ausgesuchter Stücke ihre Bestände systematisch erweiterten, lassen sich die kapitalen Wiener Bilderkäufe alter Kunst an den Fingern beider Hände abzählen. Sah es erst so aus, als wollte man den Nukleus holländischer Malerei aus dem ‚Goldenen Zeitalter', der sich vor allem im späteren 18. Jahrhundert gebildet hatte, ausbauen, so hielt sich das Kaiserhaus im Laufe der Zeit trotz der damals reichen Bilderbestände in privater Wiener Hand bei weiteren Ankäufen zurück. Das aber, was im 19. Jahrhundert gekauft wurde, verstärkte eher wieder die Stärken der Bestände.

So bewahrte die Wiener Galerie, die ja bis 1918 Privateigentum des Kaiserhauses war, im 19. Jahrhundert so gut wie vollkommen ihr Gesicht, ja man forderte 1875 anläßlich eines „Generalprogramms" ausdrücklich „mit Berücksichtigung des in manchen Partien unvergleichlich reichen Grundstockes die weise Beherrschung", man suchte „lieber in engen … Grenzen Hervorragendes zu leisten als nebulosen Zielen nachzustreben und nach allen Richtungen zu sammeln". Niemals sollten deshalb, auch in Anbetracht des privaten Charakters der Sammlung, große Geldmittel zur Verfügung stehen. Anderswo bemerkbare museale Habgier vermochte sich in Wien nicht durchzusetzen; so registrierte der Historiker Alfons Lhotsky zutreffend: „… die Grundsätze und Leidenschaften der Philatelie sind in den kaiserlichen Sammlungen niemals durchgedrungen". An diesen Leitsatz hat sich, wenn auch vielleicht faute de mieux, noch jede der folgenden republikanischen Regierungen Österreichs gehalten.

Statt dessen wandte man sich einer inneren und äußeren Neuordnung des gesamten habsburgischen Kunstbesitzes und dessen Vereinigung in einem Haus zu, dem zwischen 1871 und 1891 von Gottfried Semper und Karl Hasenauer erbauten Kunsthistorischen Museum an der franzisco-josephinischen Prachtstraße, dem Ring. Gleichzeitig setzte die eigentliche historisch-kunsthistorische Beschäftigung mit der Gemäldegalerie ein. Grundlage war die Erforschung der Sammlungsgeschichte durch Archivstudien – charakteristischerweise wurde im ersten Band des ‚Allerhöchsten Jahrbuchs' (‚Jahrbuch der kunsthistorischen Sammlungen des Allerhöchsten Kaiserhauses', nach 1918: ‚Jahrbuch der kunsthistorischen Sammlungen in Wien', seit 2001: ‚Jahrbuch des Kunsthistorischen Museums'), der seit 1883 erscheinenden Hauspublikation, das Gemäldeinventar Leopold Wilhelms von 1659 erstmals publiziert. Unentbehrlich ist immer noch das ‚Beschreibende Verzeichnis der Gemälde', das der Galeriedirektor und Maler Eduard von Engerth von 1883 bis 1886 verfaßte.

Rief der historisierende Prunk des neuerbauten Kunsthistorischen Museums und die, obwohl nach historischen Gesichtspunkten durchgeführte, in der Pflasterung der Galeriewände mit Bildern jedoch dekorative Hängung in der 1891 eröffneten Galerie die Erinnerung an die Reorganisation unter Karl VI. wach, so folgte zu Beginn des 20. Jahrhunderts die Gegenreaktion im Sinne fortschrittlicher, wenn man will, puristischer Ideen. Museumstechnisch ging man, so wie in fast allen großen Gemäldegalerien, von der dekorativen Hängung in mehreren Bilderreihen übereinander ab und verbannte alles, was man für das große Publikum als nicht unbedingt wertvoll und wesentlich betrachtete, in nur für Spezialforscher zugängliche Depots. Ausgehend von der Prämisse, daß das einzelne Kunstwerk nur in einer gewissen Isolierung ganz zur Geltung zu bringen sei, wurden seither, bei Wahrung historischer Zusammengehörigkeiten und meist einreihig, sehr unterschiedliche Kompromisse zwischen dekorativ-symmetrischer und historisch-chronologischer Hängung versucht. Die Wiener Galeriebeamten mit ihrem eigenen Sinn für historische Kontinuität und ihrem ausgebildeten Gedächtnis richteten aber seit den späten sechziger Jahren des 20. Jahrhunderts die sogenannte Sekundärgalerie ein, ein allgemein zugängliches Depot, an dessen Wänden eine barocke Gemäldegalerie in dekorativ-symmetrischer Superposition mehrerer Bilderreihen heraufbeschworen ist (nach einer langjährigen Schließung zu Beginn des 21. Jahrhunderts soll dieses für das Publikum offene Depot in reduzierter Form wieder eingerichtet werden; ab 2013 wurde im ersten Stock der Gemäldegalerie je ein großer Saal mit nordeuropäischen und italienischen Bildern in dichter dekorativer Hängung bestückt).

Nun setzte, vor allem unter der Direktion des großen Kunsthistorikers Gustav Glück (1911–1931), aber z. T. auch nach dem Zweiten Weltkrieg, eine erfolgreiche, obschon im Vergleich mit den großen Gemäldegalerien des Auslands bescheidene Sammeltätigkeit ein. Glück formulierte programmatisch:

> Das Streben soll dahin abzielen, daß das neu Hinzugefügte zu dem unschätzbaren Charakter des vorhandenen Bestandes passe, daß jenes sich mit diesem zu voller Harmonie verbinde, daß das Neue bescheiden erglänzend neben das Alte trete, dessen Glanz es übrigens niemals zu übertäuben imstande sein wird. Ein gewisser konservativer Zug ist hier sicherlich am Platze, er darf aber nicht zu einem völligen Mangel an Leben führen.

So wurde trotz geringster Mittel und oft nur möglich durch (in sich wieder problematischen) Tausch die Sammlung des italienischen 17. und vor allem des 18. Jahrhunderts bedeutend erweitert: Stellvertretend seien die beiden großen *Historien* G. B. Tiepolos aus der Ca' Dolfin in Venedig oder die monumentale Geschichtsallegorie (*Astrea verläßt die Erde*) Salvator Rosas genannt. Die holländische Abteilung verbreiterte sich sowohl im Fundus als auch durch Spitzenwerke wie die berühmte Allegorie der Malkunst (*Der Maler in seinem Atelier*) von Jan Vermeer, ehemals das Glanzstück der Graf-Czerninschen Sammlung. Von den Erwerbungen aus dem Gebiet der deutschen Malerei sind vor allem Werke der Donauschule, aber auch das Dürersche *Bildnis einer jungen Venezianerin* zu nennen. Erstmals wurde auch eine Reihe von sehr guten englischen Bildern angekauft. Unter den Flamen seien besonders der Erwerb und die brillante Zuschreibung bzw. Identifizierung des Jünglingskopfes (*Vincenzo Gonzaga*) als Teil des Rubensschen Trinitätsaltares aus Mantua erwähnt. Man hat jedoch die überlieferte Gestalt der Galerie nie zu verändern gesucht – und somit mag auch Knausrigkeit der staatlichen Stellen bei Ankäufen, so schmerzlich und ärgerlich vermißte Gelegenheiten sind, zuweilen ihr Gutes haben. Zumal vor allem in den letzten beiden Jahrzehnten für die technische Modernisierung der Galerie durch klima- und sicherheitstechnische Sanierung und die Neueinrichtung internationalen Standards entsprechender Restaurierwerkstätten erstmals erhebliche Geldmittel zur Verfügung gestellt wurden. Nach 1998 wurden jene Bilder, die während der nationalsozialistischen Herrschaft konfisziert und nach dem Zweiten Weltkrieg einbehalten worden waren, an ihre rechtmäßigen Eigentümer zurückgegeben. Dadurch veränderte sich der seit den letzten 60 Jahren ‚gewohnte' Charakter einzelner Abteilungen; dies betrifft vor allem die Sammlung holländischer Kunst des 17. und italienischer Malerei des 15. und 16. Jahrhunderts.

Will man zusammenfassend etwas über den Gesamtcharakter der Gemäldegalerie des Kunsthistorischen Museums sagen, so ist das sicher nicht leicht, leichter jedoch vielleicht als bei den anderen großen Bildersammlungen diesseits und jenseits des Atlantiks: Leichter, weil die Galerie eine so spezifische innere Gestalt hat und weil sie

Francesco Solimena
Canale di Serino/Avellino 1657–Barra/Neapel 1747
Karl VI. und Gundaker Graf Althann, 1728, signiert und datiert
Leinwand, 309 x 284 cm
(Inv. Nr. 1601)
Für Karl VI. gemalt

Graf Althann (1665–1747) überreicht Kaiser Karl VI. (1685–1740) das Inventar der in der Stallburg in Wien neu aufgestellten Gemäldegalerie. Fama verkündet den Kunstsinn des Kaisers in alle Welt. Die Porträtköpfe des „Kaisers und seines Bautenministers" wurden in Wien von Gottfried Auerbach (1697–1753) gemalt. Unter diesen Köpfen sind noch – über Röntgenaufnahmen zu erschließen – Solimenas porträtunähnliche und anders angelegte Gesichter erhalten.

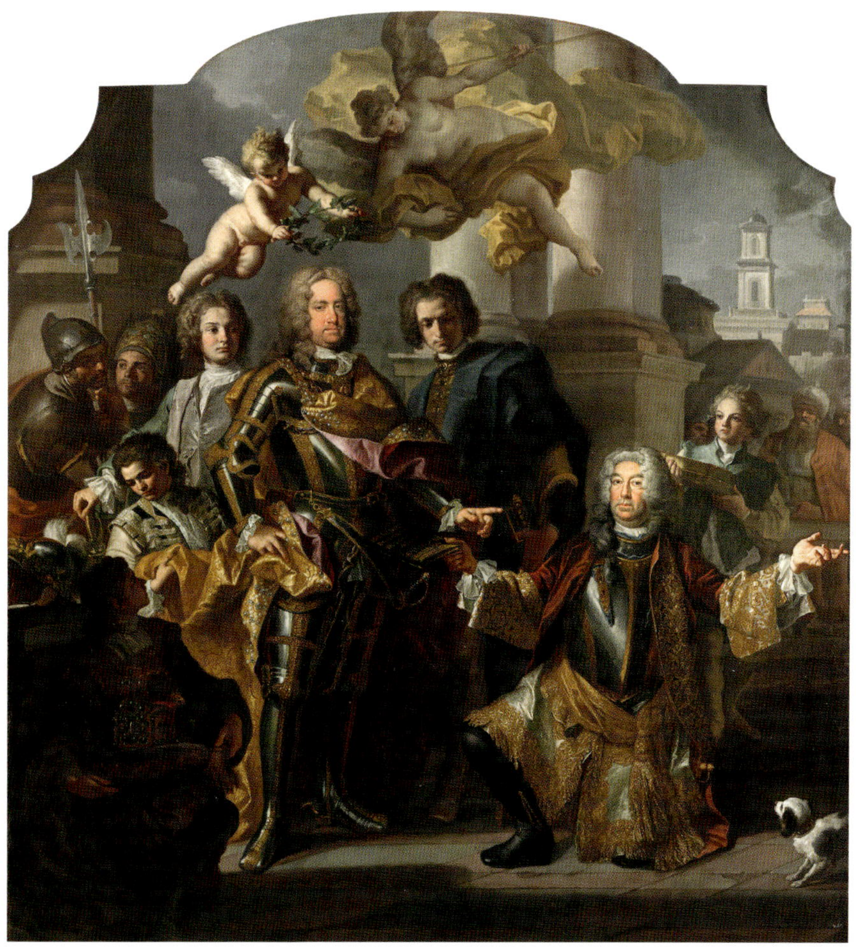

so eng mit den Ländern verbunden ist, über die ein Herrscherhaus, die Habsburger, rund 500 Jahre regierte. Aus Deutschland, den südlichen katholischen Niederlanden, aus Norditalien kommen von Qualität und Quantität her die wesentlichen Bilder der Galerie – außerhalb bleiben Frankreich, Holland, England, die italienischen Stadtstaaten des späteren Mittelalters. Die wenigen spanischen Bilder haben einen Sonderstatus. Die Habsburger als große Herren liebten das Vollendete, nicht das manchmal ungeschickt Werdende, dies in doppeltem Sinn. Es gibt wenige Werke aus ‚frühen' Stilphasen, Werke, die erst zur inneren Vollendung streben, kein 13. und 14. Jahrhundert, kaum Arbeiten des italienischen Quattrocento, keine ‚ringenden Grübler', wenige Skizzen. Man liebte die reifen, überreifen Stile, das venezianische und flämische 16. und 17. Jahrhundert, das ausgearbeitete, perfekte, ja dekorative Stück, nicht das Exzentrische, sondern das überlegen Disponierte, selbstverständlich Elegante, nicht aber das Auftrumpfende. Die Galerie selbst ist als ein dekoratives Ganzes begriffen. Der habsburgische Geschmack ist ‚fromm', ohne eigentlich ins Bigotte zu verfallen, das erotische Moment, vielleicht nicht ganz so stark wie bei den spanischer Vettern, spielt eine große Rolle – Prüderie jedenfalls machte den Habsburgern erst spät zu schaffen. Alle die großen Sammler des Hauses liebten die Alten Niederländer, Bruegel, Tizian, Dürer, später Rubens und van Dyck. Ihr ‚Familiengeschmack', so einseitig er gewesen sein mag, prägt die Wiener Gemäldegalerie bis auf den heutigen Tag.

Italienische Malerei

Die Malerei der romanischen Länder, vor allem die Italiens, nimmt den ganzen westlichen Flügel im ersten Stockwerk des Kunsthistorischen Museums ein. Aus der Sammlungsgeschichte, aus dem durch die Jahrhunderte hin ähnlichen Geschmack der habsburgischen Sammler, sind die Vorzüge, aber auch die Lücken im Bestand der italienischen Bilder erklärbar. Vollständig, in der ganzen Breite ihrer Möglichkeiten ist die venezianische Malerei, die Malerei der Terra ferma im 16. Jahrhundert vorhanden, bedeutend vertreten die manieristische Kunst Mittelitaliens; alle Aspekte des caravaggesken Realismus sind zu studieren, ebenso wie alle Zentren italienischer Barockmalerei sich mit hervorragenden Werken einfinden, wobei von der Anzahl und der Qualität her die oberitalienische Malerei dominiert, aber auch die süditalienische Kunst sehr gut vertreten ist. Auf der anderen Seite ist auffällig, daß die italienischen ‚Primitiven' fast völlig fehlen.

Hauptstück im Bestand des späten 15. Jahrhunderts ist das monumentale Fragment der sogenannten *Pala di San Cassiano* des aus Sizilien stammenden Antonello da Messina. Auch noch in seinem bruchstückhaften Zustand läßt sich die erste Ausprägung dieses Altartypus, die Bedeutung der schulbildenden *Pala* ermessen und Antonellos aus dem Kontakt mit der niederländischen Malerei gewonnenes Interesse an der stofflichen Erscheinung der Oberfläche in der Verbindung mit einer geradezu kubischen Körperlichkeit bewundern. In Andrea Mantegnas mit griechischen Buchstaben signiertem *Hl. Sebastian* ist eine steinerne Antike, eine nach strengen Regeln konstruierte Welt heraufbeschworen, in der auch der christliche Pestheilige als marmorne Skulptur gesehen ist und Zeugnis ablegt für den spezifisch archäologischen Humanismus der paduanischen Heimat des Malers.

Die lange Reihe venezianischer Meisterwerke des 16. Jahrhunderts beginnt mit Giorgione und endet in der weitverzweigten Produktion der Bassani und ihrer Werkstatt. Im Zentrum bleiben aber Giorgione, Tizian, Tintoretto, Veronese und Lotto. Der Gedanke der klassischen Harmonie in der Einheit von Mensch und Landschaft – die Verschmelzung geht bis zur Verschleierung der Bildinhalte – formt in unterschiedlicher Ausprägung, und 60 Jahre voneinander getrennt, Giorgiones um 1508 entstandene und noch immer ikonographisch nicht eindeutig erkannte *Drei Philosophen* und Tizians *Nymphe und Schäfer*. Das Œuvre Tizians ist, abgesehen von diesem Spätwerk, von den giorgionesken Anfängen in der sogenannten *Zigeunermadonna* über das ‚barocke' Hauptwerk der mittleren Periode, den *Ecce Homo*, bis zum faszinierenden, auf den zwielichtigen Charakter des Porträtierten durch Farbe und Komposition meisterhaft anspielenden späten Bildnis des Agenten, Kunsthändlers und Gelehrten *Jacopo de' Strada* in allen Facetten vertreten.

Tizian, eigentl.
Tiziano Vecellio
Pieve di Cadore um 1488/1490–Venedig 1576
Jacopo de' Strada, 1567/68, signiert
Leinwand, 125 x 95 cm
(Inv. Nr. 81)
Sammlung Erzherzog Leopold Wilhelm 1659

Der Dargestellte (Mantua 1515?–Wien 1588) war eine der vielseitigsten Persönlichkeiten des 16. Jahrhunderts. Um die Jahrhundertmitte stand er als Kunstsachverständiger in Diensten Herzog Albrechts V. von Bayern, dann war er am päpstlichen Hof, seit 1557 in habsburgischen Diensten. Der Maler, Architekt, Goldschmied, Archäologe, Philologe, Kunstsammler und -händler war seinen verschiedenen Herren unentbehrlich als *antiquarius* und Ankäufer von Kunstgegenständen.

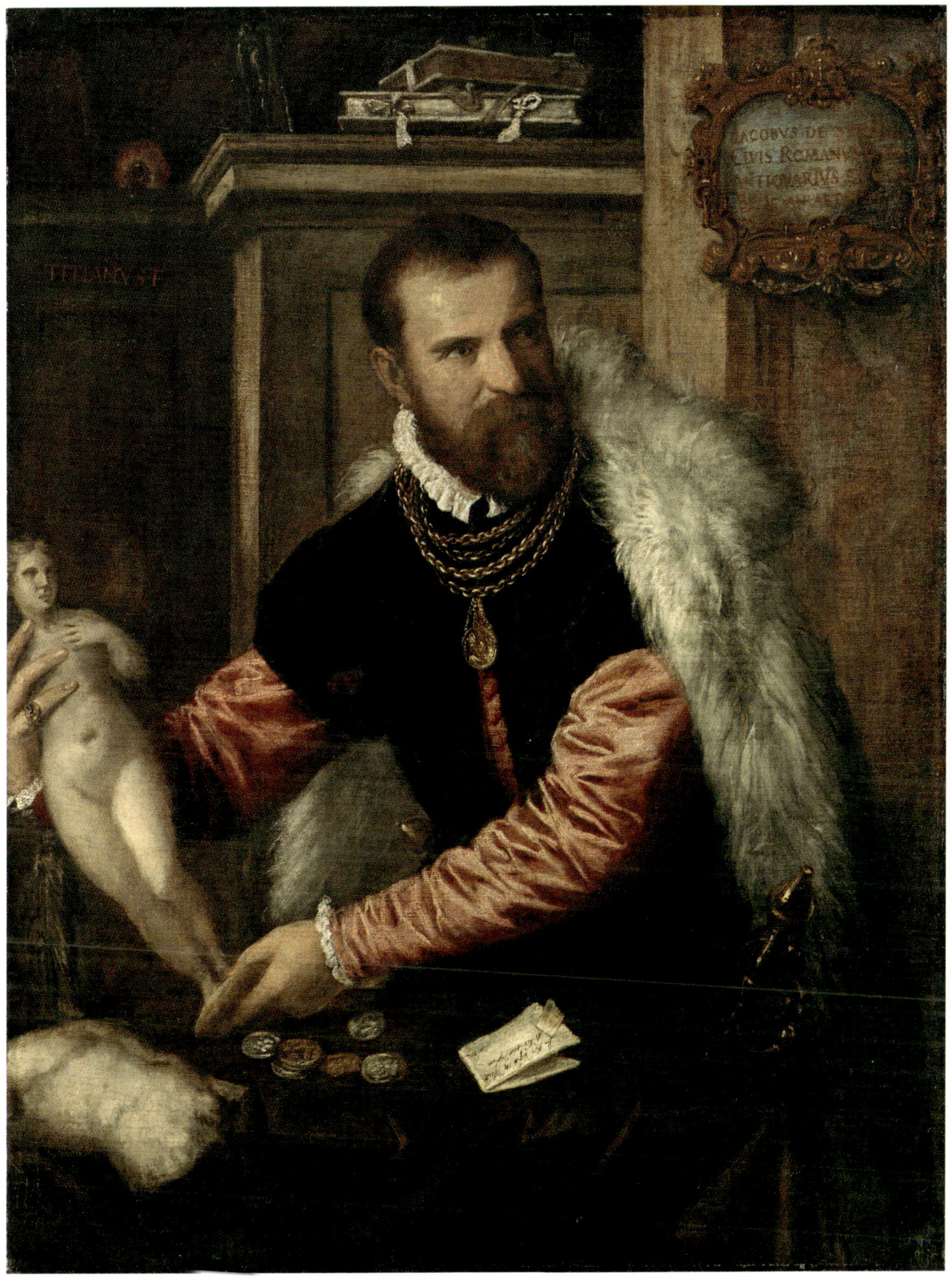

Im Tintoretto-Bestand der Gemäldegalerie dominiert das Porträt, angeführt vom relativ frühen, in melancholischer Geste gegebenen Bildnis des venezianischen Ratsherren *Lorenzo Soranzo*, ein Porträt, das durch seine kunstvolle Konzentration auf die individuellen Wesenszüge des Dargestellten besonders anzieht. Im Mittelpunkt jedoch steht die *Susanna im Bade*, eine kühne, energieerfüllte Komposition voll der Gegensätze zwischen Licht und Schatten, alten und jugendlichen, bekleideten und nackten Körpern, dichter Vegetation und spiegelndem Wasser, Nah- und Fernsichtigem.

In der Wiener Sammlung kommen die besonderen Vorzüge des Jüngsten in der venezianischen Trias Tizian, Tintoretto, Veronese besonders schön zur Geltung: Paolo Veroneses Fähigkeit, auch große Bildflächen überraschend und harmonisch zu gliedern, ohne seiner natürlichen Begabung, seinem virtuosen Farbzauber Zwang anzutun, seine Vorzüge als Dekorateur im höchsten Sinn, die das 17. und besonders das 18. Jahrhundert so schätzten und die diesen Künstler zu einem der großen Anreger der italienischen und außeritalienischen Malerei machten. In seinem Spätwerk, wie etwa in *Herkules, Dejanira und der Kentaur Nessus*, verdüstert sich seine Palette, ordnet sich der Bildgegenstand weniger stark der dekorativen Gesamtwirkung unter.

Die schwermütig-verschattete Poesie, die Stimmung so vieler oberitalienisch-venezianischer Bilder, kommt besonders schön in Lorenzo Lottos *sacra conversazione* zum Ausdruck. Im Porträt kann sie sich, wie etwa bei Lottos *Jüngling vor weißem Vorhang*, durch den ausforschenden Blick, durch das Accessoir, zum Rätselhaft-Beunruhigenden schärfen.

Häufig standen im späten 15. und frühen 16. Jahrhundert die Kunst Ferraras, aber auch z.B. die Brescias, am Kreuzungspunkt der Einflußbereiche Venedigs und Mittelitaliens. Hatte Cosmè Tura in den letzten Jahrzehnten des 15. Jahrhunderts die harte, statische Formensprache Mantegnas ins Expressive, Ekstatische gesteigert – ein gutes Beispiel findet sich in dem Aufsatzbild Turas –, so erhielt die religiös verinnerlichte, fast schon gegenreformatorische Kunst Moretto da Brescias durch venezianisches Farbraffinement und eine von Raffael geprägte, ideale Figurenauffassung hedonistisches Flair und statisch-ponderierten Halt.

Gleichsam naturgemäß senkt sich in der Wiener Galerie die Waage im alten kunsttheoretischen Streit zwischen *disegno* und *colore* – zwischen Florenz bzw. Rom und Venedig, zwischen den Anhängern der klar umschriebenen, aus dem Intellekt geborenen, die Natur überhöhenden Kunstform und den Liebhabern der entgrenzenden Farbe – auf die *colore*-Seite. Gleichwohl besitzt das Kunsthistorische Museum mit der *Madonna im Grünen* von Raffael, den Werken Fra Bartolomeos, Andrea del Sartos und Bronzinos besonders charakteristische Beispiele der Gegenseite. Erkennen wir in der 1505/06 entstandenen *Madonna im Grünen* die klassische Verkörperung der italienischen Hochrenaissance, die sich in idealer Natürlichkeit der Formen, in einer geometrisch-regelhaften, jedoch von innen belebten Bildwelt ausdrückt, so kommt durch Andrea del Sarto (*Beweinung Christi*) ein neuer intensiver Gefühlsausdruck, eine besondere Eindringlichkeit der religiösen Empfindung hinzu. Vehikel sind neben kompositionellen vor allem die malerischen Mittel Leonardos, das weiche *sfumato*, welches die präzise gezeichneten, dem Betrachter nahegerückten Figuren einhüllt. Einen anderen Weg, den von der Malerei zur Skulptur, schlägt Bronzino um die Mitte des Jahrhunderts ein: Er klärt in der *Hl. Familie* die Körperformen bis zur scheinbaren Abtastbarkeit im Stein; marmorne Kühle, eine hohe Künstlichkeit zeichnet diesen Inbegriff der raffinierten Malkultur im Florenz Großherzog Cosimos I. aus.

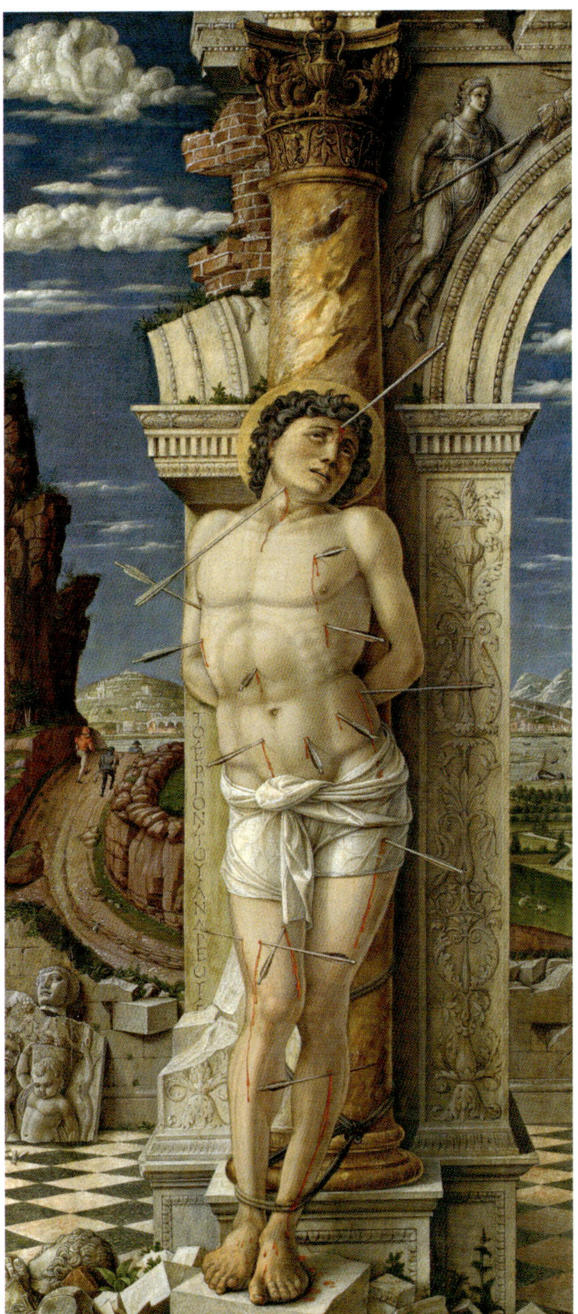

Andrea Mantegna
Isola di Cartura/Padua 1431–Mantua 1506
Hl. Sebastian, um 1459, signiert in griechischen Buchstaben auf dem Pfeiler links
Holz, 68 x 30 cm (Inv. Nr. 301)
Sammlung Erzherzog Leopold Wilhelm 1659

Wahrscheinlich für den Feldhauptmann Jacopo Antonio Marcello (1398–nach 1461) gemalt, einen von Mantegnas Freunden aus dem Paduaner Humanistenkreis. Trotz des antiken Ambientes ist Sebastian wohl primär als Pestheiliger aufzufassen, worauf auch der im Himmel dargestellte Reiter der Apokalypse hinweisen mag.

Cosmè Tura
Ferrara um 1430–Ferrara 1495
Leichnam Christi von Engeln gehalten, um 1475/1485, rechts auf dem Sarkophagdeckel signiert
Holz (von Holz auf Leinwand und wieder auf Holz übertragen), 44,4 x 86 cm (Inv. Nr. 1867)
1857 aus der Sammlung Adamovics in Wien erworben

Im Hintergrund sind die drei Frauen am Grab dargestellt. Wohl Aufsatzbild eines unterschiedlich lokalisierten Altares.

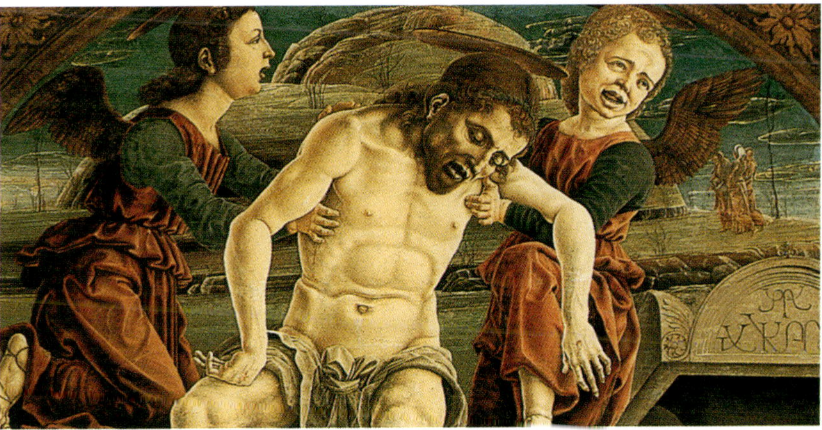

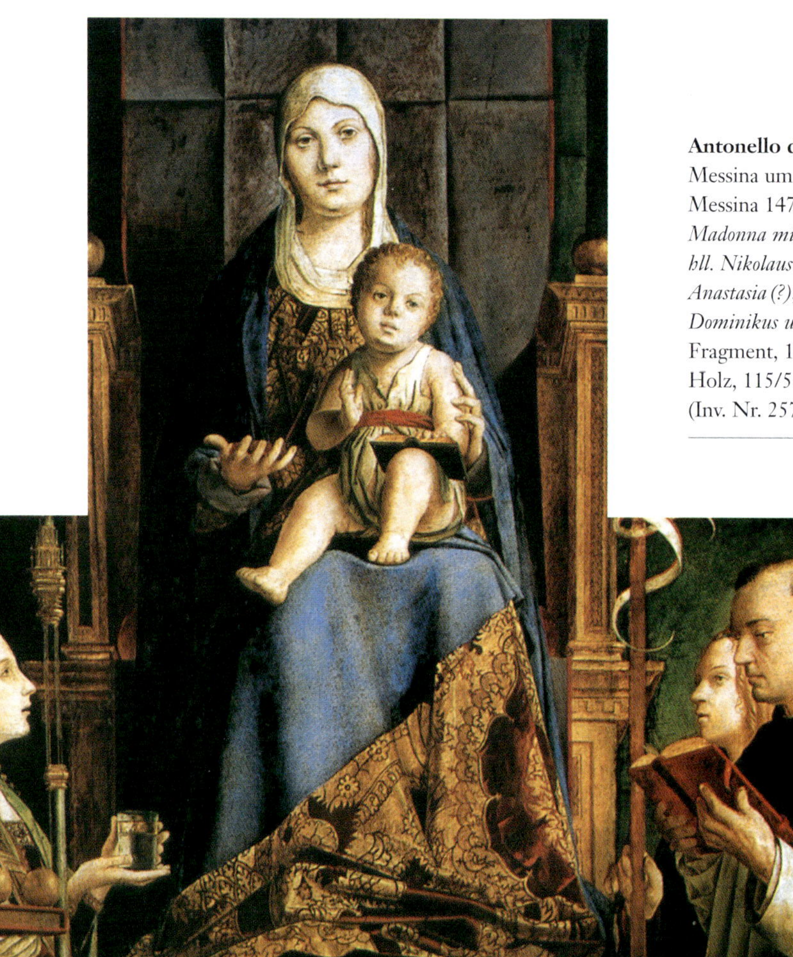

Antonello da Messina
Messina um 1430–
Messina 1479
Madonna mit den hll. Nikolaus von Bari, Anastasia (?), Ursula, Dominikus und Helena,
Fragment, 1475/76
Holz, 115/56 x 133,6 cm
(Inv. Nr. 2574)

Die Bilder Correggios und Parmigianinos – der Hauptmeister der manieristischen Malerei in der Emilia – gehören zum ältesten Bestand der Wiener Galerie. Im Falle der in den kaiserlichen Sammlungen verbliebenen *Jupiterliebschaften* Correggios, Höhepunkten seiner sensualistischen Malerei, und des frühen *Selbstporträts im Konvexspiegel* von Parmigianino – so richtig geeignet als (virtuos konzipiertes und gemaltes) Präsent des frühreifen Künstlers an Papst Clemens VII. – läßt sich die Provenienz über alle Zwischenstufen bis zu den Malern selbst zurückverfolgen.

Die Malerei der Lombardei im 16. und 17. Jahrhundert, der einerseits das Sichtbare, die optisch nachvollziehbare Realität, die präzise Erfassung dessen, was ist, immer ein primäres Anliegen war, hat auf der anderen Seite, das Sichtbare ergänzend, besonders im Zeitalter der Gegenreformation den religiösen Ekstasen, den seelischen Extremzuständen, den psychischen Realitäten Ausdruck verleihen können. Gleichsam natürlich hat der große Naturbeobachter Leonardo in der Lombardei eine fruchtbare Nachfolge finden können. Hier besitzt die Gemäldegalerie mit Cesare da Sestos *Salome mit dem Haupt des Täufers* ein brillantes Beispiel. Die Malerei der lombardischen Gegenreformation ist durch Giulio Cesare Procaccini und Cerano charakteristisch vertreten. Einen besonderen Fall gibt der im Dienst der Kaiser Maximilian II. und Rudolf II. stehende Lombarde Giuseppe Arcimboldo ab,

Im Auftrag des venezianischen Patriziers Pietro Bon für S. Cassiano in Venedig gemalt, wurde die *sacra conversazione*, in der acht Heilige die thronende Madonna umstanden, um 1620 aus der Kirche entfernt, zersägt und gelangte auf Umwegen in die Sammlung Leopold Wilhelms.

Giorgione, eigentl.
Giorgio da Castelfranco
Castelfranco/Veneto um 1476/1478–Venedig 1510
Die drei Philosophen, um 1508/09
Leinwand, 123,8 x 144,5 cm
(Inv. Nr. 111)
1525 im Hause Taddeo Contarinis in Venedig erwähnt. Sammlung Erzherzog Leopold Wilhelm 1659

Diesseits der schon 1525 überlieferten Beschreibung ‚Drei Philosophen in einer Landschaft … mit jenen so wunderbar gemalten Felsen' ist die Diskussion über den spezifischen Bildinhalt bis heute nicht verstummt: die Drei Lebensalter, die Vertreter dreier philosophischer Richtungen oder mathematischer Schulen, die Heiligen Drei Könige. Das Neue und die Intensität der Ausdrucksmittel Giorgiones – Farbe, Licht, Stimmung, d.h. optische und psychische Phänomene jenseits der nachrechenbaren Perspektive – blieben in Venedig das ganze Jahrhundert hindurch intensiv wirksam.

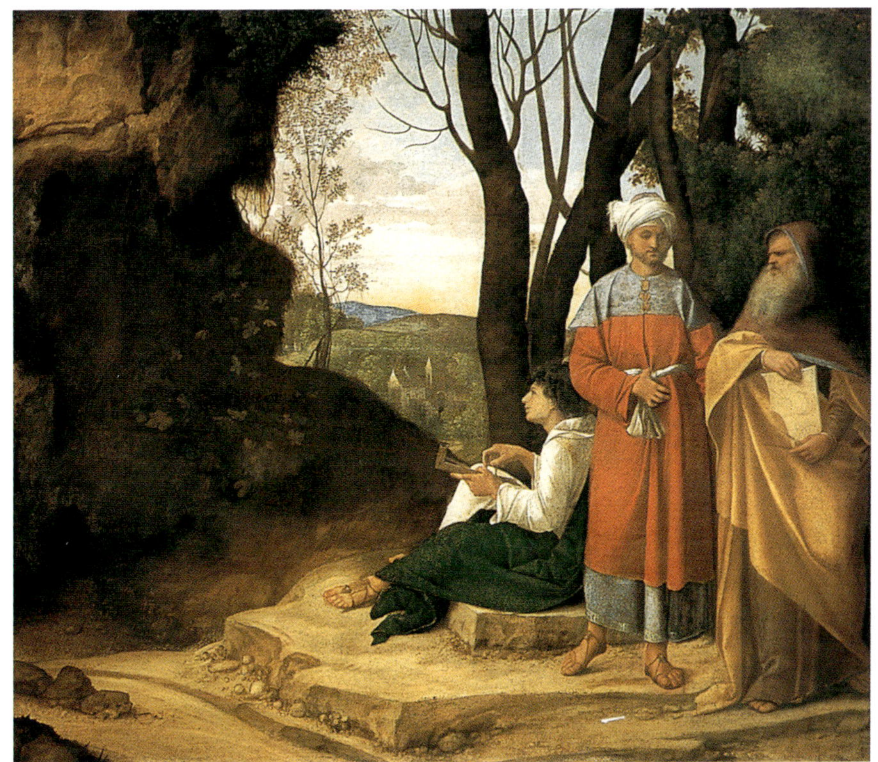

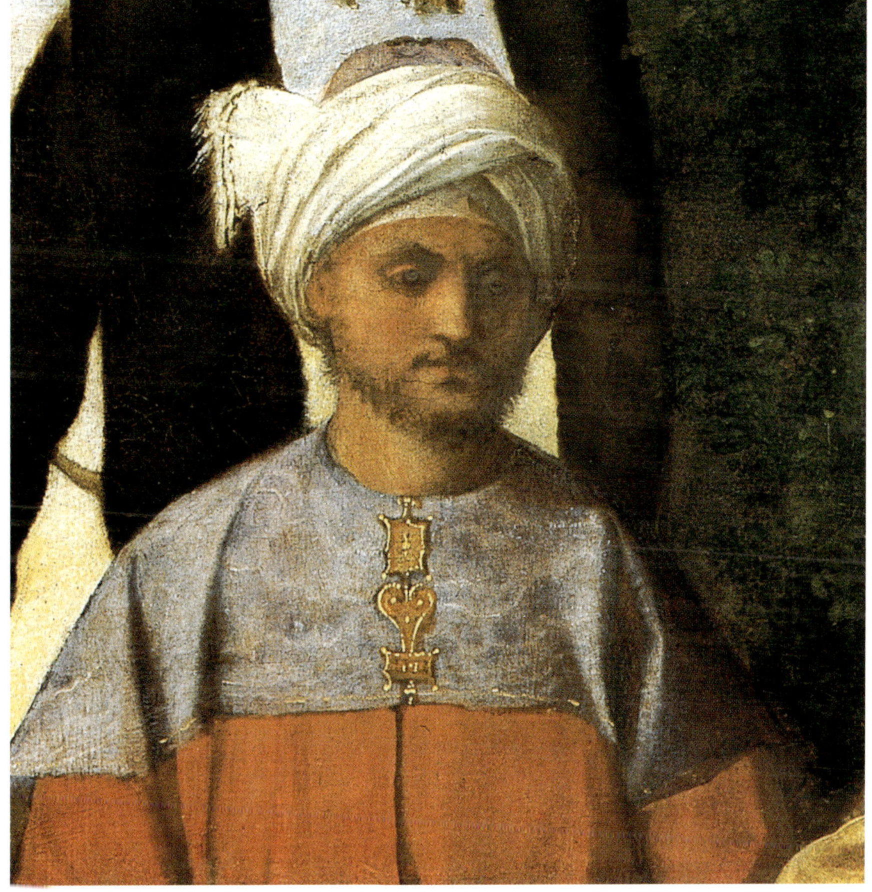

der seine präzise gesehenen und ‚trocken' wiedergegebenen Realitätspartikel zu phantastischen, capriccio-artigen Allegorien zusammensetzt.

Die italienische Barockmalerei setzt auch in der Wiener Gemäldegalerie voll mit dem Lombarden Michelangelo Merisi da Caravaggio und dem aus Bologna stammenden Annibale Carracci ein – beide schaffen ihre Hauptwerke aber ab etwa 1600 in Rom bzw. in Süditalien. Um eines der zentralen Bilder aus Caravaggios römischer Zeit, die wohl um 1604 entstandene *Rosenkranzmadonna*, schart sich die alle lokalen und stilistischen Aspekte seiner Nachfolge abdeckende Sammlung von caravaggesken Arbeiten. Im bewußten Gegensatz zur vorangehenden Kunst erreicht Caravaggio die unmittelbare Wirkung auf den Betrachter durch die überwältigende Gegenwärtigkeit aller handelnden Personen: Künstlerische Mittel sind die scharfen Hell-Dunkel-Kontraste, die seine Figuren wie tastbar werden lassen und ein extremer Verismus in der Wiedergabe des Gesehenen. Caravaggios Einfluß auf die Entwicklung der Malerei war besonders in Neapel (Giovanni Battista Caracciolo), in den Niederlanden, in Frankreich (Valentin de Boulogne) und in Mittelitalien entscheidend, wo der aus der Toskana stammende Orazio Gentileschi besonders zur Verbreitung caravaggesker Bildideen beitrug.

Auch für Annibale Carracci, in Wien durch seine späte, schon sehr beruhigt-klassische *Pietà* vertreten, und seine bolognesischen und römischen Schüler Guido Reni, Giovanni Lanfranco und Guercino, ist die – allerdings ideal gesehene, überhöhte – Natur Ausgangspunkt der Gestaltung. Neben Annibale Carracci nähert sich Guido Reni in der harmonischen Komposition, der Idealität der dargestellten Personen am stärksten unter den bolognesischen Malern des 17. Jahrhunderts der Klassik. In seiner um 1620 entstandenen *Taufe Christi* ist das Pathos durch die differenzierten Tonwerte und die Zartheit der Zeichnung gemildert. In der etwa gleichzeitig entstandenen *Heimkehr des verlorenen Sohnes*, einem Frühwerk Guercinos, zeigt der Künstler temperamentvoll, wie mit dem die Körper fragmentierenden, unruhig gewischten Hell-Dunkel, den starken Farbkontrasten zwischen farbigen Halbschatten die biblische Geschichte dramatisch inszeniert werden kann.

Die spätere emilianische Malerei ist in Wien vor allem dank zweier Mäzene besonders gut zu studieren. Erzherzog Leopold Wilhelm und Kaiser Leopold I. beriefen 1657 Guido Cagnacci an den Hof in Wien. Im *Selbstmord der Kleopatra* kontrastiert Cagnacci den scharf beobachtenden Realismus in der Körpersprache der weinend-aufgeregten Dienerinnen mit der Klassik der ruhig und gelöst dasitzenden Heroine. Die subtile Farbkomposition, das weiche, die Tonwerte verschmelzende Licht, verleiht dem Bild einen stark sinnlichen Charakter. 40 Jahre später beschäftigte Prinz Eugen von Savoyen einen ganzen Trupp bolognesischer Maler für die Ausstattung seines Winterpalais in der Himmelpfortgasse in Wien. Der interessanteste unter ihnen war Giuseppe Maria Crespi, dessen Hell-Dunkel in der Supraporte mit *Aeneas, die Sibylle und Charon* dazu dient, die Körper plastisch herauszumodellieren, vor allem aber die Bildfläche in helle und dunkle Flecken, in Lichtbahnen zu gliedern, so als ob der körperliche und damit inhaltliche Zusammenhang sekundär würden – Anzeichen des beginnenden neuen Jahrhunderts.

Aus der außerhalb von Florenz in dieser Breite kaum anzutreffenden Sammlung florentinischer Barockmalerei sei besonders auf Empolis *Susanna* von 1600 hingewiesen, in der alle Tugenden dieser Schule schon inbegriffen sind: Klarheit der Zeichnung, Raffinement und Sinnlichkeit der Farbkombination, ein trotz heller Farbigkeit weiches Abtönen, eine starke, fast stereometrische Plastizität als ein Erbe der großen Vergangenheit und eine besondere, gleichsam großstädtisch-hochmütige,

Giorgione, eigentl. **Giorgio da Castelfranco**
Castelfranco/Veneto um 1476/1478–
Venedig 1510
Bildnis einer jungen Frau (‚*Laura*'), 1506,
rückseitig bezeichnet und datiert
Leinwand auf Holz, 41 x 33,6 cm (Inv. Nr. 31)
Sammlung Erzherzog Leopold Wilhelm 1659

Die Benennung des 17. Jahrhunderts, plausibel durch den dargestellten Lorbeerzweig (lauro), meint vielleicht Petrarcas Geliebte Laura; möglicherweise spielt der Lorbeer auch auf Treue und Keuschheit an, Tugenden, die der auf der Rückseite genannte Besteller „Messer Giacomo" auf die Dargestellte übertragen haben wollte. Gleichwohl schuf Giorgione hier den Prototyp für spätere Kurtisanenbildnisse in der venezianischen Malerei, etwa bei Tizian, Palma Vecchio, Paris Bordone.

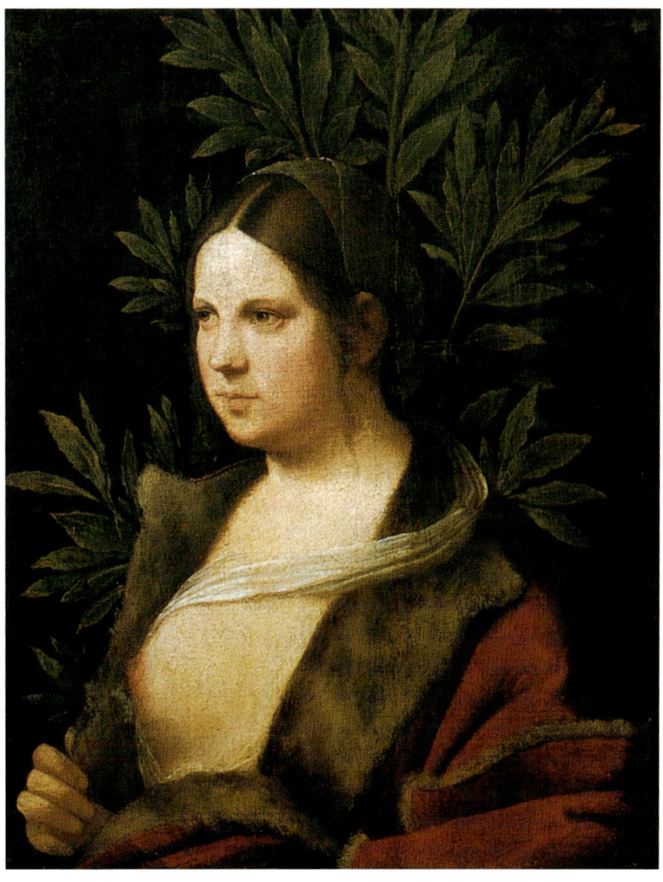

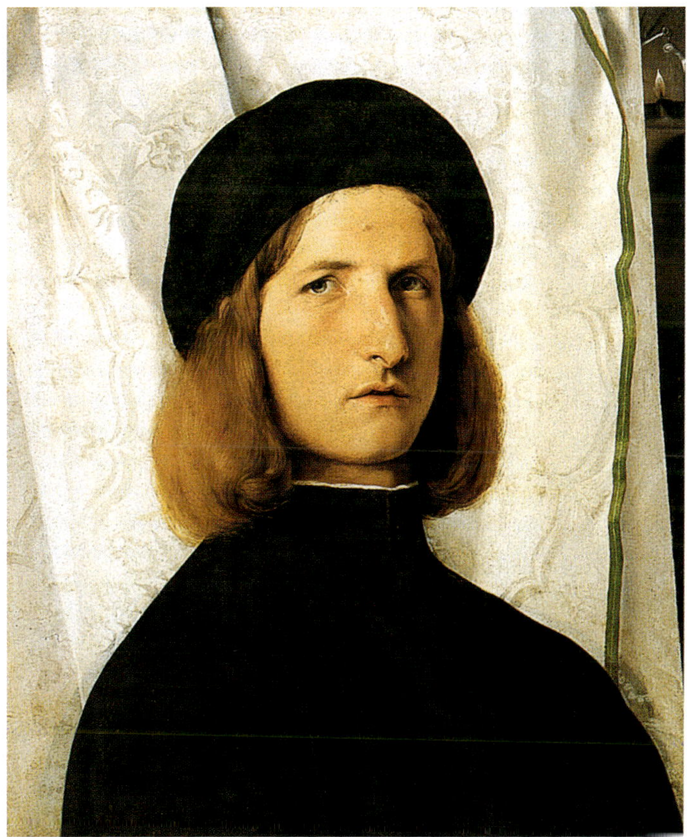

Lorenzo Lotto
Venedig 1480–Loreto 1556
Bildnis eines Jünglings vor weißem Vorhang,
um 1508
Holz, 42,3 x 35,3 cm (Inv. Nr. 214)
1816 in der Galerie

Ein von der Malerei des Nordens (1505/06 ist Dürer in Venedig) herrührender Oberflächenrealismus, Schärfe der Zeichnung, das Sichtbarmachen psychischer Phänomene bis zur Irritation (das Öllämpchen in der oberen Ecke!) unterscheiden dieses rätselhafte Porträt von den Idealbildnissen der Hochrenaissance.

leicht manierierte Eleganz der Posen. Auch wenn man Pietro da Cortona eigentlich als den Hauptmeister des römischen Hochbarock verstehen muß, ist er nicht nur von Geburt und Schulung her Toskaner, sondern hat auch in den vierziger Jahren im Palazzo Pitti in Florenz einen hochbedeutenden Freskenzyklus hinterlassen, in einer Zeit, in der auch die Wiener *Heimkehr der Hagar* entstanden sein muß.

Die neapolitanische Malerei des 17. wie des 18. Jahrhunderts ist in Wien besonders gut zu studieren und wurde auch zu allen Zeiten gesammelt: von der streng caravaggesken *Todesangst Christi* Giovanni Battista Caracciolos aus der Sammlung des Erzherzogs Leopold Wilhelm über die Kabinettbilder Bernardo Cavallinos, des wohl zartesten, malerisch subtilsten der manchmal großsprecherischen Neapolitaner, über Salvator Rosas *Astraea*-Allegorien, die um die Thematik des Goldenen Zeitalters kreisen, bis zu den Werken Luca Giordanos und Francesco Solimenas. Von Giordano besitzt die Wiener Galerie allein etwa 17 Werke; hier sei das riesige aus der Wiener Minoritenkirche stammende frühe, noch stark von Ribera beeinflußte Altarbild mit dem *Erzengel Michael* erwähnt, von Solimena die für den Prinzen Eugen von Savoyen gemalte späte *Kreuzabnahme*.

Wie fast nicht anders zu erwarten, ist die Wiener Sammlung an venezianischer Barockmalerei besonders reich. Domenico Fetti und Bernardo Strozzi sind auch zahlenmäßig mit 13 bzw. fünf Bildern, die zum großen Teil aus der Sammlung des Erzherzogs Leopold Wilhelm stammen, eindrucksvoll vertreten. Fettis hohe Malkultur ist besonders in den kleinen, wohl ursprünglich zur Dekoration eines Möbelstücks verwendeten Mythologien zu bewundern. Strozzi ist die wahrscheinlich größte dekorative Begabung des oberitalienischen Seicento. Sein leuchtendes, den einzelnen Farbfleck zur Wirkung bringendes Kolorit hat besonders im 18. Jahrhundert weitergewirkt. Girolamo Foraboscos *Bildnis einer Venezianerin*, das koloristisch wohl raffinierteste Bildnis des venezianisch-paduanischen 17. Jahrhunderts, ist offensichtlich schon von Erzherzog Leopold Wilhelm geschätzt worden.

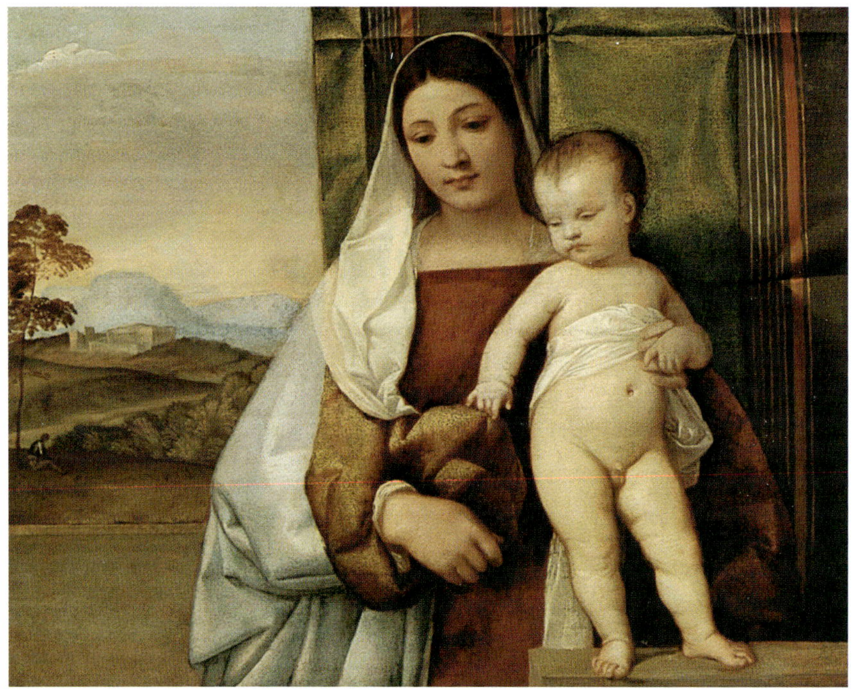

Tizian, eigentl.
Tiziano Vecellio
Pieve di Cadore um 1488/1490–Venedig 1576
Die Zigeunermadonna, um 1510/11
Holz, 65,8 x 83,5 cm (Inv. Nr. 95)
Sammlung Erzherzog Leopold Wilhelm 1659

Schon in diesem Frühwerk, noch stark beeinflußt von Bellini und Giorgione, zeigt sich Tizians unterschiedliche Eigenart: ein energischerer Zugriff auf die Körperlichkeit, feinste Farbabstufungen, die Volumen modellieren, eine unübertroffene Sinnlichkeit der Oberfläche.

Giovanni Bellini
Venedig um 1433–
Venedig 1516
Junge Frau bei der Toilette,
1515, signiert und datiert
Holz, 62 x 79 cm
(Inv. Nr. 97)
Sammlung Erzherzog
Leopold Wilhelm 1659

In diesem Spätwerk Bellinis verrät sich auch thematisch der Geschmack der folgenden Malergeneration, der Geschmack seiner Schüler Giorgione und Tizian. Typisch venezianisch der Versuch, durch die Farbe Landschaft und Figur zu verbinden, eine einheitliche, gleichsam träumerische Stimmung zu erzeugen.

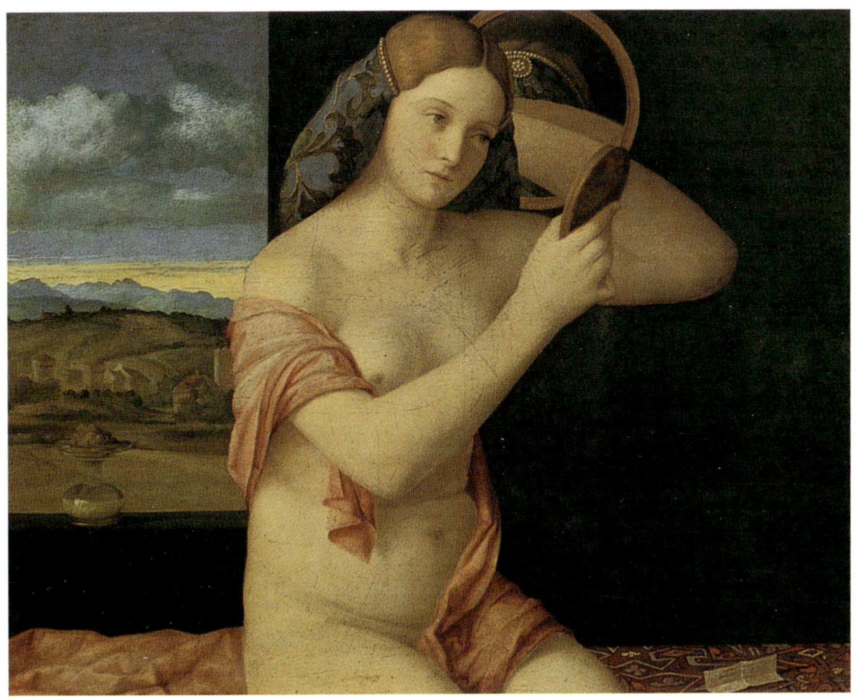

Die Bilder des italienischen, im besonderen des venezianischen 18. Jahrhunderts sind großteils entweder direkt bei den Künstlern, etwa bei Pompeo Batoni, Gregorio Guglielmi oder Bernardo Bellotto, bestellt worden oder sind erst spät, meist im 20. Jahrhundert, in die Galerie gelangt. Die heute zwischen St. Petersburg, New York und Wien zerstreute zehnteilige Dekoration Giovanni Battista Tiepolos für den Saal der Ca' Dolfin in Venedig, von der die Galerie den *Tod des Brutus im Zweikampf mit Aruns* und ein weiteres Bild besitzt, stellt den Höhepunkt von Tiepolos frühem, mit kraftvollen Hell-Dunkel-Kontrasten arbeitenden Stil um 1728/1730 dar. Bellotto, der bedeutendste venezianische Vedutenmaler, arbeitete von 1758 bis 1761 in Wien und schuf in kaiserlichem Auftrag 13 Ansichten der Residenzstadt und der kaiserlichen Schlösser in deren Umgebung. Mit unbestechlicher Präzision wird zum Beispiel die Ansicht von *Wien, vom Belvedere aus gesehen*, in eine strenge und geschlossene Bildordnung umgesetzt. In einer Demonstration koloristischen Könnens und malerischer Raffinesse vermag Bellotto jedoch die Strenge zu mildern.

Außer Porträts befinden sich in der Wiener Galerie nur wenige Bilder erzählenden Inhalts aus dem italienischen Klassizismus. Eine der Ausnahmen ist die 1773 in Rom direkt beim Künstler gekaufte *Heimkehr des verlorenen Sohnes* von Pompeo Batoni, ein Werk voll von gemessenem Pathos, formal von beispielhafter Präzision der Zeichnung und hoher malerischer Kultur.

Lorenzo Lotto
Venedig 1480–
Loreto 1556
Maria mit dem Kind und den hll. Katharina und Jacobus d. Ä.,
um 1527/1533
Leinwand,
113,5 x 152 cm
(Inv. Nr. 101)
1660 in kaiserlichem Besitz in Wien

Charakteristisch für den Einzelgänger Lotto ist diese ungewöhnlich menschliche *sacra conversazione*, die eher an ein stimmungsvolles Picknick im Grünen als an das feierliche, hierarchisch gestufte Beieinandersein von Madonna und Heiligen erinnert.

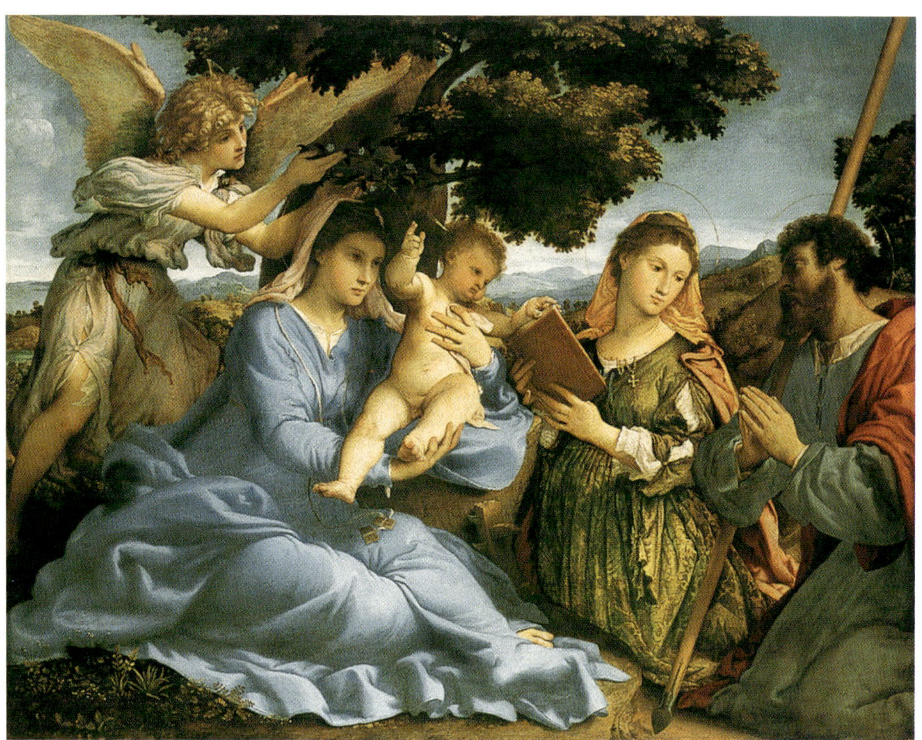

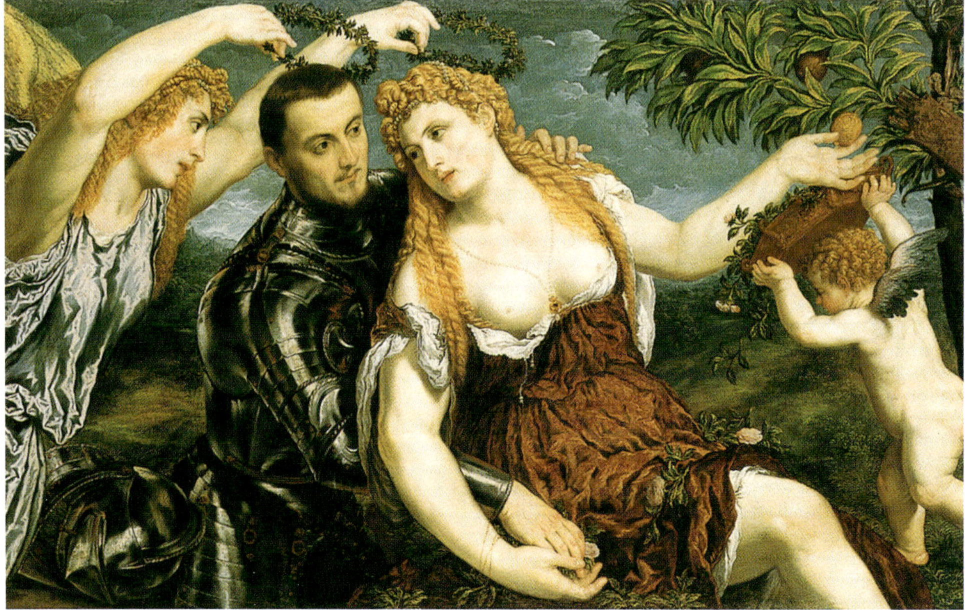

Paris Bordone
Treviso 1500–Venedig 1571
Allegorie mit Mars, Venus, dem Ruhm (Victoria) und Cupido, um 1550
Leinwand, 111,5 x 174,5 cm (Inv. Nr. 120)
Sammlung Fugger (?); Sammlung Kardinal Otto Truchsess von Waldburg (?), Augsburg; Sammlung Jeremias Staininger, Augsburg (1643); Sammlung Erzherzog Leopold Wilhelm (?); sicher 1781 in der kaiserlichen Galerie nachweisbar

Wohl Teil einer Serie von sechs Allegorien für ein „erotisches“ Kabinett in Augsburg, aus dem zwei Bilder im Kunsthistorischen Museum erhalten sind. Dargestellt ist der Sieg der friedvollen Tugend der Liebe über die brutalen Kräfte der Waffen. Wahrscheinlich trägt der gerüstete Mars Porträtzüge.

Tizian, eigentl.
Tiziano Vecellio
Pieve di Cadore um 1488/1490–Venedig 1576
Mädchen im Pelz, um 1535
Leinwand, 95 x 63 cm (Inv. Nr. 89)
Aus Spanien in den Besitz Karls I. von England gelangt; seit 1651 in habsburgischem Besitz

Charakteristisches Porträt einer Kurtisane, die Tizian auch für andere Bilder Modell stand; Rubens kopierte das Gemälde.

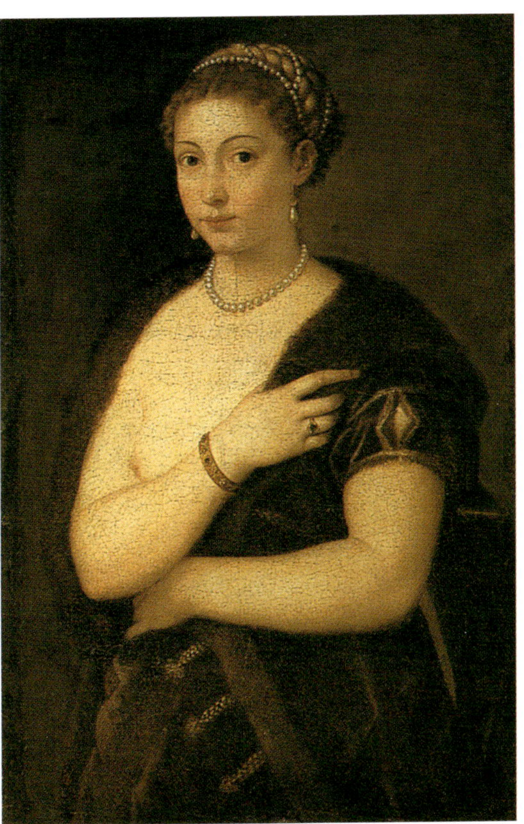

Tizian, eigentl.
Tiziano Vecellio
Pieve di Cadore um 1488/1490–Venedig 1576
Ecce Homo, 1543,
signiert und datiert
Leinwand, 242 x 361 cm (Inv. Nr. 73)
Gemalt für den in Venedig ansässigen flämischen Kaufmann Giovanni d'Anna (van Haanen). 1621–1648 in der Sammlung des Herzogs von Buckingham. 1648 in Antwerpen versteigert. Von Erzherzog Leopold Wilhelm für seinen Bruder Kaiser Ferdinand III. in Prag erworben; auf Anordnung Kaiser Karls VI. 1723 nach Wien verbracht

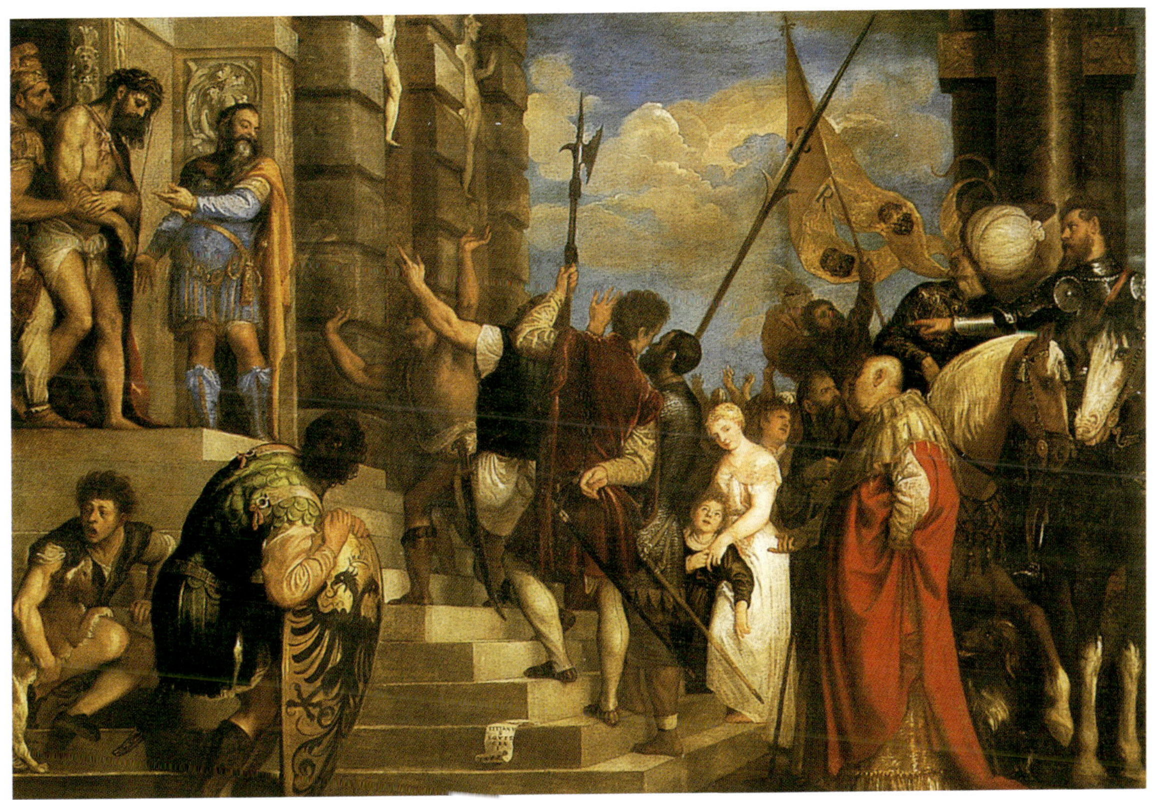

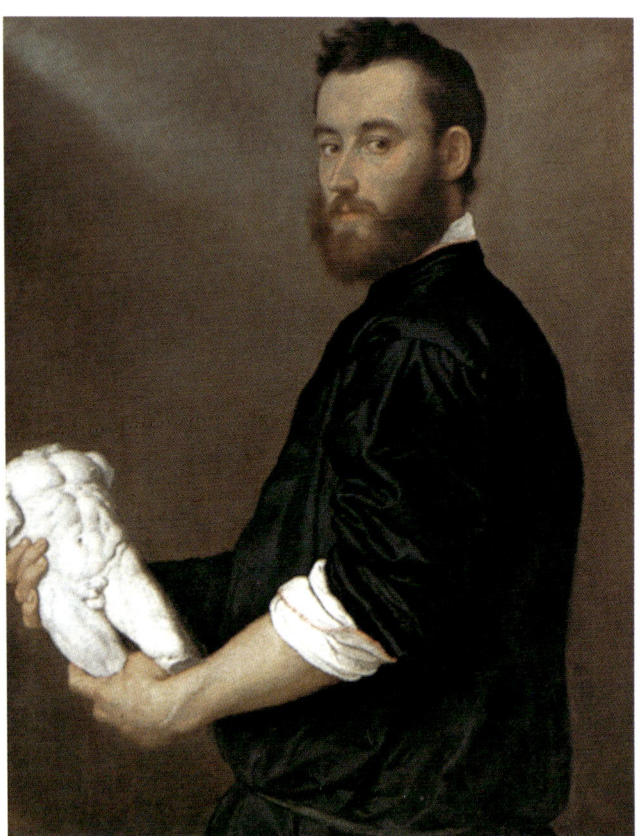

Giovanni Battista Moroni
Albino/Bergamo 1520/1524–Bergamo 1578
Der Bildhauer Alessandro Vittoria, 1552
Leinwand, 87,5 x 70 cm (Inv. Nr. 78)
Sammlung Erzherzog Leopold Wilhelm 1659

Moroni stellt uns den bedeutendsten venezianischen Bildhauer des 16. Jahrhunderts, Alessandro Vittoria (1525–1609), während der Arbeit vor Augen, läßt uns teilnehmen am selbstverständlichen Stolz auf die gelungene Wiedererweckung eines antiken Torsos. ‚Berufsporträts' dieser Unmittelbarkeit, (auch farbliche) Nüchternheit und lombardische Präzision übten nicht nur auf die Zeitgenossen – siehe z.B. Tizians Bildnis des Jacopo de' Strada –, sondern auch späterhin bis zu Caravaggio und Anthonis van Dyck großen Einfluß aus.

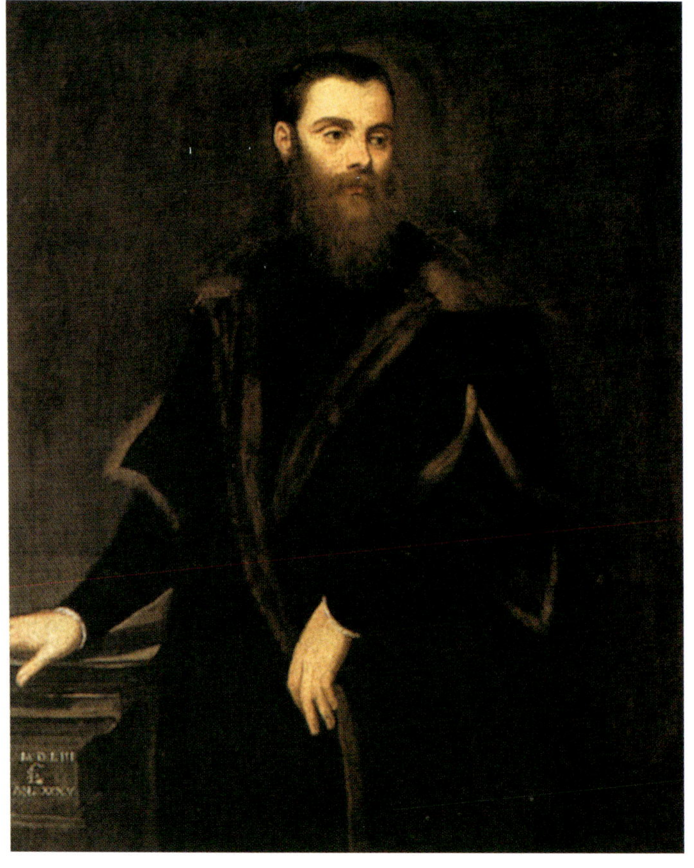

Tintoretto, eigentl. **Jacopo Robusti**
Venedig 1519–Venedig 1594
Lorenzo Soranzo, 1553
Leinwand, 114 x 95,5 cm (Inv. Nr. 308)
1824 in der kaiserlichen Galerie

Tintoretto hat Soranzo (1519–1575), seit 1551 in hohen Ämtern, in dessen 35. Lebensjahr porträtiert. So sehr Tintorettos Porträtkunst häufig vor allem den sozialen Gestus des Modells betont, kann sie wie hier auch tiefer greifen, eine psychische Verfassung, aristokratische Spiritualität erspüren. Bildnisse wie dieses wurden später vorbildlich für van Dycks Porträtkunst.

Palma il Giovane, eigentl. **Jacopo Negretti**
Venedig um 1548–Venedig 1628
Bildnis eines Bildhauers, um 1600
Leinwand, 62 x 48,5 cm (Inv. Nr. 1935)
Sammlung Erzherzog Leopold Wilhelm 1659

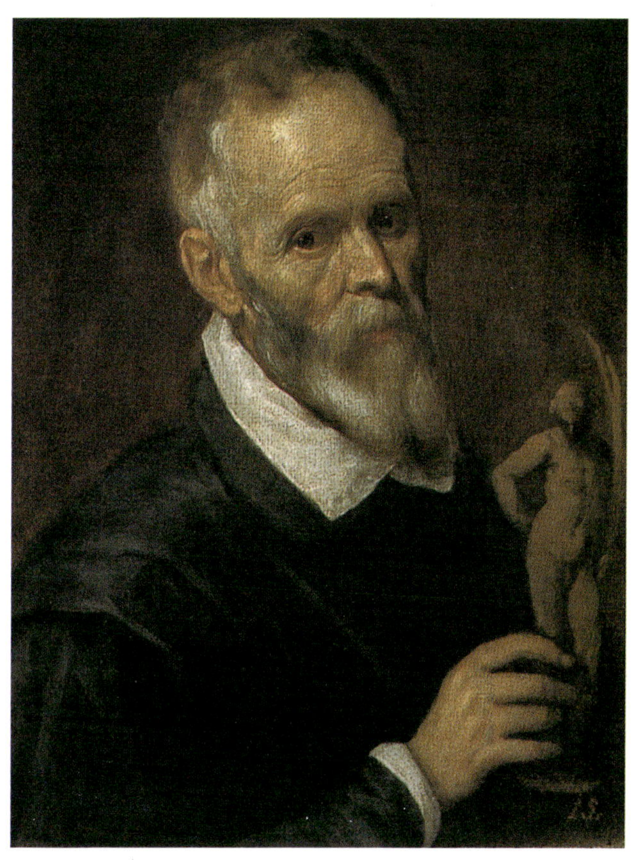

Tintoretto, eigentl. **Jacopo Robusti**
Venedig 1519–Venedig 1594
Susanna im Bade, um 1555/56
Leinwand, 146,6 x 193,6 cm (Inv Nr. 1530)
1823 erworben

Dieses Hauptwerk des venezianischen Manierismus ist das Resultat der eigentümlichen Synthese römisch-florentinischen Formempfindens mit der auf die farbige Oberfläche und die Atmosphäre gerichteten Malkultur Venedigs. Die Doppelbödigkeit, ja Gefährlichkeit der alttestamentlichen Geschichte von sexueller Gier, Erpressung, Rettung der verfolgten Unschuld und Bestrafung der Übeltäter wird uns bis in ihre skurrilen Extreme vor Augen geführt.

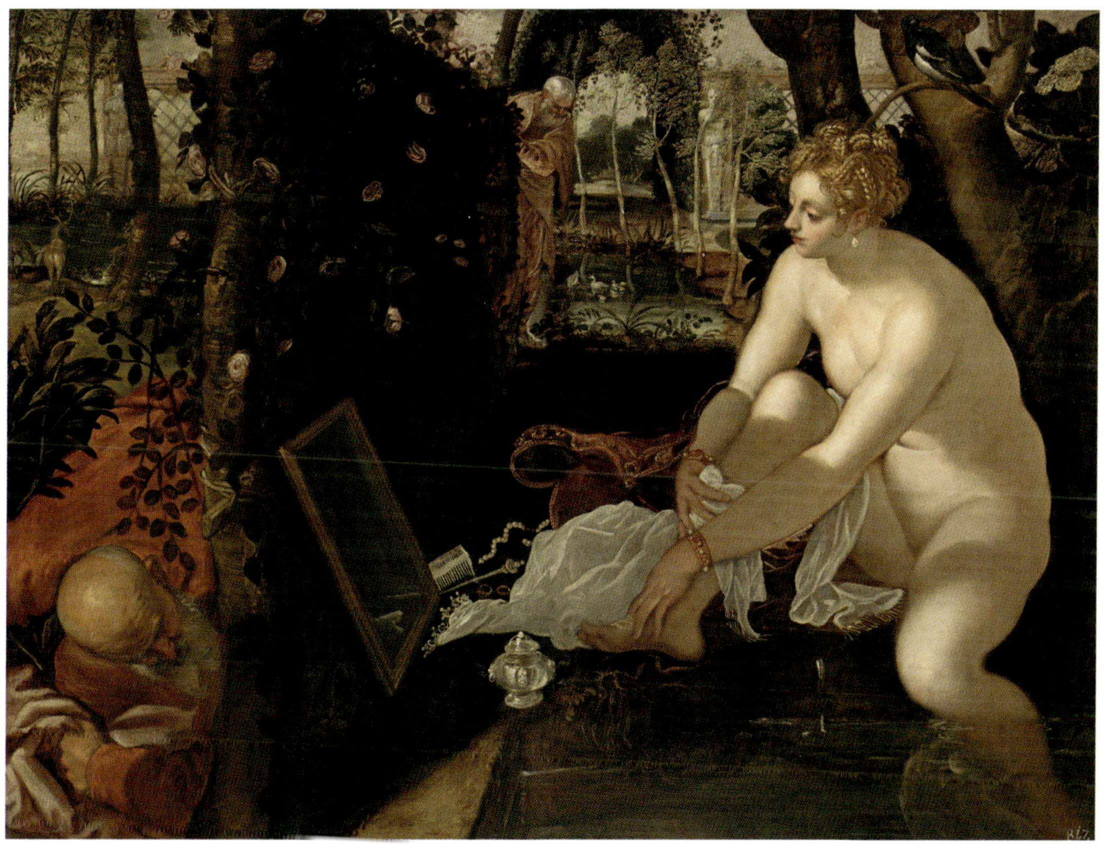

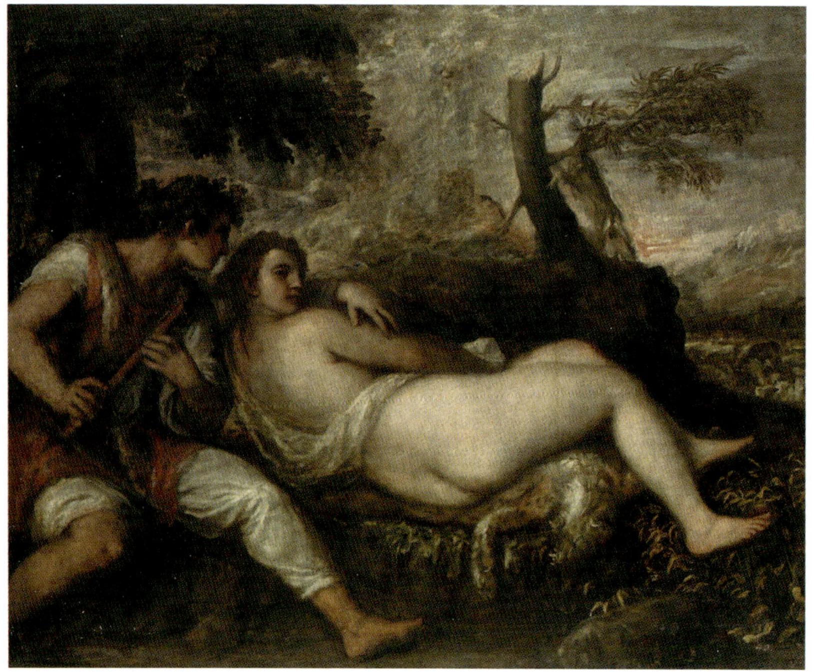

Tizian, eigentl. **Tiziano Vecellio**
Pieve di Cadore um 1488/1490–Venedig 1576
Nymphe und Schäfer, nach 1570
Leinwand, 149,6 x 187 cm
(Inv. Nr. 1825)
Sammlung Erzherzog Leopold Wilhelm 1659

Verschiedene mythologische Liebespaare in pastoralem Zusammenhang wurden genannt, keine der Interpretationen jedoch konnte gänzlich überzeugen. Das Bild gehört in die Gattung der von Tizian selbst so genannten „Poesien" oder „Fabeln", deren konkretes Thema hinter der geheimnisvollen Darstellung einer alle Bildgegenstände erfassenden Vision der Einheit von Mensch und Natur zurücktritt.

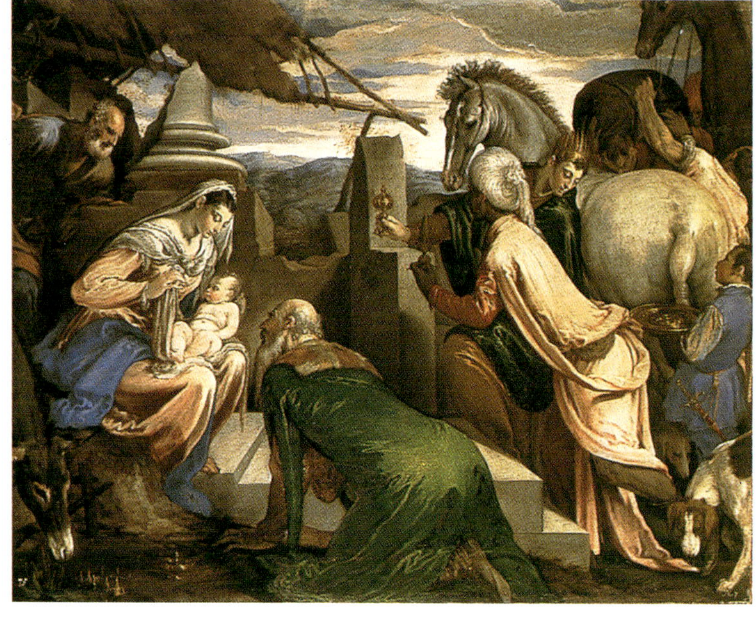

Jacopo Bassano, eigentl. **Jacopo da Ponte**
Bassano um 1515–Bassano 1592
Anbetung der Könige, um 1560/1565
Leinwand, 92,3 x 117,5 cm
(Inv. Nr. 361)
Sammlung Erzherzog Leopold Wilhelm 1659

Das Haupt der Familienwerkstatt der Bassani zeigt sich hier auf dem Höhepunkt seiner Kunst. In einer höchst persönlichen Variante des internationalen Manierismus fügt er die traditionsgebundenen Protagonisten zu einer ausdrucksvollen, farbig kontrastreichen, gleichzeitig abstrakt-verkürzten wie realistisch-heimeligen Szene voller formaler Kühnheiten.

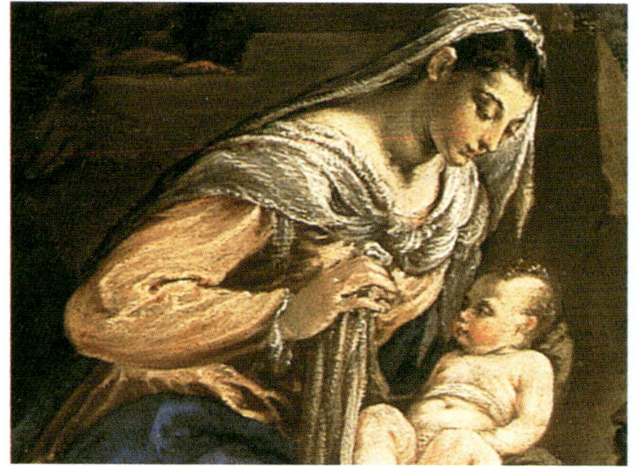

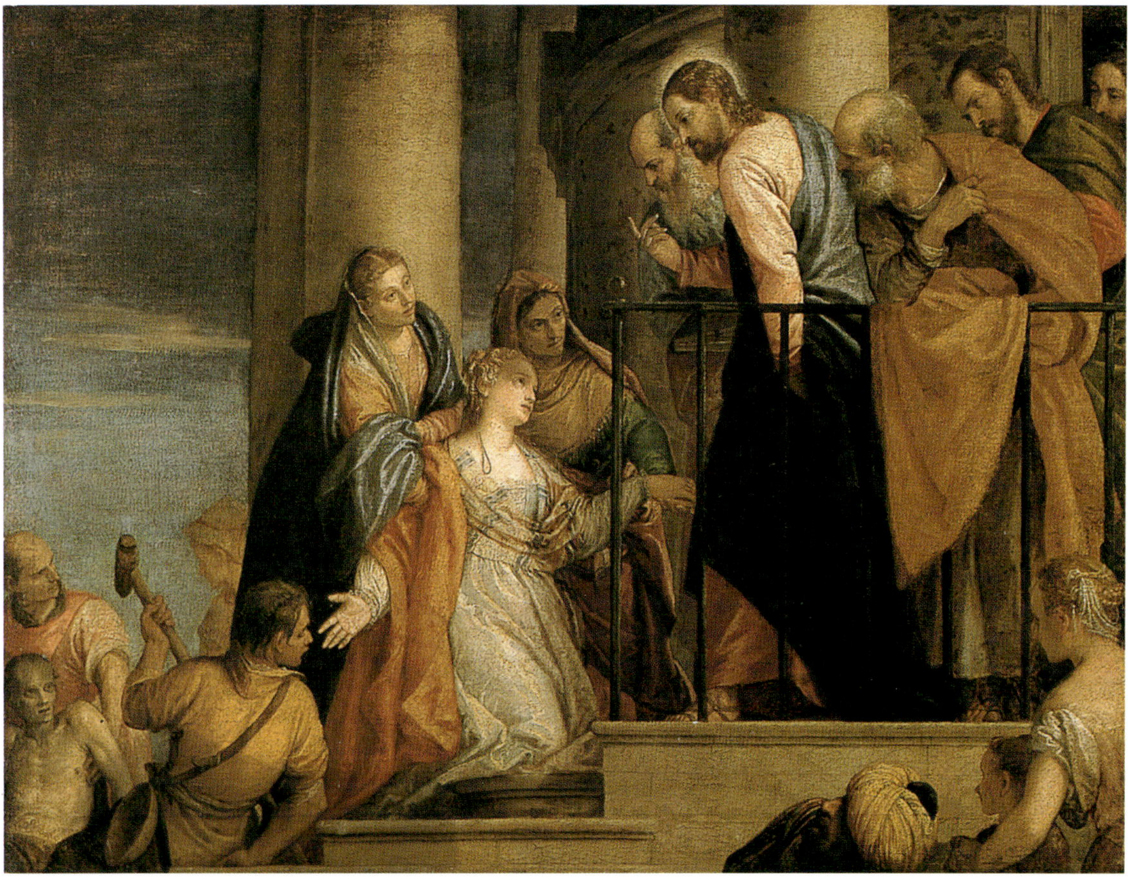

Veronese, eigentl. **Paolo Caliari**
Verona 1528–Venedig 1588
Erweckung des Jünglings zu Nain, um 1565/1570
Leinwand, 102 x 136 cm (Inv. Nr. 52)
Sammlung Erzherzog Leopold Wilhelm 1659

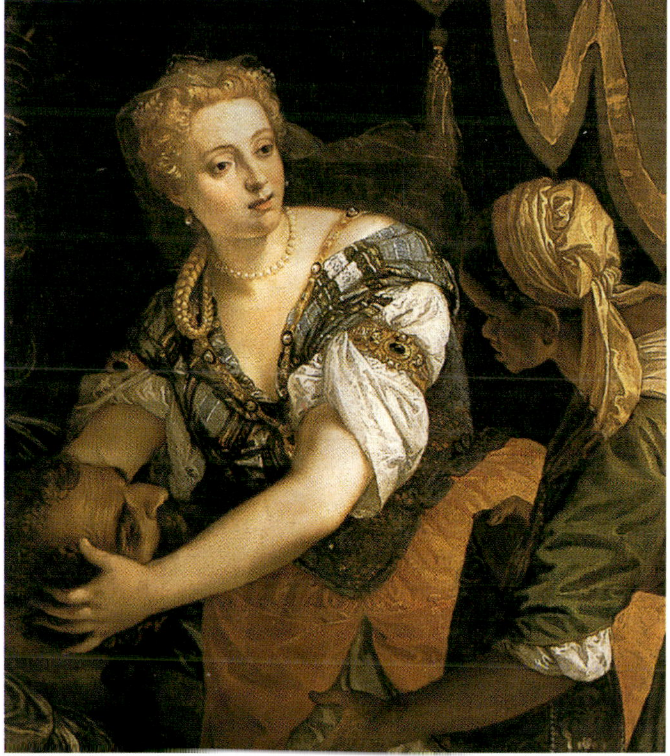

Veronese, eigentl. **Paolo Caliari**
Verona 1528–Venedig 1588
Judith mit dem Haupt des Holofernes, 1583/1585
Leinwand, 111 x 100,5 cm (Inv. Nr. 34)
Sammlung Erzherzog Leopold Wilhelm 1659

Erst auf den zweiten Blick ist das Thema, die sinistre Tat der jüdischen Heldin, die dem feindlichen assyrischen Feldherrn Holofernes im Schlaf den Kopf abgeschlagen hatte, zu erkennen. Im Vordergrund steht die malerisch üppig ausgestattete hellhäutige Schönheit im Kontrast zu ihrer schwarzen Dienerin und dem dunklen Haupt des Holofernes.

Tintoretto, eigentl. **Jacopo Robusti**
Venedig 1519–Venedig 1594
Geißelung Christi, um 1585/1590
Leinwand, 118,3 x 106 cm
(Inv. Nr. 6451)
1923 erworben

Fragment eines vor allem links und unten beschnittenen Bildes aus Tintorettos letzter, von Bildern mystischer Expressivität geprägter Zeit. Der Gegeißelte befand sich also ursprünglich nicht in der Mitte der Komposition.

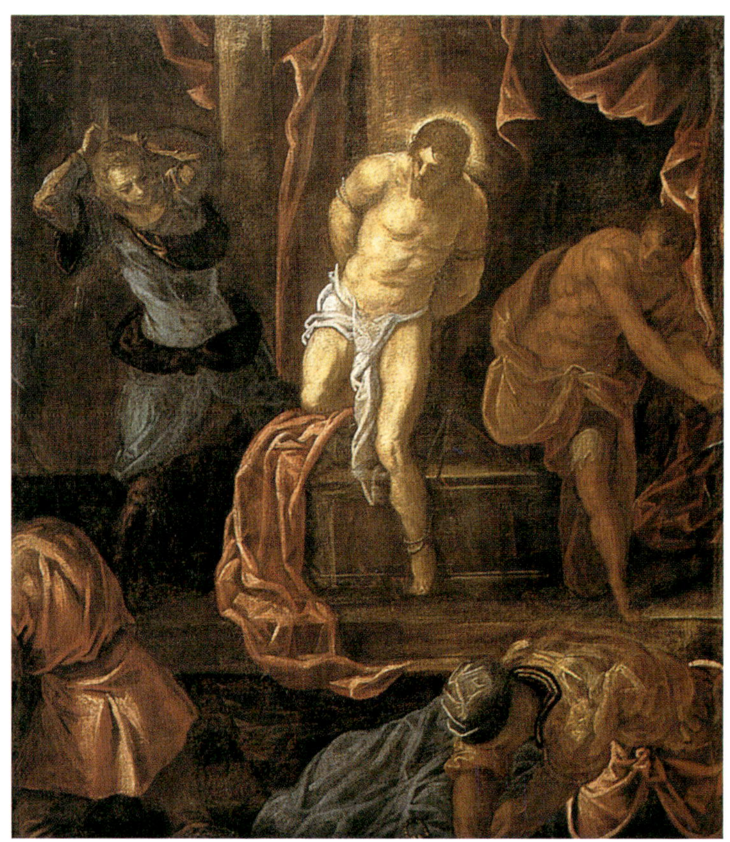

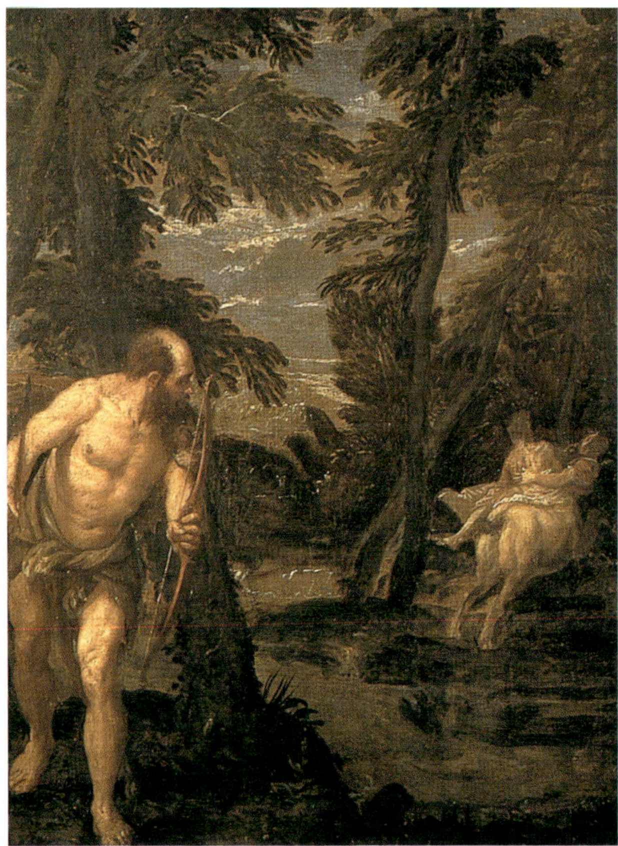

Veronese, eigentl. **Paolo Caliari**
Verona 1528–Venedig 1588
Herkules, Dejanira und der Kentaur Nessus, Spätwerk
Leinwand, 68 x 53 cm
(Inv. Nr. 1525)
Sammlung Erzherzog Leopold Wilhelm 1659

Cesare da Sesto
Sesto Calende/Lago Maggiore 1477–Mailand 1523
Salome mit dem Haupt Johannis des Täufers, Spätwerk
Pappelholz, 136,5 x 79,6 cm (Inv. Nr. 202)
Möglicherweise vor 1590 von dem lombardischen Maler und Kunsttheoretiker Giovanni Paolo Lomazzo Kaiser Rudolf II. geschenkt

Die nicht erst durch Oscar Wilde und Richard Strauss zu Gehör gebrachten erotischen Konnotationen des grausamen Endes von Johannes dem Täufer mögen gerade dem introvertierten Kaiser nahe gewesen sein und werden in der Mischung aus leonardeskem *sfumato* und typisch lombardischem Realismus kongenial umgesetzt.

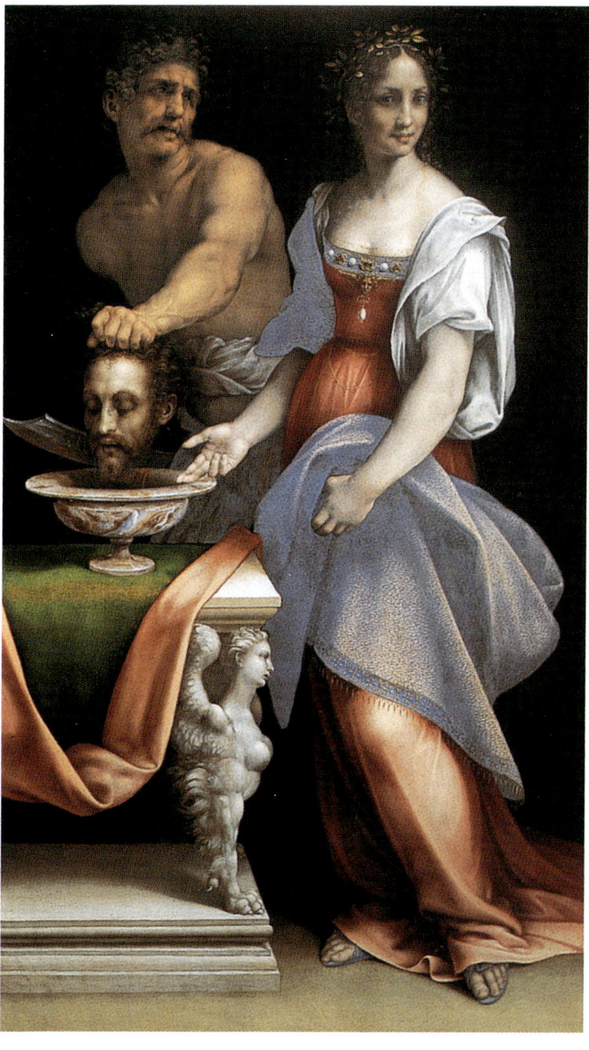

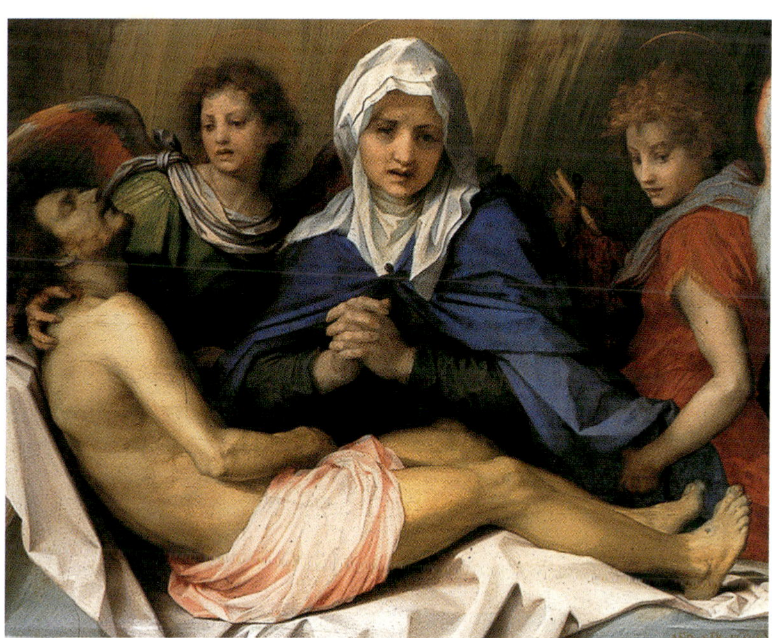

Andrea del Sarto, eigentl. **Andrea d'Agnolo**
Florenz 1486–Florenz 1530
Beweinung Christi, um 1519/20, signiert
Holz, 99 x 120 cm (Inv. Nr. 201)
1635 Sammlung des Herzogs von Buckingham; 1648 von Erzherzog Leopold Wilhelm für Ferdinand III. gekauft und nach Prag geschickt; seit 1723 in Wien

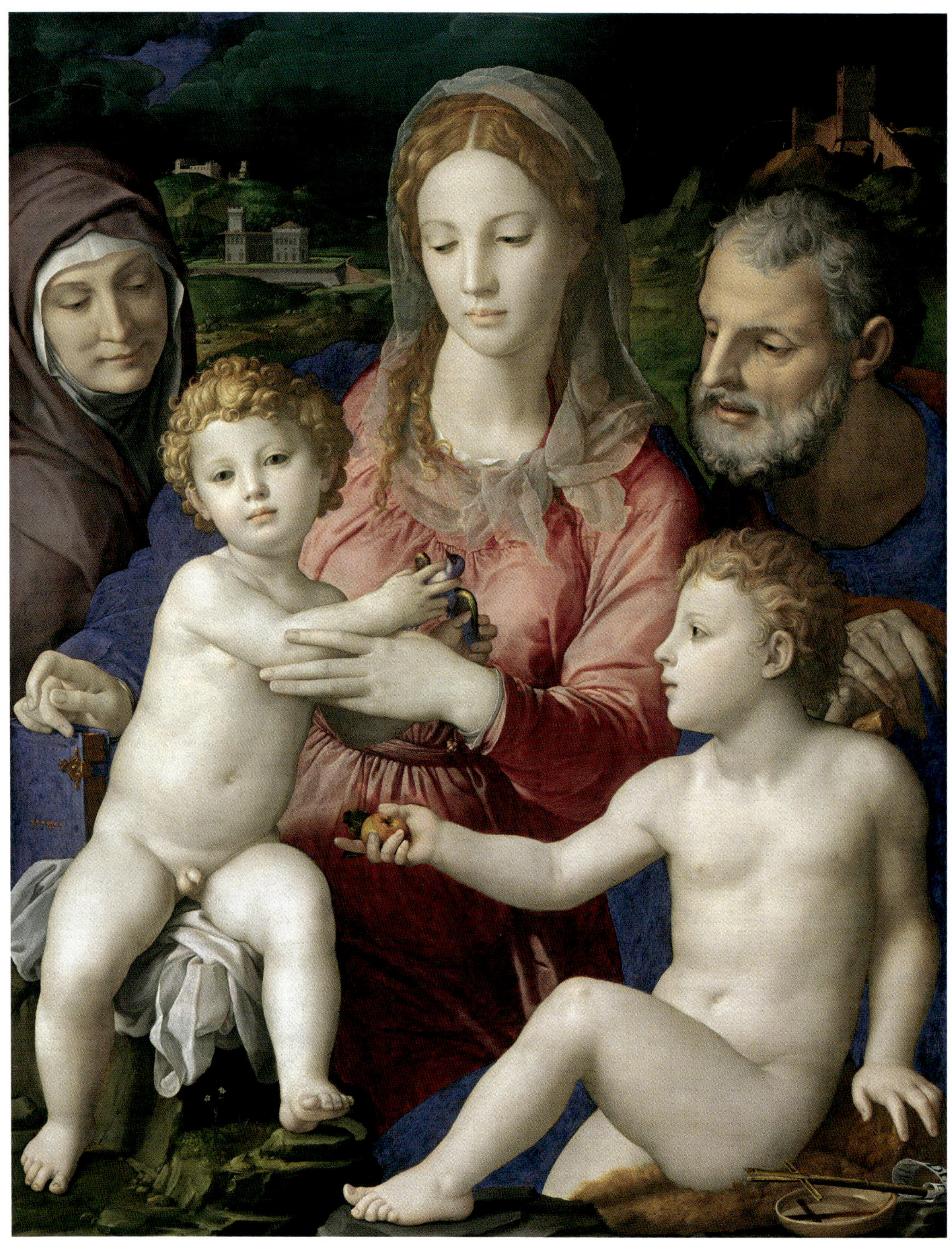

Bronzino, eigentl. **Agnolo di Cosimo**
Monticelli/Florenz 1503–Florenz 1572
Hl. Familie mit Anna und dem Johannesknaben,
um 1545/46, signiert
Holz, 124,5 x 99,6 cm (Inv. Nr. 183)
1792 durch Tausch aus Florenz erworben

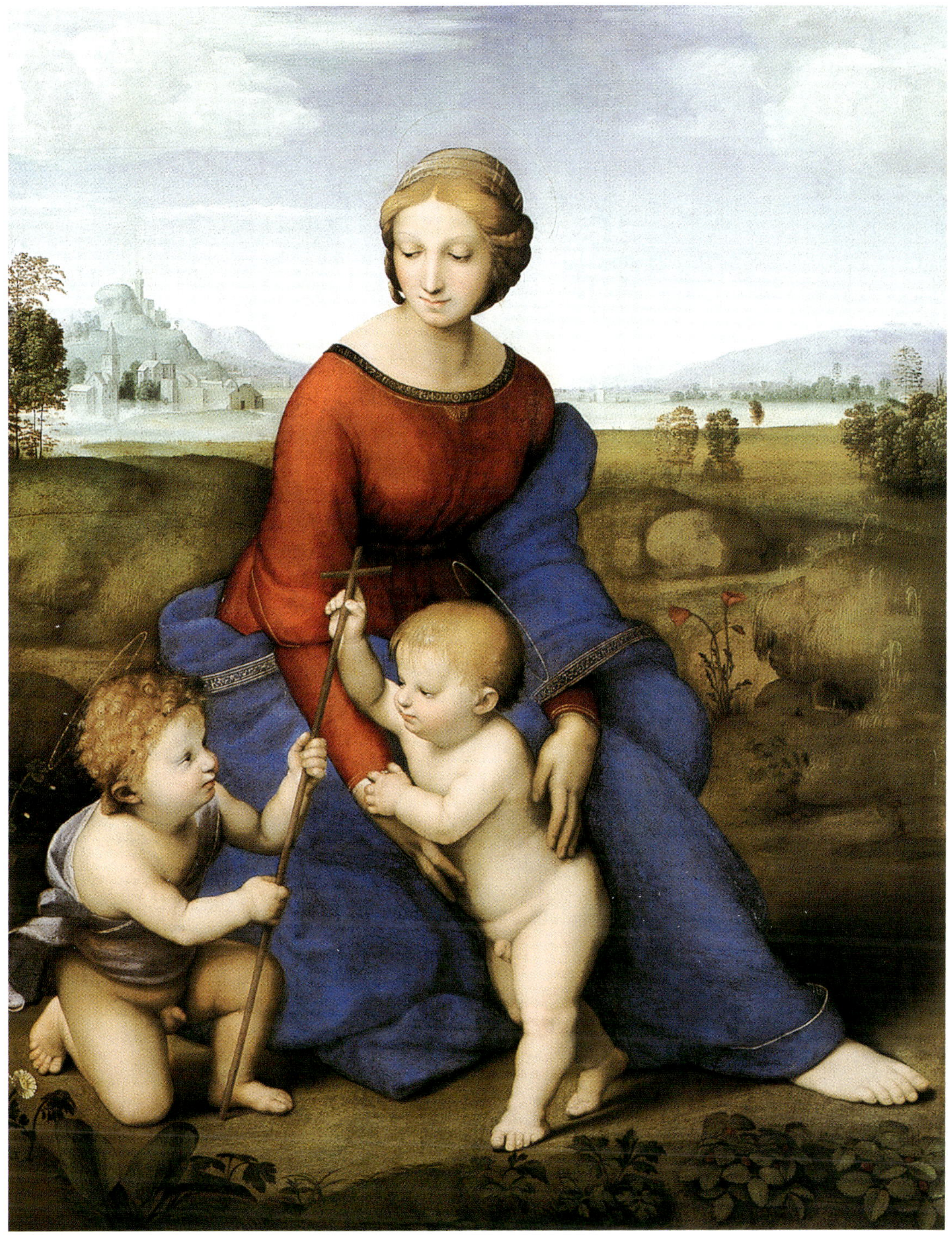

Raffael, eigentl. **Raffaello Santi**
Urbino 1483–Rom 1520
Die Madonna im Grünen (*Madonna del Belvedere*), 1505 oder 1506 datiert
Pappelholz, 113 x 88,5 cm (Inv. Nr. 175)
Gemalt für Taddeo Taddei in Florenz, im Familienpalast der Taddei bis 1662. Gekauft von Erzherzog Ferdinand Karl für das Innsbrucker Schloß; 1663 in Schloß Ambras; seit 1773 in Wien

---

„Es ist nur die reinste Schönheit des Weibes und des Kindes, die den Gedanken an das Übernatürliche erweckt. Die Kunst ist nach anderthalb Jahrtausenden wieder einmal auf der Höhe angelangt, wo ihre Gestalten von selbst und ohne alle Zutaten als etwas Ewiges und Göttliches erscheinen.“ (J. Burckhardt)

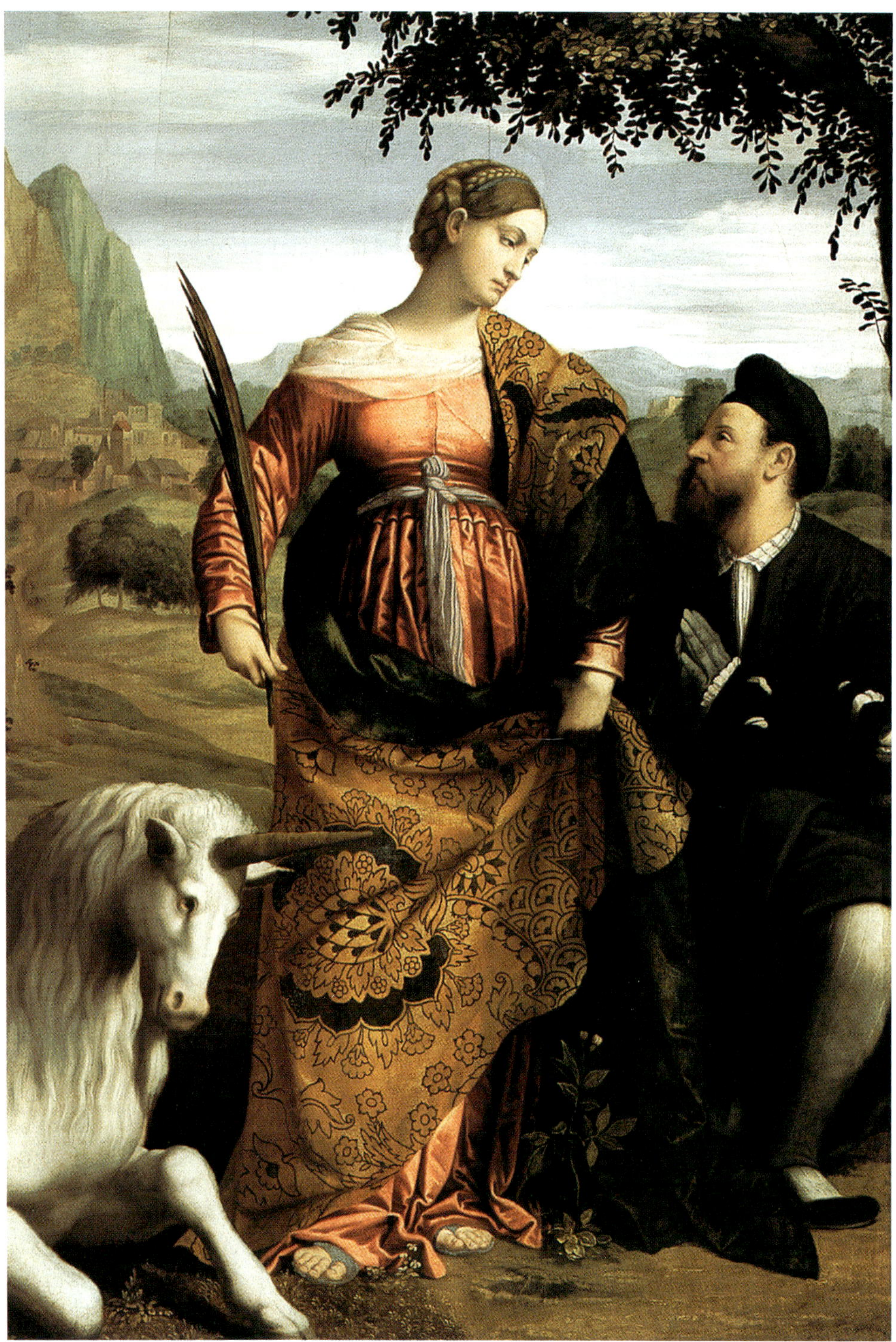

Moretto da Brescia, eigentl. **Alessandro Bonvicino**
Brescia um 1498–Brescia 1554
Die hl. Justina, von einem Stifter verehrt, um 1530
Pappelholz, 200 x 139 cm (Inv. Nr. 61)
1663 in den habsburgischen Sammlungen in Ambras (Innsbruck)

Die märchenhafte Stimmung des Andachtsbildes zwischen Schwärmerei und elegisch geprägtem Liebesidyll ist sicher nicht ohne den venezianischen Giorgionismus zu denken. In der statuarischen, in sich ruhenden Heiligen mit ihrem klassischen Profil ist Raffaels späte, monumentale Formensprache zu spüren.

Correggio, eigentl. **Antonio Allegri**
Correggio 1489/1494–Correggio 1534
Jupiter und Io, um 1530
Leinwand, 163,5 x 74 cm (Inv. Nr. 274)
1601 in der Kunstkammer Kaiser Rudolfs II.

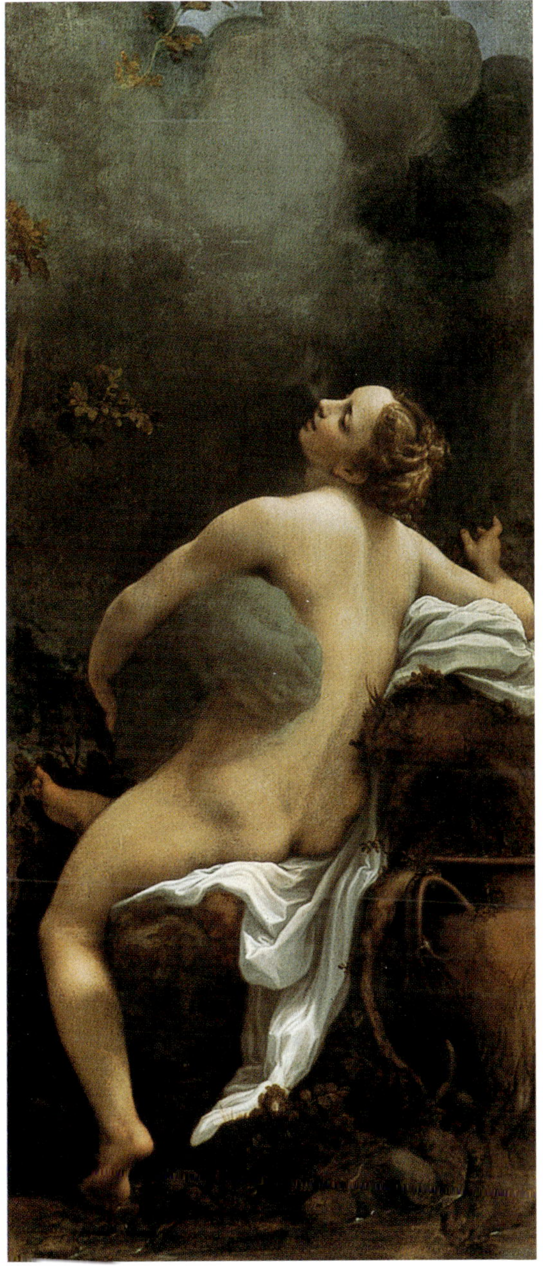

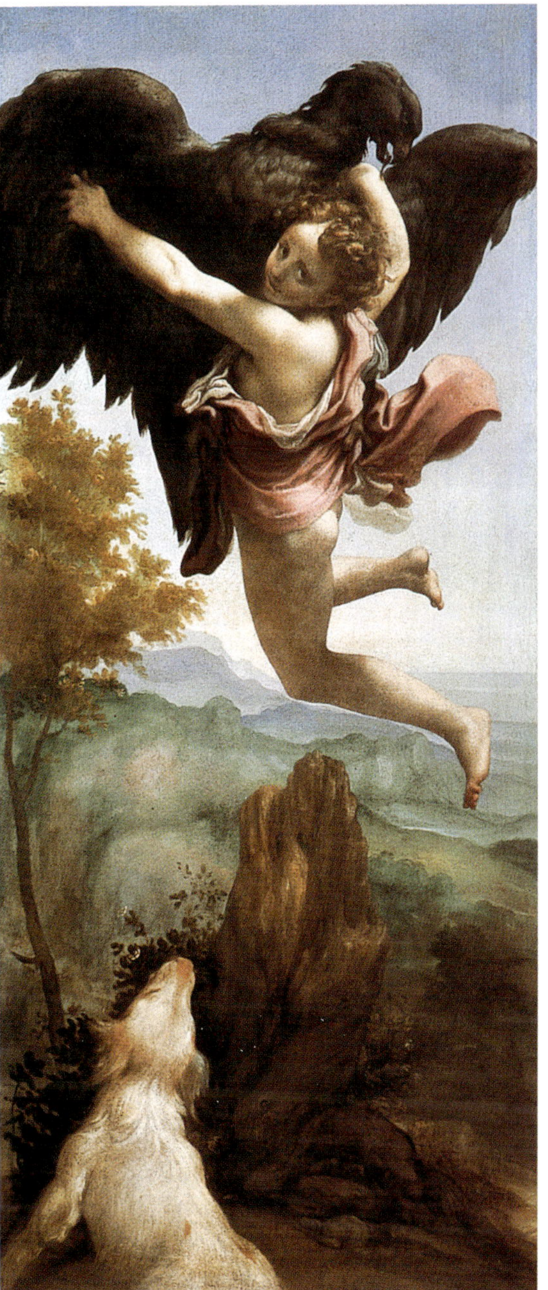

Correggio, eigentl. **Antonio Allegri**
Correggio 1489/1494–Correggio 1534
Entführung des Ganymed, um 1530
Leinwand, 163,5 x 70,5 cm (Inv. Nr. 276)
1603/04 in der Kunstkammer Kaiser Rudolfs II.

Stücke einer vierteiligen Serie mit Jupiterliebschaften, die Federico Gonzaga wohl 1532 in Mantua Kaiser Karl V. schenkte.

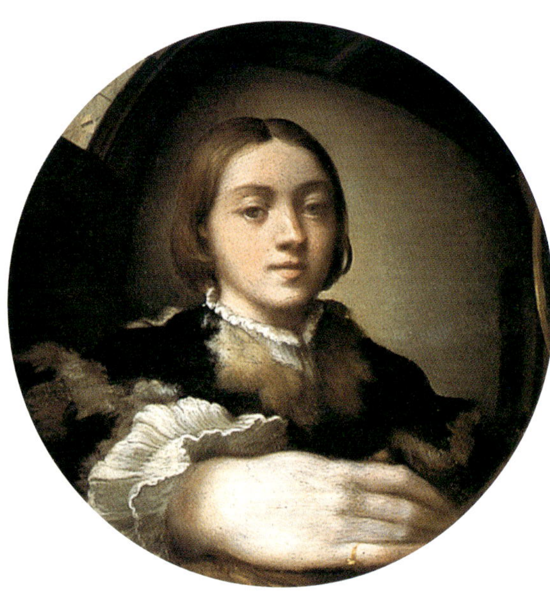

Parmigianino, eigentl. **Francesco Mazzola**
Parma 1503–Casalmaggiore 1540
Selbstbildnis im Konvexspiegel, um 1523/24
Auf einer Holzkugelkalotte, Dm 24,4 cm
(Inv. Nr. 286)
Seit 1608 in kaiserlichem Besitz, seit 1777 in der Wiener Galerie

Programmatisches Meisterstück des emilianischen Manierismus, das in geistreicher Verschränkung der Sehebenen, real und illusioniert, den autonomen, die Sehgesetze vollkommen beherrschenden Künstler ins Bild bringt.

Parmigianino, eigentl. **Francesco Mazzola**
Parma 1503–Casalmaggiore 1540
Bekehrung Pauli, gegen 1530
Leinwand, 177,5 x 128,5 cm
(Inv. Nr. 2035)
Wahrscheinlich für Giovannandrea Bianchi in Bologna gemalt; 1608 im Nachlaßinventar Pompeo Leonis in Madrid erwähnt; seit 1917 ausgestellt

Spiritualität und psychische Spannung dieser Bekehrung durch Verzerrung der Proportionen, durch Irrealität der Farben (das blaue Auge des Pferdes!) und durch die paradiesische Utopie der Landschaft mitzuteilen gelang Parmigianino vollkommen in diesem trotz der hochgradigen Erregtheit streng komponierten Bild.

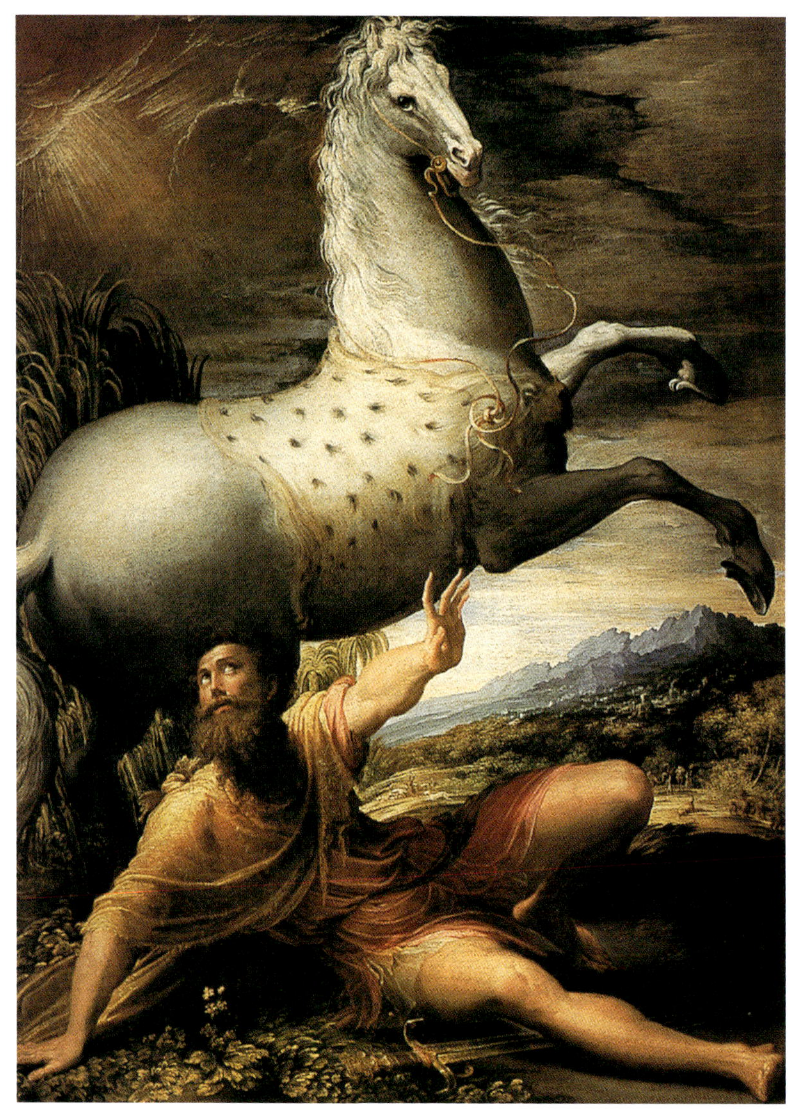

Giovanni Battista Crespi, gen. **Cerano**
Busto Arsizio 1567/1570–Mailand 1632
Christus erscheint den Aposteln Petrus und Paulus,
um 1626/1628
Leinwand, 274 x 184 cm (Inv. Nr. 273)
Für die Kirche S. Pietro dei Pellegrini in Mailand gemalt, wohl 1779 für die kaiserliche Galerie erworben

Hauptsächlich als Architekt und Maler im Mailand des Kardinals Federico Borromeo arbeitend, steht Cerano mit diesem späten großen Bild in der Wiener Galerie für das gegenreformatorische Altarbild. In einer Vision, für den gläubigen Betrachter wie für die Dargestellten selbst, ist der entmaterialisiert-‚verklärte' Körper Christi den irdisch-schweren Gestalten Petri und Pauli gegenübergestellt. Im Hintergrund begegnet der Titelheilige der Mailänder Kirche dem ‚verklärten' Christus erneut.

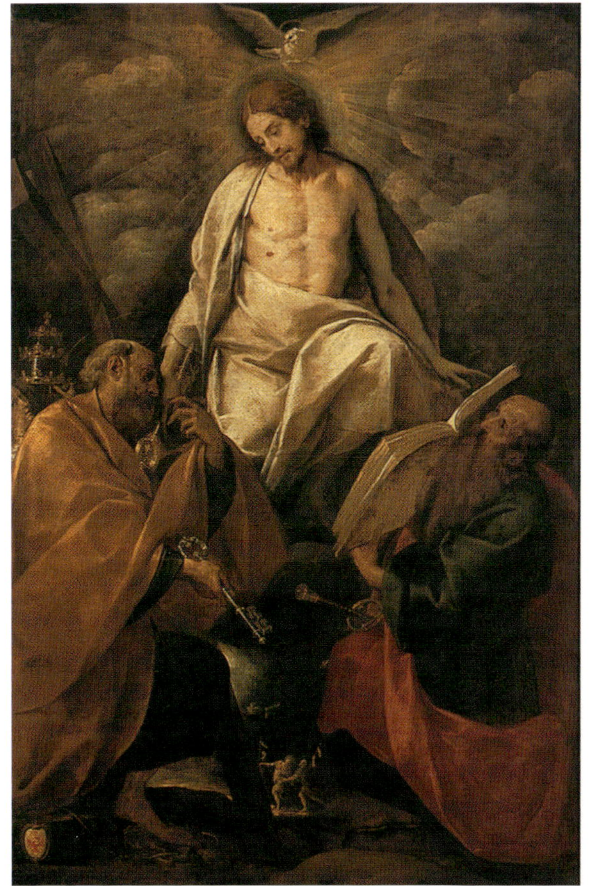

Annibale Carracci
Bologna 1560–Rom 1609
Beweinung Christi,
um 1603/04
Kupfer, 41 x 60,8 cm
(Inv. Nr. 230)
Sammlung Erzherzog Leopold Wilhelm 1659

Nach 1595, als Annibale Carracci von den Farnese nach Rom berufen worden war, änderte sich seine Malweise allmählich. Unter dem Einfluß der Antike und der Kunst Raffaels und Michelangelos entwickelte sich sein Stil im Sinn der römischen *gravitas* zu klassischer Strenge und heroischer Größe wie in der kleinen *Beweinung*.

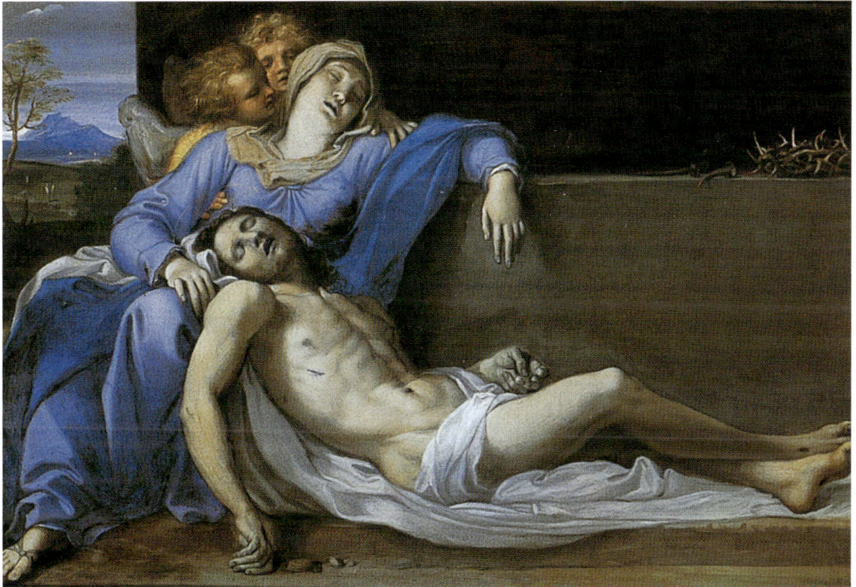

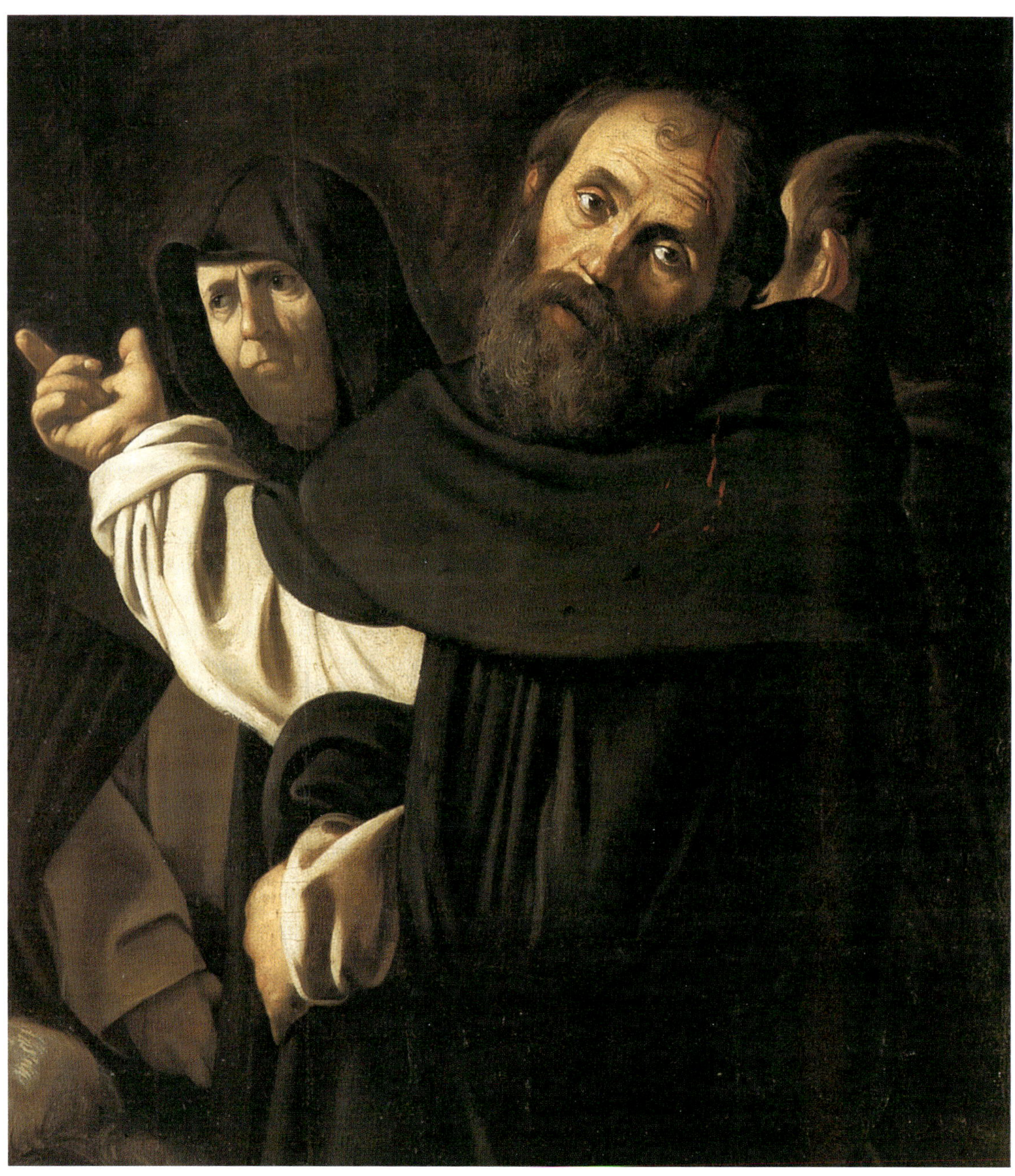

Caravaggio, eigentl.
Michelangelo Merisi
Mailand 1571–
Port'Ercole 1610
Rosenkranzmadonna,
um 1604/05
Leinwand, 364 x 249 cm
(Inv. Nr. 147)
Wohl schon in Rom entstanden; 1607 auf dem neapolitanischen Kunstmarkt, seit etwa 1620 als Stiftung einer Künstlergemeinschaft, darunter Rubens und Jan Brueghel, in der Dominikanerkirche in Antwerpen, von dort 1781 für die kaiserliche Galerie erworben

---

In den natürlich-übernatürlichen Vorgang der Rosenkranzverteilung wird der Betrachter durch Hinweis und Aufforderung mit einbezogen. Während das Volk im Bild nur den hl. Dominikus sieht, erfährt der vor dem Altarbild stehende Gläubige in der irdischen Wirklichkeit das greifbare Wirken der übernatürlichen Gnade: Er wird auf Christus, den Ausgangspunkt der Erlösung – der Knabe steht in der Mittelachse des Bildes –, und in gut katholisch-gegenreformatorischem Sinne auf die Mittler der Gnaden, Maria und Dominikus, hingewiesen.

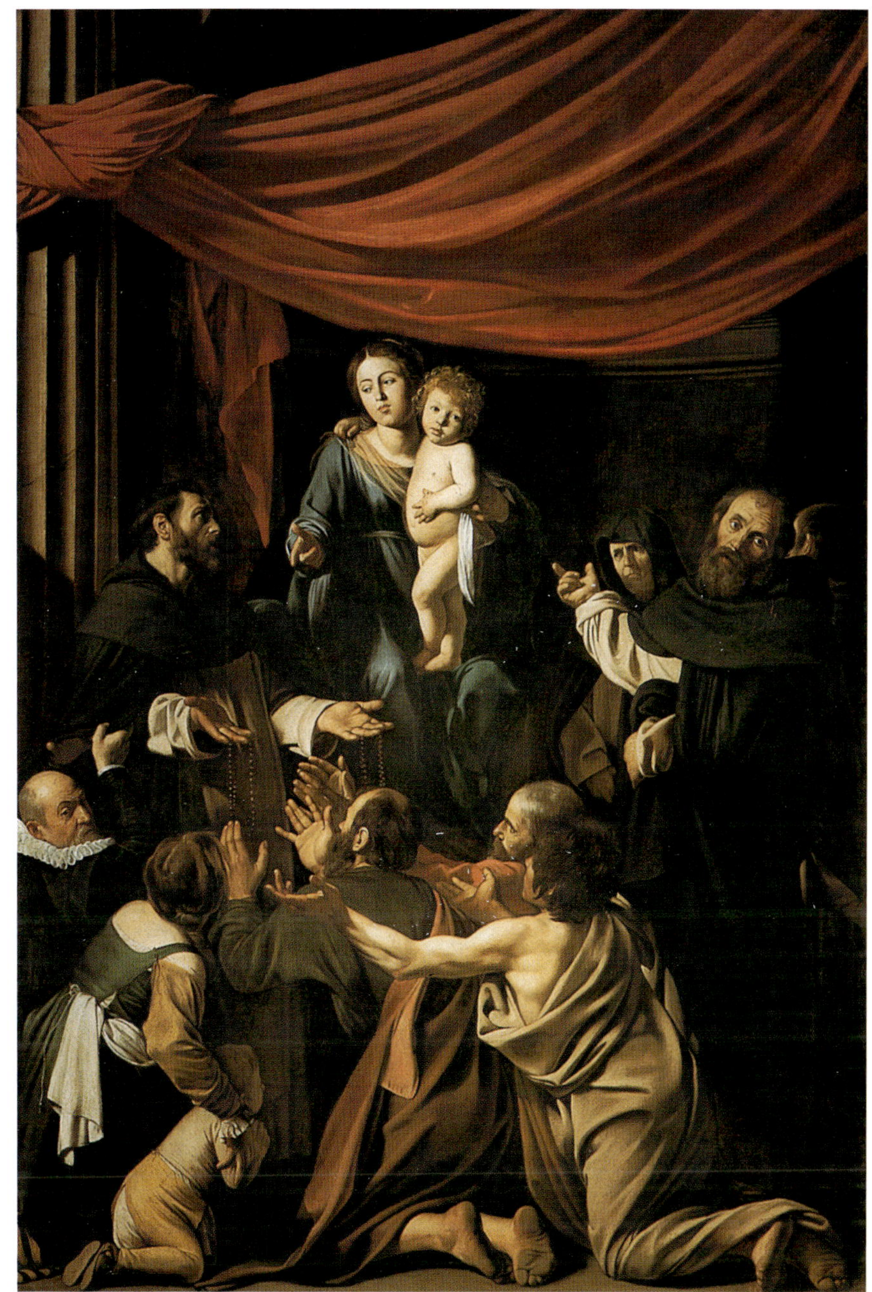

Caravaggio, eigentl.
Michelangelo Merisi
Mailand 1571–Port'Ercole 1610
Dornenkrönung Christi,
um 1602/1604
Leinwand, 127 x 166 cm
(Inv. Nr. 307)
Sammlung Giustiniani (1638), Rom;
1809 für die kaiserliche Galerie
erworben

Durch die kürzlich festgestellte Provenienz des Bildes aus der Sammlung Vincenzo Giustinianis (1564–1637), des Bankiers, Kunsttheoretikers und frühen Mäzens von Caravaggio, haben sich die letzten Zweifel an der Zuschreibung an den großen Reformator der italienischen Malerei verflüchtigt. Die einprägsame Komposition wirkte unmittelbar auf dessen italienische und niederländische Nachfolger (Orazio Gentileschi, Dirck van Baburen).

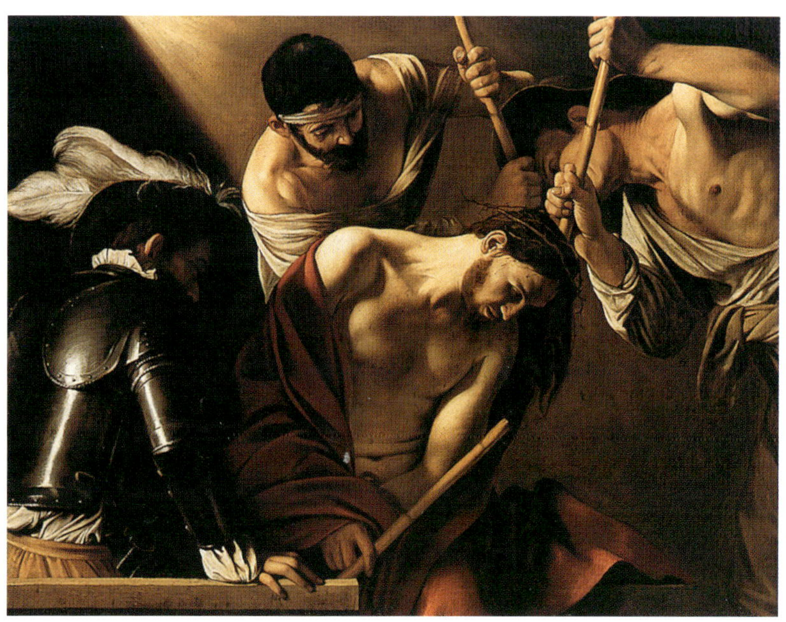

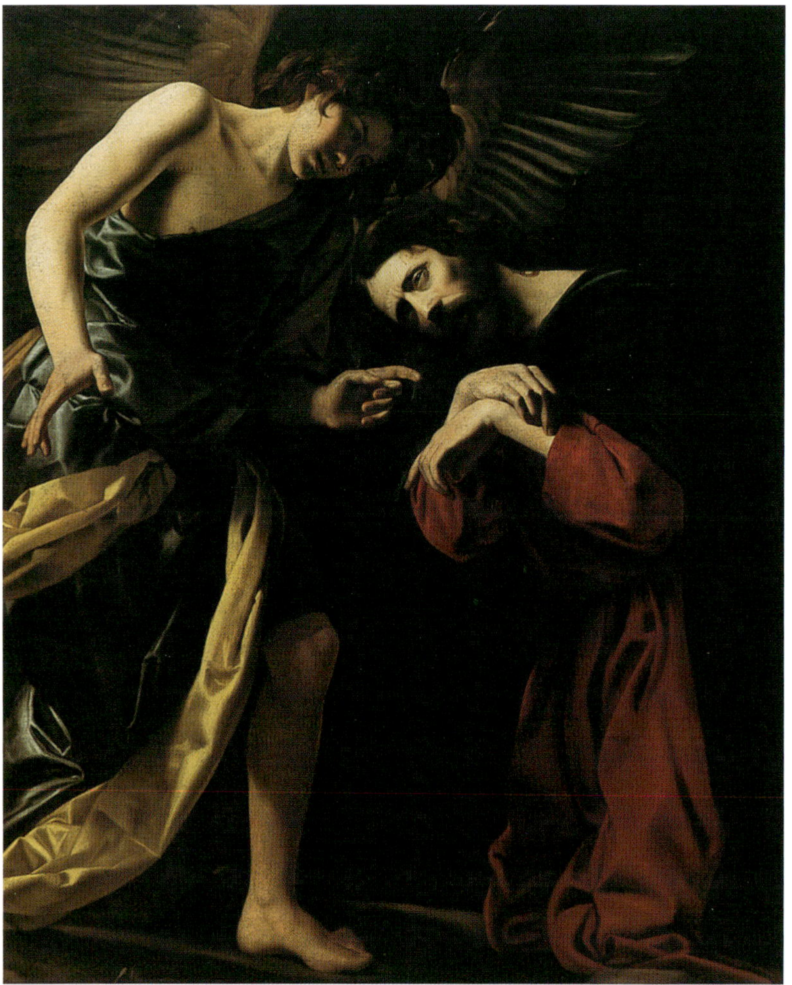

Giovanni Battista
Caracciolo, gen. **Battistello**
Neapel 1578–Neapel 1635
Todesangst Christi, um 1615,
monogrammiert
Leinwand, 148 x 124 cm
(Inv. Nr. F 17)
Sammlung Erzherzog Leopold
Wilhelm 1659

Charakteristisches Frühwerk dieses wichtigsten Caravaggio-Nachfolgers in Neapel. Ganz gegenreformatorisch gedacht, verbindet der Maler narrative Züge der Ölbergszene mit statischen Elementen eines Andachtsbildes.

Guido Reni
Bologna 1575–Bologna 1642
Taufe Christi, vor 1623
Leinwand, 263,5 x 186,5 cm
(Inv. Nr. 222)
Sammlung Herzog von Buckingham, London. 1648 von Erzherzog Leopold Wilhelm für Kaiser Ferdinand III. in Prag erworben; zwischen 1718 und 1733 nach Wien transferiert

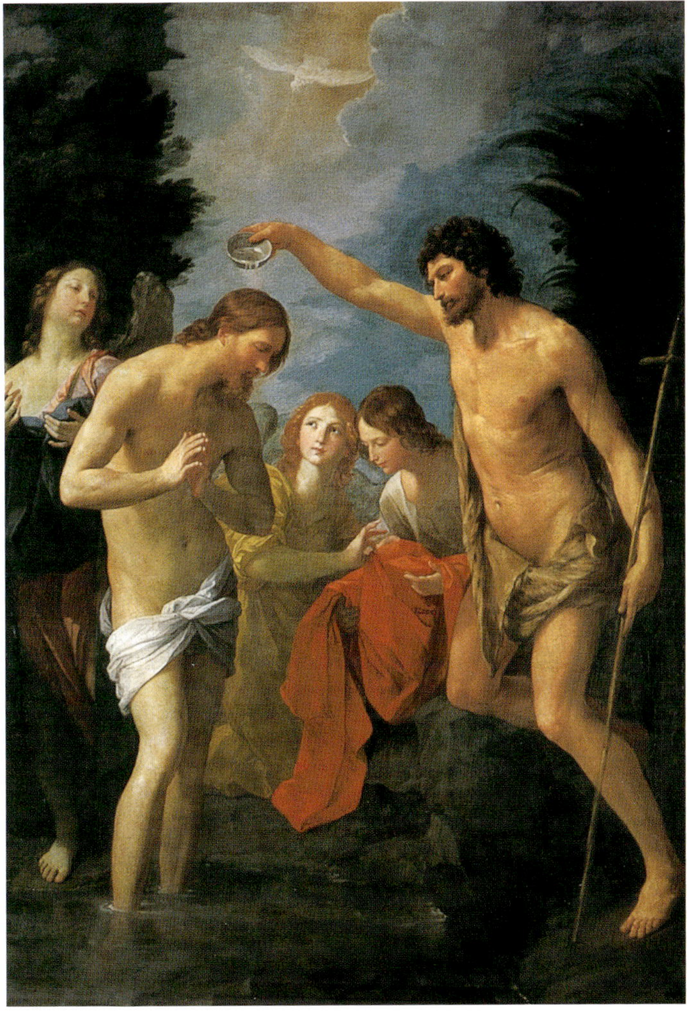

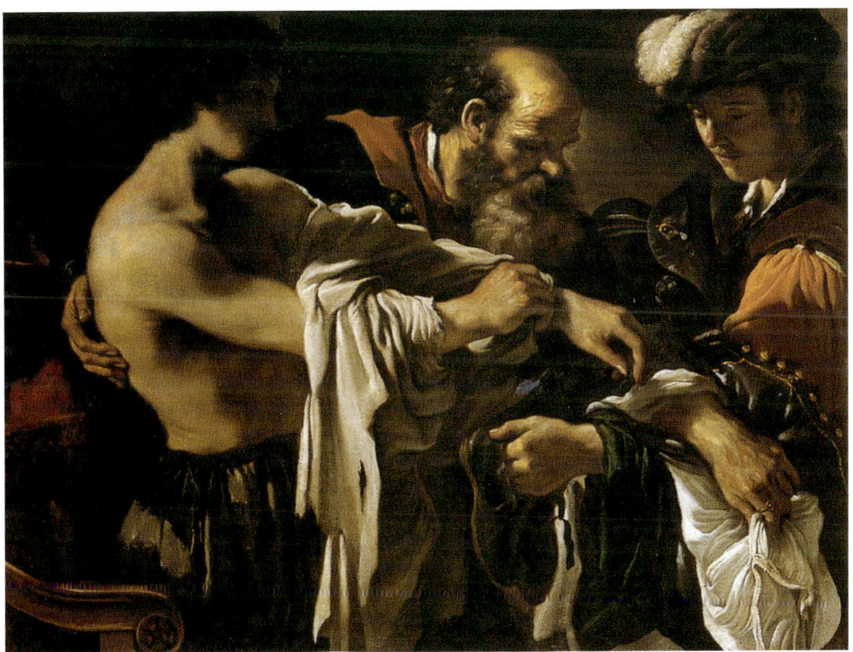

Guercino, eigentl. **Giavanni Francesco Barbieri**
Cento 1591–Bologna 1666
Heimkehr des verlorenen Sohnes, um 1619
Leinwand, 107 x 143,5 cm
(Inv. Nr. 253)
Für Kardinal Jacopo Serra in Ferrara gemalt. In der kaiserlichen Galerie in Prag. Nach 1718 von Prag nach Wien transferiert

Domenico Fetti
Rom um 1588/1590–
Venedig 1623
Traum Jakobs, um 1619
Pappelholz, 60,5 x 44,5 cm
(Inv. Nr. 3819)
Von Erzherzog Leopold Wilhelm 1648 aus der Sammlung Buckingham für Kaiser Ferdinand III. in Prag erworben. Seit 1879 in der kaiserlichen Galerie in Wien

Die von Caravaggio gelernte Beobachtung der ‚natürlichen' Wahrheit und die ganz ‚spirituelle' Malweise, welche die Farbe im Licht aufzulösen scheint, lassen hier eine Vision überzeugend werden: Jakob auf der Wanderschaft ist zusammen mit seinem Hund am Wegesrand eingeschlafen, als ihm im Traum das Bild der auf einer Leiter auf- und absteigenden Engel erscheint.

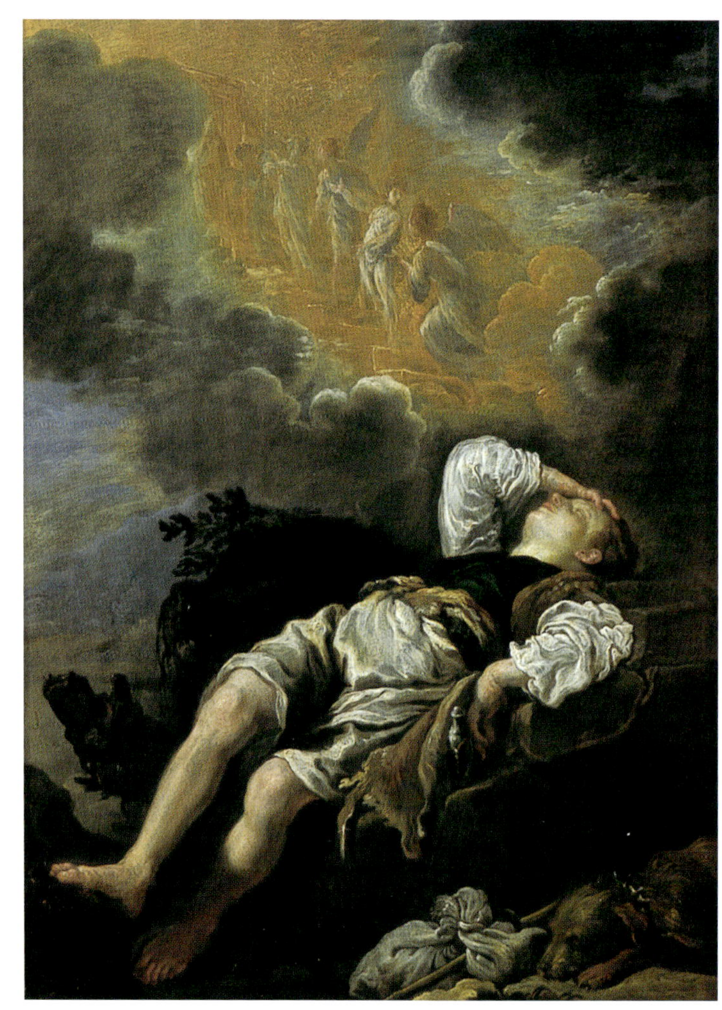

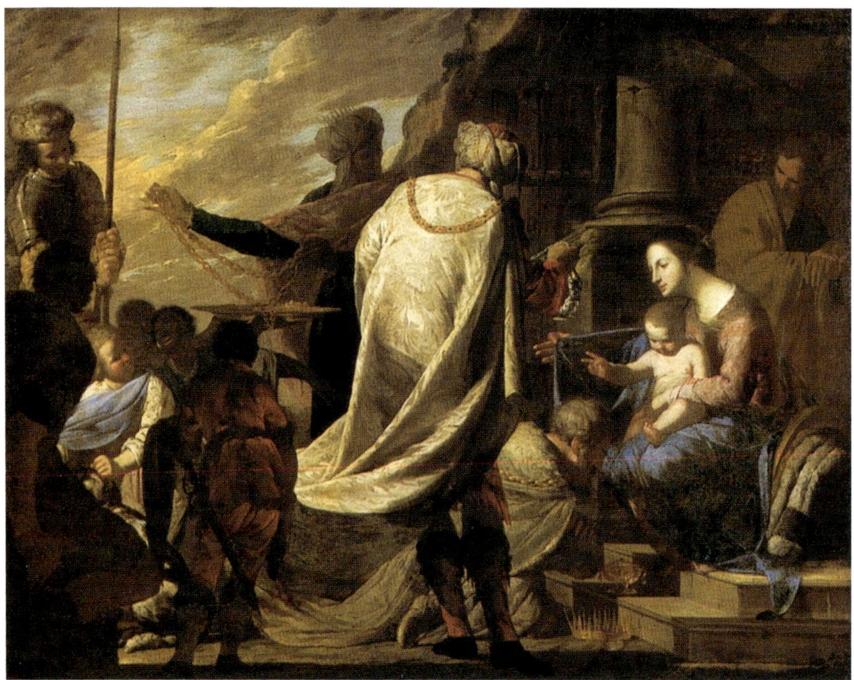

Bernardo Cavallino
Neapel 1616–
Neapel 1656
Die Anbetung der Könige, um 1640
Leinwand,
101,5 x 127 cm
(Inv. Nr. 6764)
Erworben 1928

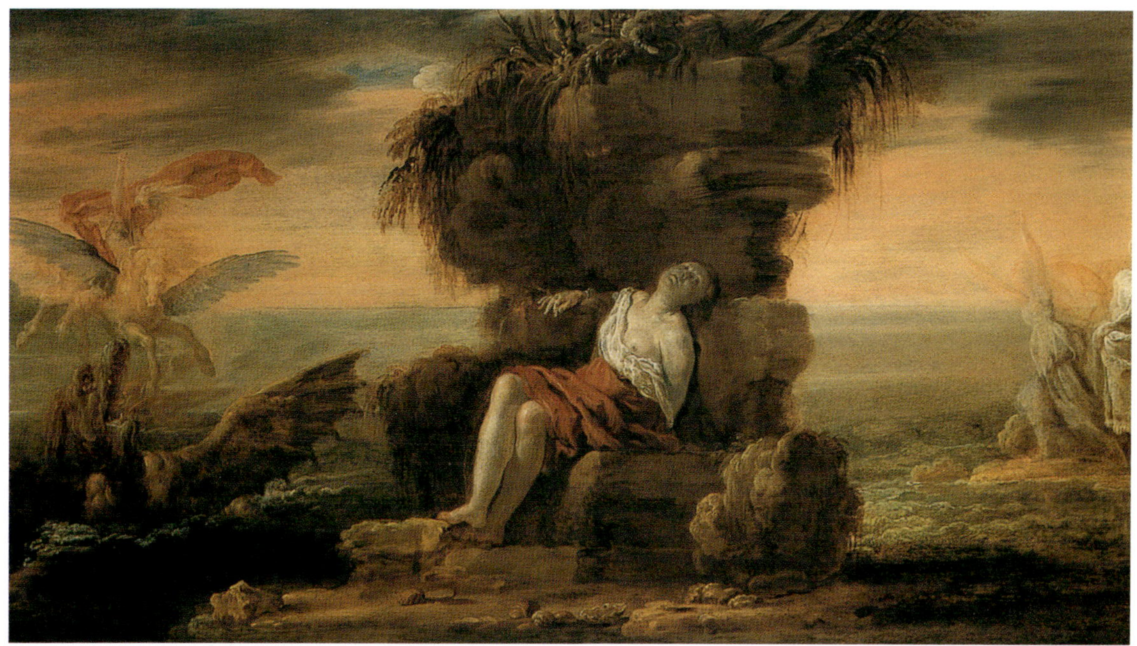

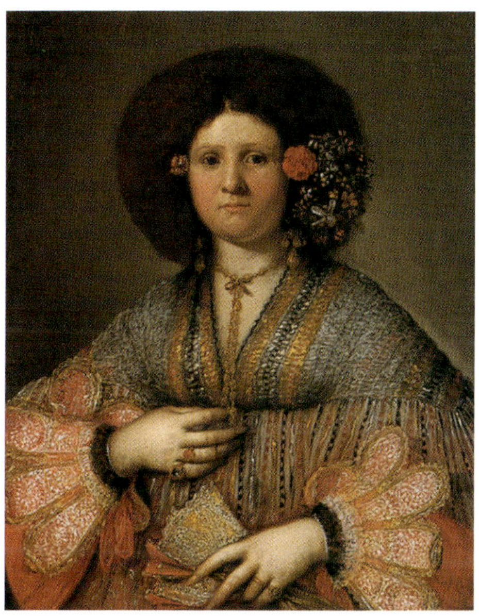

Domenico Fetti
Rom 1588/1590–Venedig 1623
Perseus befreit Andromeda, um 1622
Pappelholz, 40,5 x 72,5 cm (Inv. Nr. 7722)
Sammlung Erzherzog Leopold Wilhelm 1659

Zu einer möglicherweise als Schmuck eines Möbelstücks verwendeten Serie von drei Meeres-Mythologien gehörig (auf den anderen beiden Bildern sind ‚Hero und Leander' und ‚Polyphem und Galatea' dargestellt).

Girolamo Forabosco
Padua 1604/05–Padua 1679
Bildnis einer Venezianerin, um 1640/1650
Leinwand, 78 x 64 cm (Inv. Nr. 3518)
Sammlung Erzherzog Leopold Wilhelm 1659

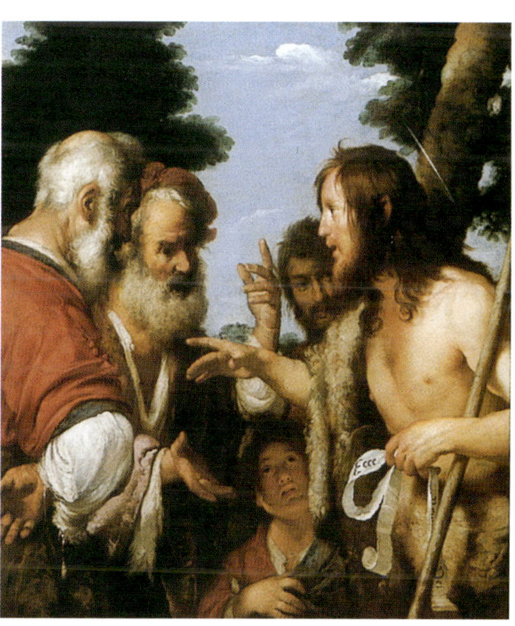

Bernardo Strozzi
Genua 1581–Venedig 1644
Predigt Johannis des Täufers, Spätwerk
Leinwand, 135 x 120 cm (Inv. Nr. 256)
Inv. Prag 1685; 1723 in Wien

Luca Giordano
Neapel 1634–Neapel 1705
Der Erzengel Michael stürzt die abtrünnigen Engel in den Abgrund, 1666, signiert
Leinwand, 419 x 283 cm (Inv. Nr. 350)
Seit 1698 als Stiftung der Freiherrn Bartolotti von Partenfeld in der Minoritenkirche in Wien; seit den späten achtziger Jahren des 18. Jahrhunderts in der kaiserlichen Gemäldegalerie

Das Œuvre Giordanos ist Abschluß der hochbarocken Dekorationskunst und steht zugleich vor allem durch das Interesse an koloristischen Problemen am Anfang der italienischen Rokokomalerei. Eine venezianisch getönte Palette, unmittelbar erfahren, aber auch vermittelt durch Giordanos Lehrer Ribera, der neapolitanisch-ribereske Naturalismus in der Schilderung der Höllenqualen, aber auch das klassische kompositionelle Vorbild Guido Renis stehen hinter diesem monumentalen Altarbild Giordanos.

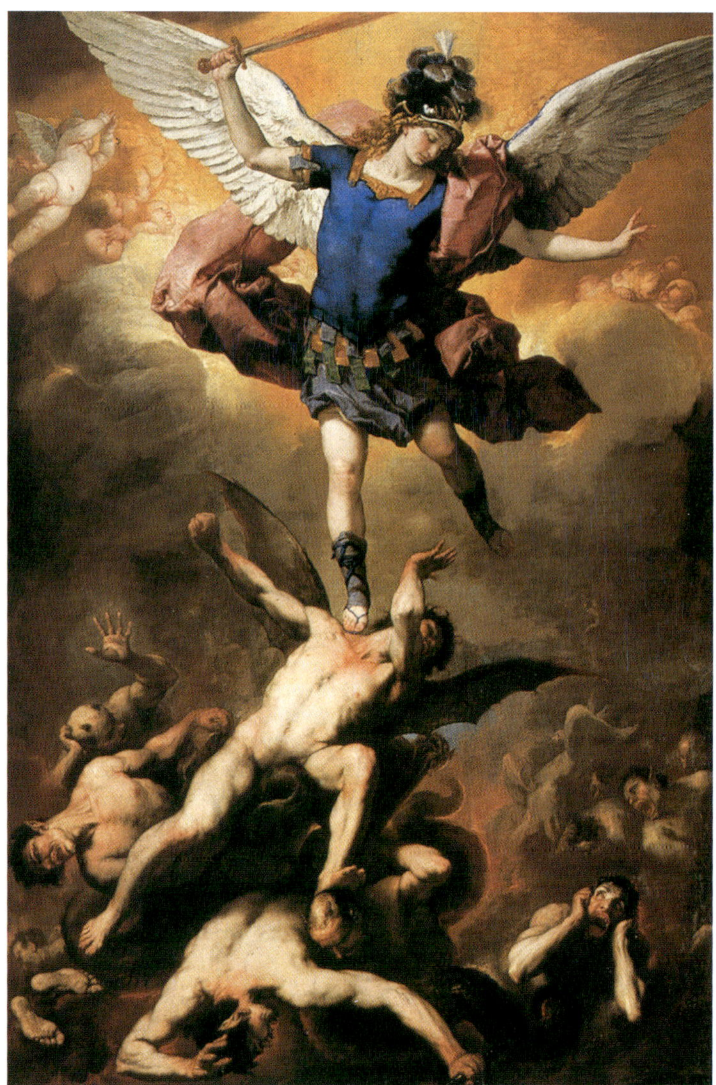

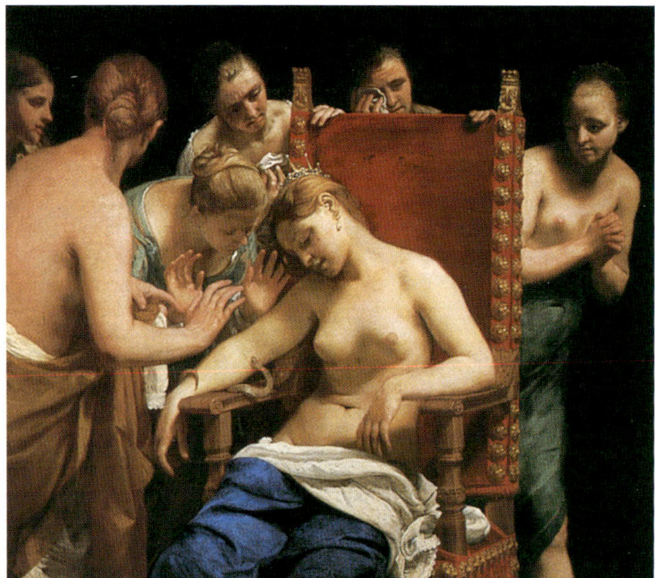

Guido Cagnacci
S. Arcangelo di Romagna 1601–Wien 1663
Selbstmord der Kleopatra, nach 1659, signiert
Leinwand, 140 x 159,5 cm (Inv. Nr. 260)
Sammlung Erzherzog Leopold Wilhelm 1659/1662 (Nachtrag)

Ursprünglich wohl als Einzelfigur der sterbenden Kleopatra geplant. Eigenhändige Erweiterung der Komposition auf sechs unterschiedlich großen, an das Mittelstück genähten Leinwandstücken.

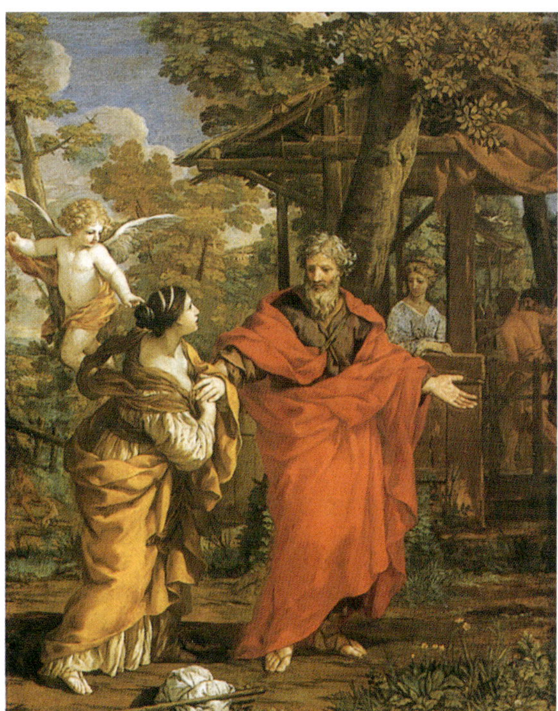

Pietro da Cortona, eigentl. **Berrettini**
Cortona 1596–Rom 1669
Heimkehr der Hagar, um 1637
Leinwand, 123,5 x 99 cm (Inv. Nr. 153)
Aus der großherzoglichen Galerie in Florenz; dort im 18. Jahrhundert in der Tribuna der Uffizien ausgestellt. 1792 im Tausch erworben

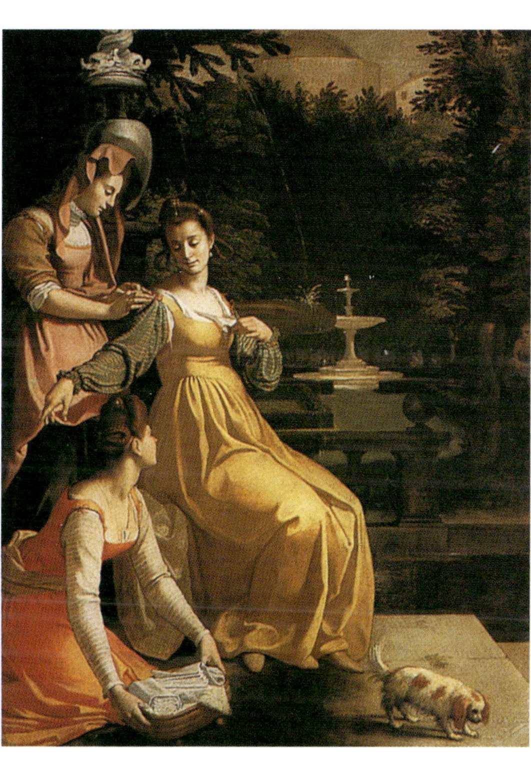

Jacopo da Empoli, eigentl. **Chimenti**
Florenz um 1551–Florenz 1640
Susanna im Bade, 1600, signiert und datiert
Leinwand, 229 x 172 cm (Inv. Nr. 1518).
Aus Schloß Ambras bei Innsbruck vor 1781 nach Wien

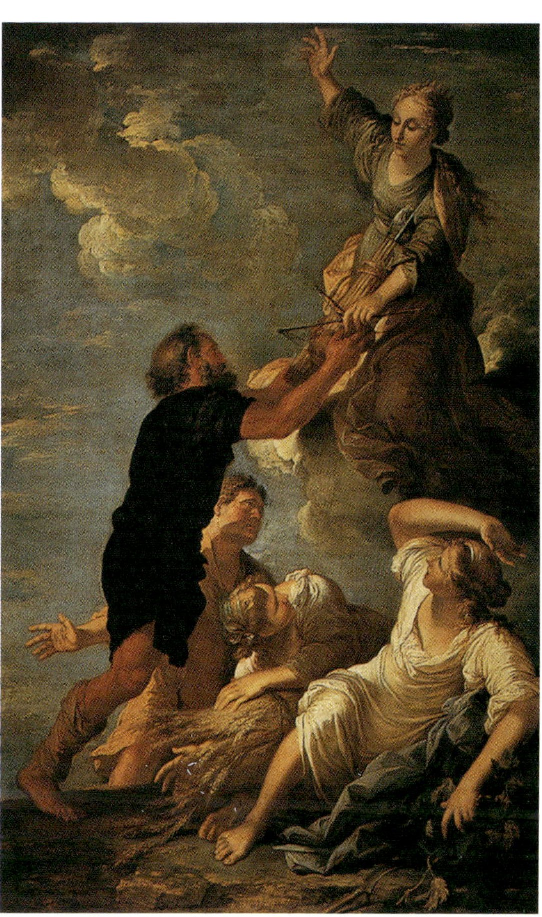

Salvator Rosa
Arenella/Neapel 1615–Rom 1673
Astraea verläßt die Erde, um 1660/1665
Leinwand, 267,3 x 169,5 cm (Inv. Nr. 9856)
Erworben 1988 aus englischem Privatbesitz

Während des Goldenen Zeitalters wohnte die himmlische Jungfrau Astraea, Göttin der Gerechtigkeit, auf Erden. Am Beginn des grausamen Eisernen Zeitalters verließ sie als letzte der Götter die Erde. Sie wurde mit ihren Attributen (üblicherweise Waage und Löwe) als Sternzeichen der Jungfrau an den Himmel versetzt. In Rosas spätem Bild überreicht die scheidende Astraea den Landleuten die Fasces, ein anderes altes Attribut der Gerechtigkeit, und die Waage.

Giuseppe Maria Crespi
Bologna 1665–Bologna 1747
Aeneas, die Sibylle und Charon, um 1700
Leinwand, 129 x 127 cm
(Inv. Nr. 306)
Gemalt für den Prinzen Eugen von Savoyen, der das Bild im Paradeschlafzimmer seines Stadtpalais in Wien als Supraporte anbringen ließ; 1736 für die kaiserlichen Sammlungen erworben

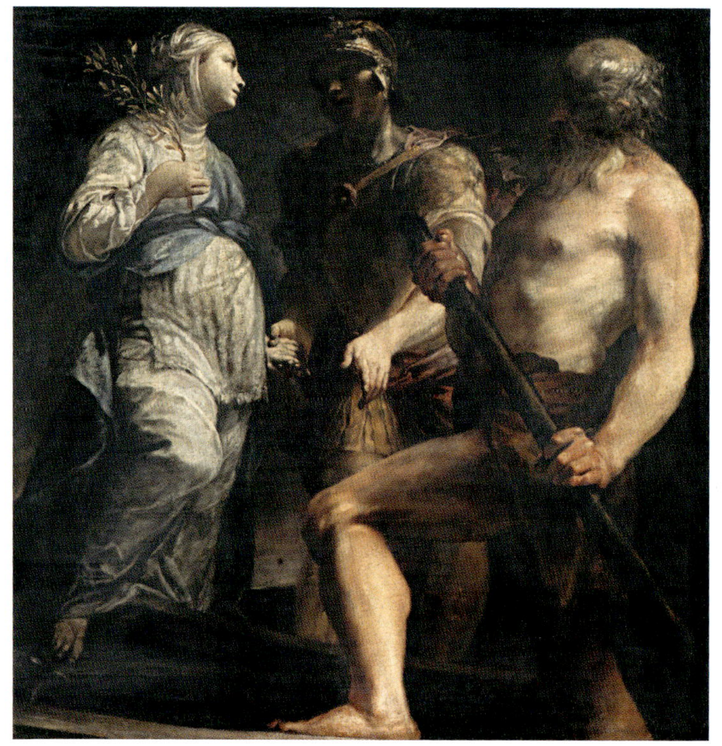

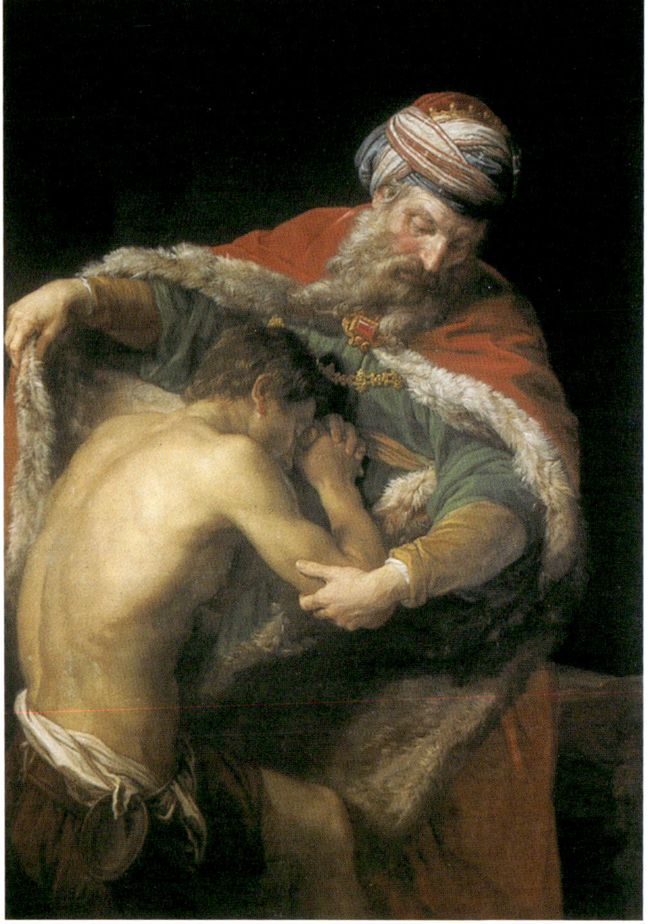

Pompeo Batoni
Lucca 1708–Rom 1787
Heimkehr des verlorenen Sohnes, 1773, datiert, signiert
Leinwand, 138 x 100,5 cm
(Inv. Nr. 148)
1773 beim Künstler für die kaiserliche Galerie erworben

Giovanni Battista Tiepolo
Venedig 1696–Madrid 1770
Der Tod des Konsuls L. J. Brutus im Zweikampf mit Aruns, um 1728/1730
Leinwand, 383 x 182 cm (Inv. Nr. 6798)
Für den großen Saal des Palazzo Dolfin in Venedig gemalt. Aus der Sammlung Miller Aichholz über Camillo Castiglione 1930 erworben

Der Zyklus stellt Ereignisse aus der römischen Geschichte nach Titus Livius dar. Gezeigt wird L. J. Brutus, der in den Kämpfen der Römer gegen die Etrusker im Zweikampf mit dem Sohn des gestürzten letzten Königs, Aruns, fiel, in einem Zweikampf, der auch Aruns das Leben kostete.

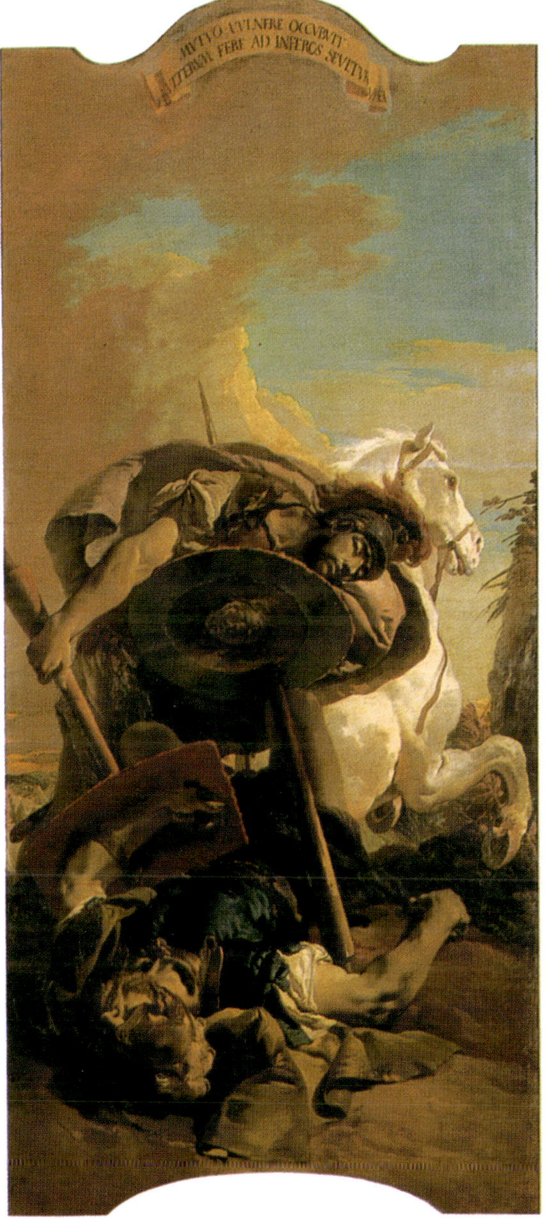

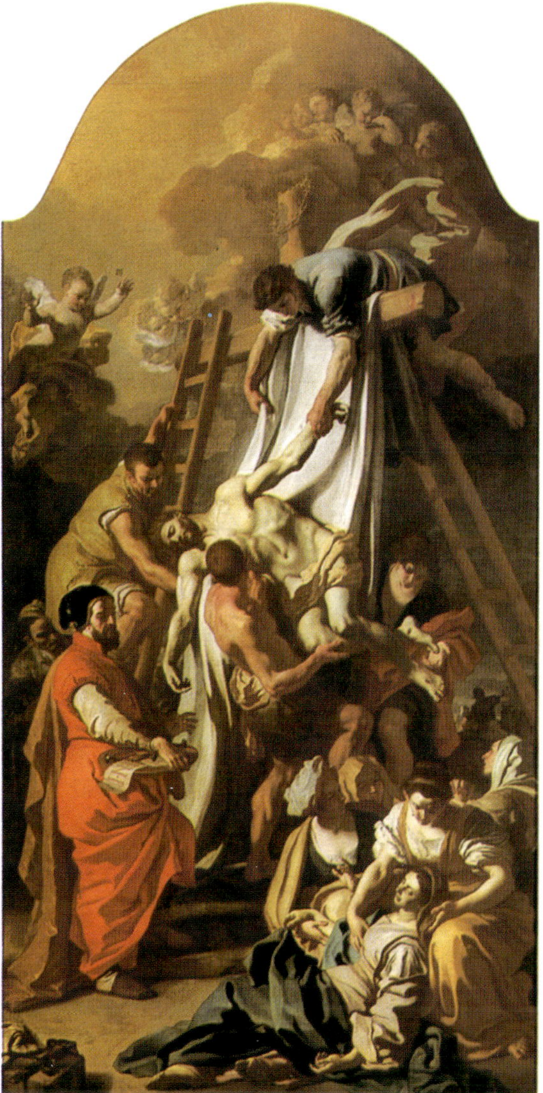

Francesco Solimena
Canale di Serino/Avellino 1657–Barra/Neapel 1747
Kreuzabnahme, um 1730/31
Leinwand, 398 x 223 cm (Inv. Nr. 3507)
Im Auftrag des Prinzen Eugen von Savoyen für die Kapelle von Schloßhof/Marchfeld bei Wien gemalt. 1752 für die kaiserlichen Sammlungen erworben

Während der österreichischen Herrschaft in Neapel (1707–1734) arbeiteten die bedeutendsten Künstler der Stadt für die österreichische Hocharistokratie, für den Kaiserhof. Solimena, das Schulhaupt der Neapolitaner, stattete auch die Kapelle von Eugens Sommerschloß Belvedere mit einem – in situ befindlichen – Altarbild aus.

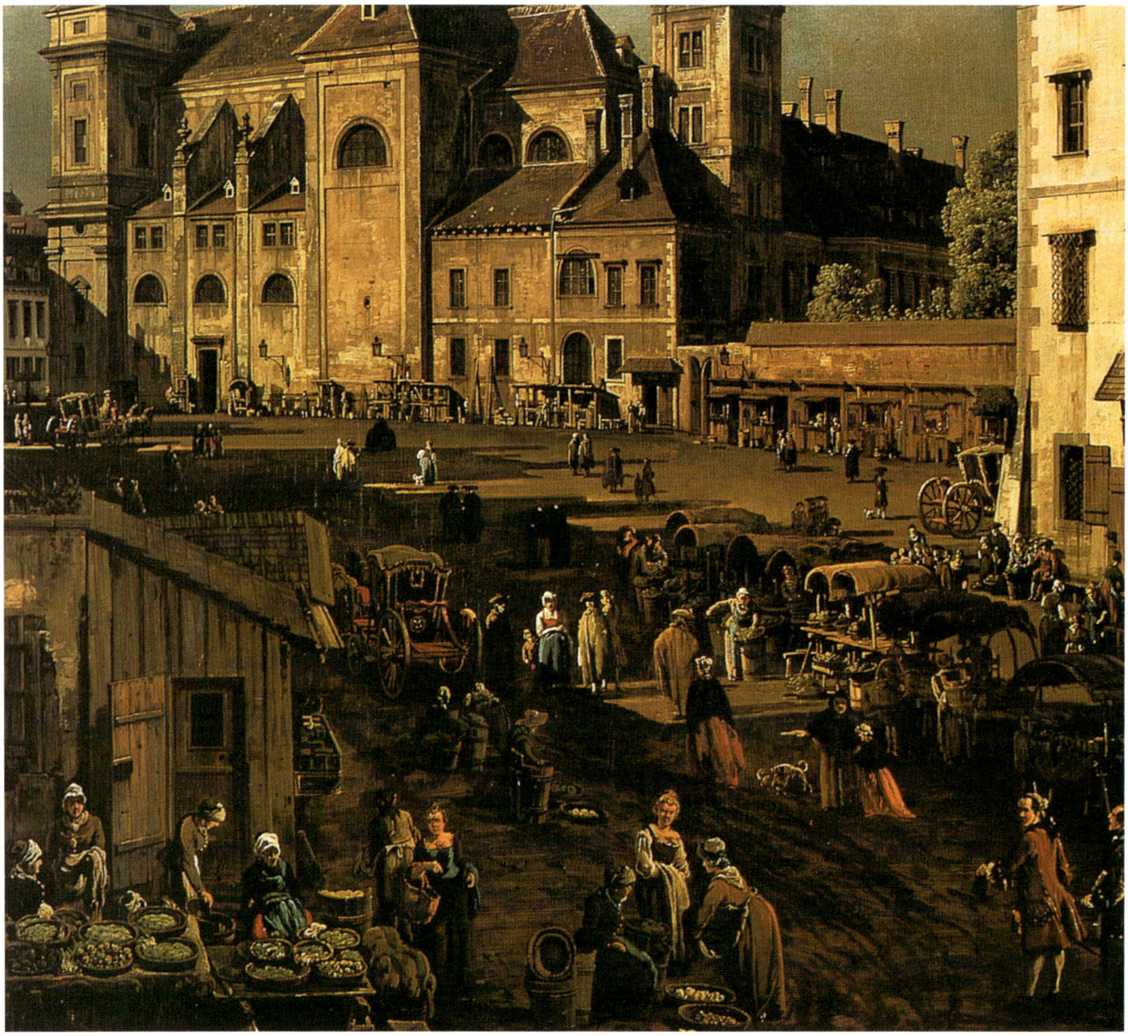

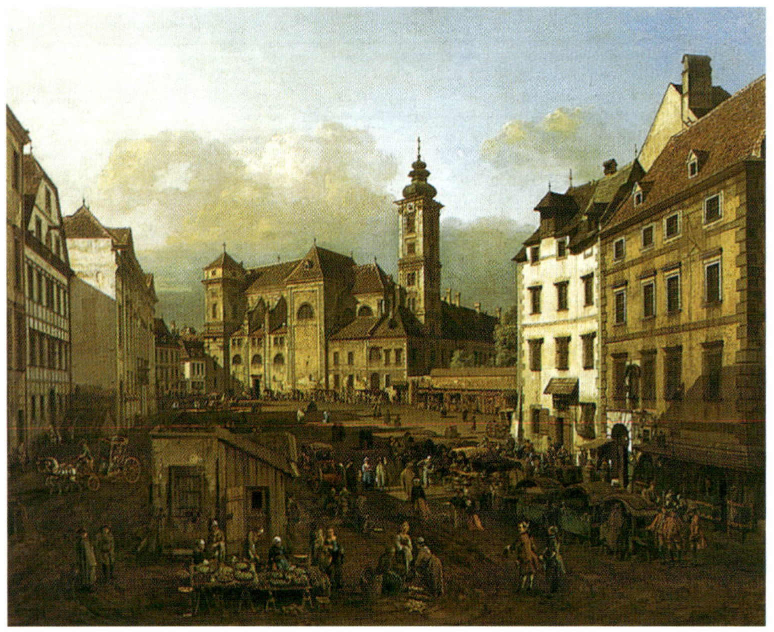

Bernardo Bellotto,
gen. **Canaletto**
Venedig 1721–Warschau 1780
Die Freyung in Wien,
Ansicht von Südosten, um 1760
Leinwand, 116 x 152 cm
(Inv. Nr. 1654)
Seit der Entstehung in
kaiserlichem Besitz

Zentral im Hintergrund die Schottenkirche, links im Mittelgrund das Palais Harrach von Domenico Martinelli.

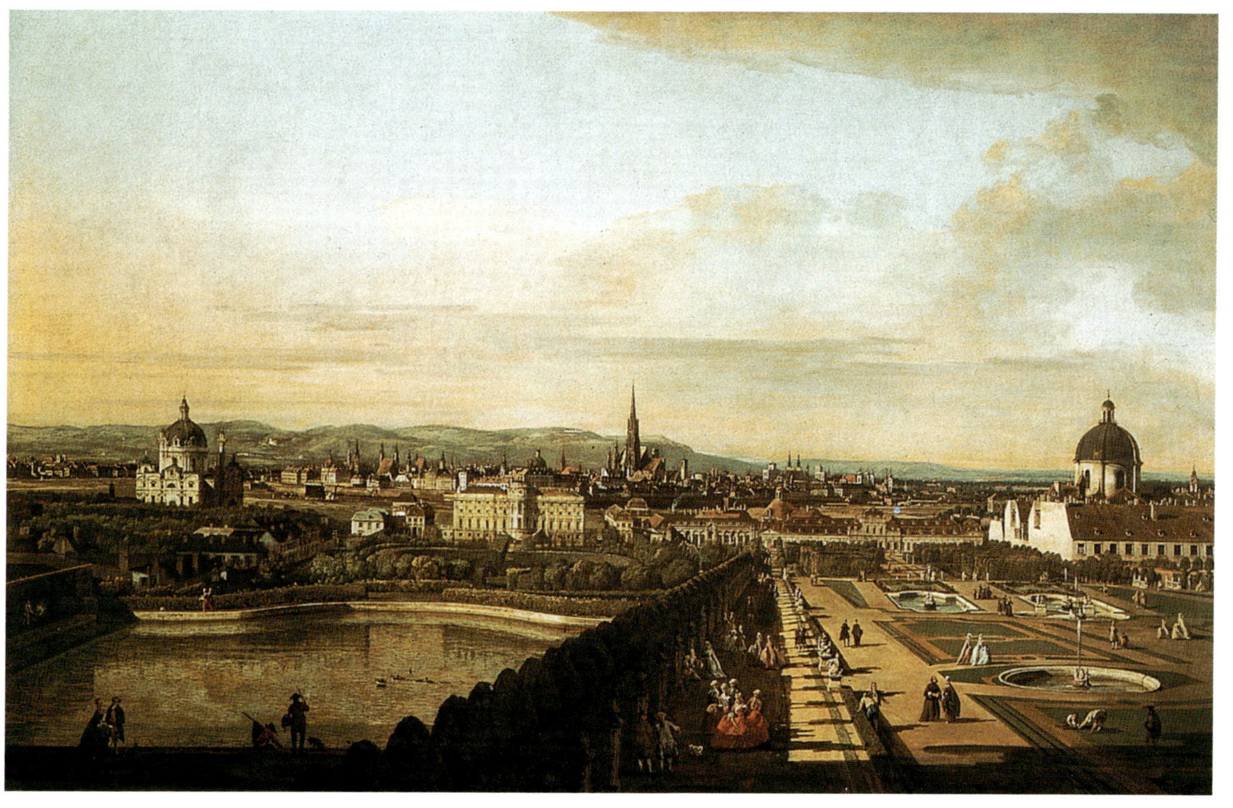

Bernardo Bellotto, gen. **Canaletto**
Venedig 1721–Warschau 1780
Wien, vom Belvedere aus gesehen, um 1760
Leinwand, 136 x 214 cm (Inv. Nr. 1669)
Seit der Entstehung in kaiserlichem Besitz

Die Ansicht von Wien, aufgenommen von dem damals bereits in kaiserlichem Besitz befindlichen Schloß Belvedere des Prinzen Eugen im Süden der Stadt, ist links und rechts von den kuppelbekrönten Silhouetten der Karlskirche und der Kirche der Salesianerinnen gerahmt. Rechts von der Karlskirche das Palais Schwarzenberg, in der Mitte der spitze Turm des Stephansdomes, der die mauerumschlossene Stadt überragt. Im Hintergrund die Hügel des Kahlen- und Leopoldsberges.

Altniederländische und flämische Malerei

In der Sammlung nordeuropäischer Malerei liegt das Gewicht eindeutig auf der südniederländischen Kunst vom 15. bis 17. Jahrhundert. Von einem der Begründer der altniederländischen Tafelmalerei, dem in Brügge tätigen Jan van Eyck, „welcher die Olfarb erst gefunden" (so im Inventar von 1659), glaubte der Erzherzog Leopold Wilhelm mehrere Bilder zu besitzen. In dem Porträt des „Cardinals von Santa Croce", so das Inventar Leopold Wilhelms, erkennt man heute meist den päpstlichen Kardinallegaten *Niccolò Albergati*. Trotz minutiöser Schilderung aller sichtbaren Lebensspuren im Antlitz des alten Mannes ist die Gesamtform groß und einfach gesehen, der neue Wirklichkeitssinn verliert sich nicht im Detail.

Weniger kühl-objektiver Beobachter der Welt als Schilderer der Dramatik des heiligen Geschehens ist Rogier van der Weyden, dessen *Kreuzigungstriptychon* zu den Hauptwerken des ‚Stadtmalers' von Brüssel gehört. In der Intensität des Gefühlsausdrucks, formal auch durch die zuweilen ornamentale Bewegtheit der Draperien und Figuren schließt sich Rogier stärker als van Eyck an die spätgotische Tradition an. Dennoch ist auch seine Malweise gesättigt mit Realität, sind auch seine Farben durch die Harz-Öl-Tempera-Mischtechnik mit lasierendem Schichtenauftrag von außerordentlicher Leuchtkraft.

Interessant ist es, den allmählichen Stilwandel im Verhältnis der altniederländischen Meister zu Italien, dem Zentrum der neuen humanistisch-idealistischen Kunst zu beobachten. Daß Rogier van der Weyden 1450 eine Pilgerfahrt nach Italien unternahm, hat bis auf wenige marginale Züge weder in seiner Malerei noch in Italien Spuren hinterlassen. Hugo van der Goes hingegen, der schwermütige, in Gent arbeitende Meister, war zwar selbst nicht in Italien, beeindruckte jedoch durch seinen 1475/76 für den Leiter der Handelsniederlassung der Medici in Brügge, Tommaso Portinari, geschaffenen riesigen Altar mit der ‚Anbetung der Hirten', heute in den Uffizien in Florenz, die italienischen Maler tief: Es war neben der leuchtenden Farbigkeit vor allem seine Fähigkeit, individuelle psychische Erfahrung, in Italien würde man von den Affekten sprechen, sichtbar werden zu lassen und damit den frommen Betrachter zur nachvollziehenden Kontemplation des Geschehens zu überreden. Dies ist eindrucksvoll auch an seinem frühen Hauptwerk zu beobachten, dem zweiteiligen Hausaltärchen mit dem *Sündenfall*, auf den typologisch die Darstellung der *Erlösung* durch den Opfertod Christi bezogen ist. Erst eine Generation später, mit Jan Gossaert, Bernaert van Orley, Joos van Cleve, Jan van Scorel und dann vor allem mit Maerten van Heemskerck zeigt sich die niederländische Malerei ganz von der italienischen Renaissance durchtränkt, ohne daß sie jedoch den eingeborenen Idealen der farbigen Präsenz, der Genauigkeit in der Erfassung der ‚oberflächlichen'

Peter Paul Rubens
Siegen 1577–
Antwerpen 1640
Vincenzo (II.) Gonzaga, Prinz von Mantua,
um 1604/05
Leinwand, 67 x 51,5 cm
(Inv. Nr. 6084)
Erworben 1908

Fragment von der linken Stiftergruppe des (1801) von französischen Besatzungstruppen zerschnittenen Hochaltarbildes der Jesuitenkirche in Mantua mit der Anbetung der Trinität durch die Familie Gonzaga. Der für die Betrachtung aus der Ferne angelegte pastosbreite Pinselstrich und die Farbigkeit deuten stilistisch auf Venedig, nicht umsonst war das Fragment, ehe sein Ursprung erkannt wurde, Veronese zugeschrieben.

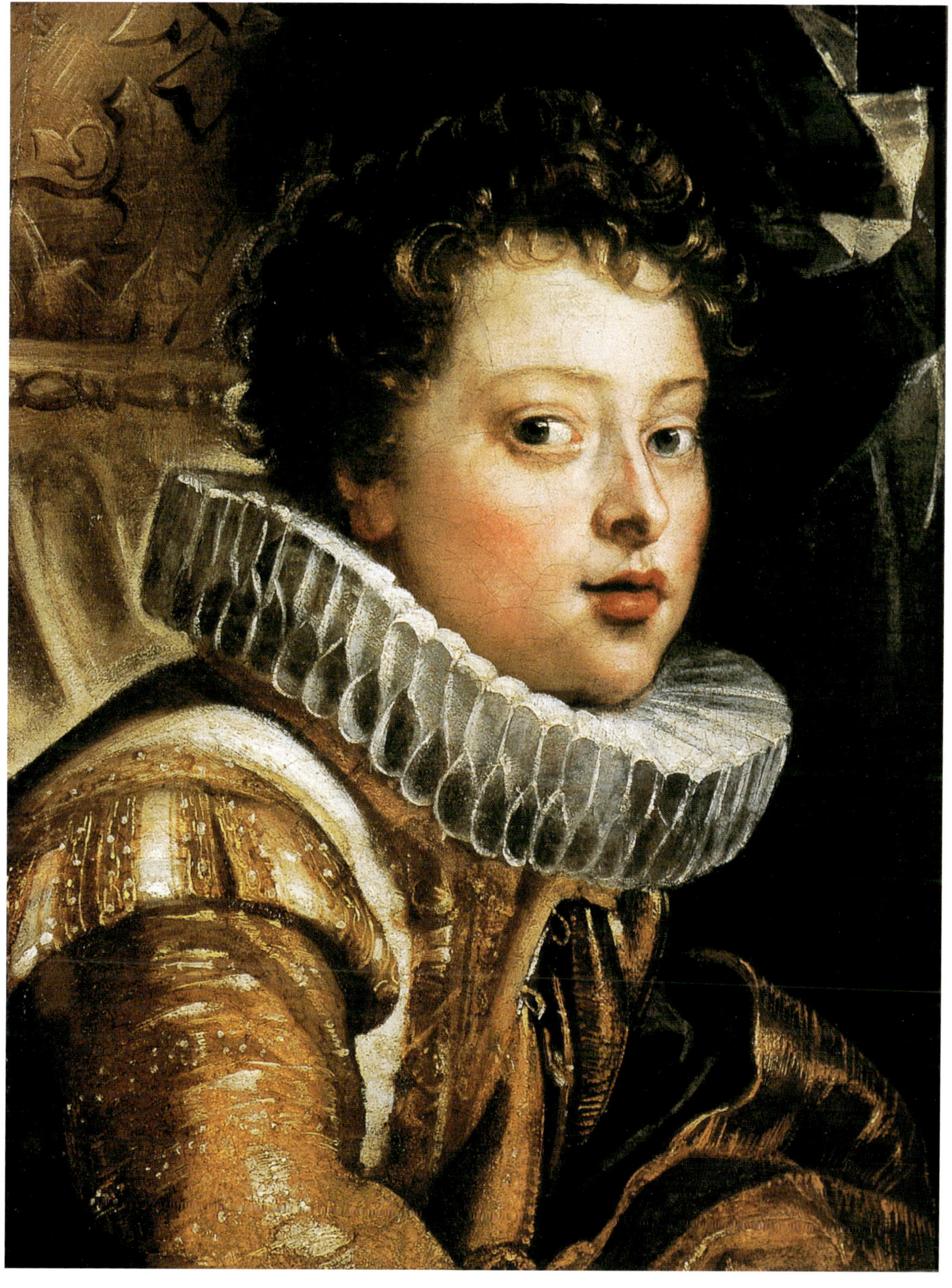

Einzelheiten je abgeschworen hätte. Alle diese Maler waren für längere Zeit in Italien. Gossaert, Orley, Cleve, Scorel standen bereits unter dem Einfluß der Kunst Leonardos bzw. Raffaels und seiner Schule; sie waren es auch, die an der Verbreitung des neuen Stils im Norden wesentlichen Anteil hatten.

Offensichtlich kaum beeindruckt von italienischer Kunst sind die meist nordniederländischen Maler wie Geertgen tot sint Jans, der Einzelgänger Hieronymus Bosch und der eigentliche Schöpfer der niederländischen Landschaftskunst, der von Dürer so bewunderte Joachim Patinier. Die Landschaft spielt hier schon und sollte ja gerade in der holländischen Malerei des 17. Jahrhunderts eine künstlerisch überragende Rolle spielen. Auf ein anderes Spezifikum der holländischen Malerei des 17. Jahrhunderts weist das Hauptwerk des Geertgen tot sint Jans. In der Bilderzählung vom *Schicksal der irdischen Überreste des hl. Johannes des Täufers* spielen die Gruppenporträts eine besonders interessante Rolle: Die ‚demokratische' Aufreihung einer Gruppe von gleichgesinnten, meist gleichgekleideten Menschen, die zwar bei einer Betätigung geschildert werden, deren Aufmerksamkeit jedoch in eigenartiger Weise geteilt und weder aufeinander noch auf die Aktion konzentriert ist, um derentwillen sie zusammengekommen sind. Das alles nimmt die holländischen Gruppenporträts des 16. und 17. Jahrhunderts voraus.

Die Bruegel-Sammlung des Kunsthistorischen Museums, etwa ein Viertel des überlieferten Werkes von Pieter Bruegel d.Ä. umfassend, ist eine der Hauptattraktionen der Wiener Gemäldegalerie. Stufe für Stufe ist die ja nur zwölf Jahre währende malerische Tätigkeit des Künstlers hier zu verfolgen. Zu Recht erblickt man in Bruegel den Vollender und den Höhepunkt der altniederländischen Malerei. Der deskriptive Realismus, wie er seit Jan van Eyck in wechselnden Gewichtungen die Malerei der Niederlande beherrschte, führt in Bruegel bei noch pointierterem Erfassen der Wirklichkeit zu einer Welterkenntnis in höherem Sinn, zu einer Natur und Mensch gleichermaßen einbegreifenden Weltdeutung, ohne daß unbedingt ein zeitgebundener, aktueller Standpunkt zu politischen oder spezifisch moralischen Verhältnissen anzunehmen wäre. Bruegels dokumentierte malerische Tätigkeit in Antwerpen und Brüssel setzt erst 1557 ein, nach seiner Rückkehr von einer großen Italienreise und seiner Mitarbeit im Verlagshaus des Hieronymus Cock, für das er Zeichnungen lieferte.

Im 1563 entstandenen *Turmbau von Babel* ist die streumusterartige Verteilung der Figuren auf einem aufgeklappten Boden, wie wir sie aus den ‚frühen' Bildern kennen, zwar bereits aufgegeben, der hohe Standpunkt des Betrachters, der auf die Weite einer Landschaft blickt, in deren Mittelgrund sich die riesige Masse des Turmes erhebt, ist jedoch noch ähnlich wie in der Frühzeit konzipiert. 1565/66 schuf Bruegel sein wohl umfassendstes Werk, den sechsteiligen Zyklus der *Zeiten des Jahres*, aus dem sich noch drei Gemälde in Wien befinden. In diesen Bildern, ursprünglich wohl für eine friesartige Anordnung konzipiert, verwirklicht Bruegel seine Idee eines irdischen Kosmos mit dem zyklisch im Jahr ablaufenden Naturgeschehen, in das der Mensch mit seinen den *Zeiten des Jahres* entsprechenden Tätigkeiten eingeordnet ist. In den letzten Jahren seiner kurzen malerischen Tätigkeit ändert sich Bruegels Stil hin zum Monumentalen, Großfigurigen. Zwar benutzt er manchmal manieristische Kompositionsschemata wie die schräg in den Raum führenden Diagonalen, seine Kunst ist jedoch ganz eigenständig, immer gesättigt mit scharf beobachteter, hier brauchtümlicher Wirklichkeit. Der kompakte, scheinbar naive Figurenstil läßt sich am ehesten noch ‚archaisch' nennen. So haben seine Bilder wahrscheinlich durch ihre Formulierungskraft, ihre prägnante Wirklichkeitserfassung nicht nur dem einsamen

Jan van Eyck
Maaseyck um 1390–Brügge 1441
Kardinal Niccolò Albergati, um 1435
Eichenholz, 34,1 x 27,3 cm (Inv. Nr. 975)
1648 von Erzherzog Leopold Wilhelm aus der Sammlung des Antwerpener Kunsthändlers Peeter Stevens angekauft

Trotz anderer Identifikationen bleibt die mit Niccolò Albergati, Kardinalpriester von S. Croce in Gerusalemme, Kartäuser-Ordensgeneral und Bischof von Bologna, die schlüssigste. Albergati reiste 1431 als päpstlicher Legat an die Höfe von Frankreich, England und Burgund, um durch Einleitung von Friedensverhandlungen den Hundertjährigen Krieg zwischen England und Frankreich zu beenden. Jan van Eyck zeichnete ihn damals nach dem Leben (Dresden, Kupferstichkabinett) und führte danach das Bild aus.

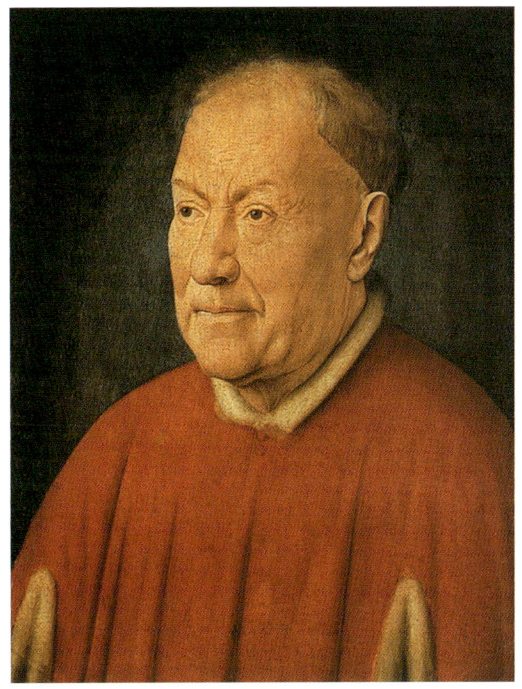

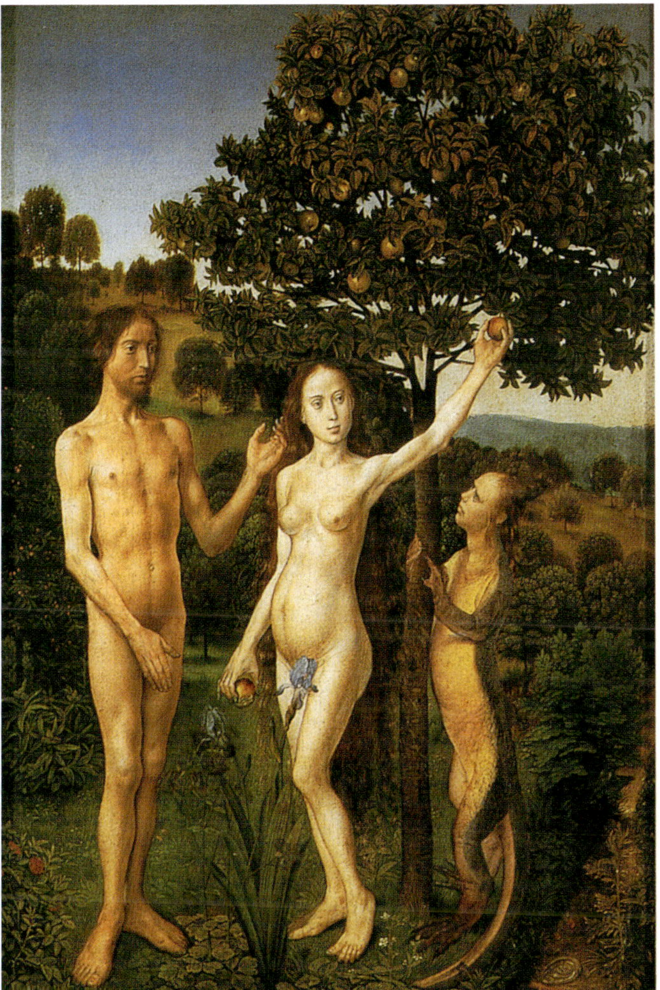

Hugo van der Goes
Gent 1430/1440–Brüssel 1482
Sündenfall aus einem Diptychon mit Sündenfall und Erlösung (*Beweinung Christi*), 1479
Eichenholz, 32,3 x 21,9 cm (Inv. Nr. 5822)
Vielleicht vom (späteren) Kaiser Maximilian I. beim Künstler gekauft. Sammlung Erzherzog Leopold Wilhelm 1659 als Bild van Eycks

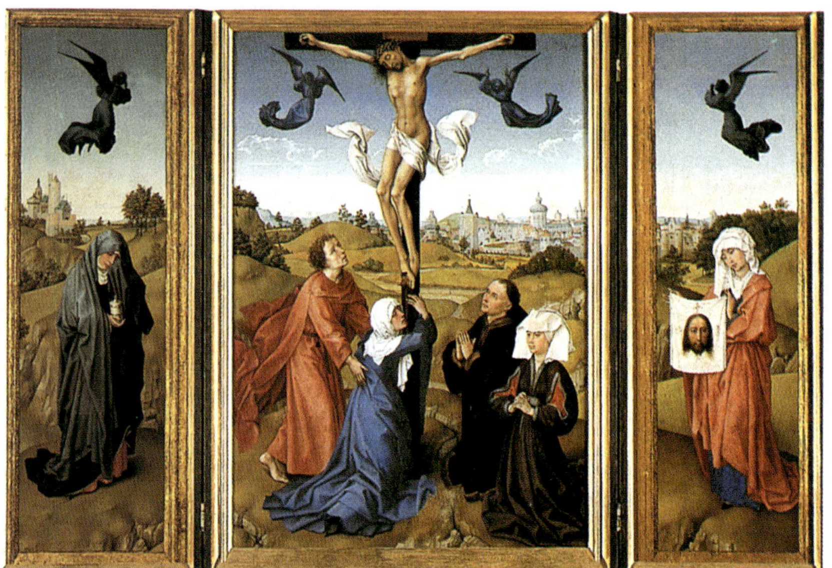

Rogier van der Weyden
Tournai 1399/1400–Brüssel 1464
Kreuzigungstriptychon mit den hll. Maria Magdalena und Veronika (Flügel), Maria und Johannes sowie unbekannten Stiftern,
um 1440
Eichenholz,
Mitteltafel 96 x 69 cm,
Flügel 101 x 35 cm
(Inv. Nr. 901)
Sammlung Erzherzog Leopold Wilhelm 1659

Kaiser Rudolf Welt ersetzt, sie sind auch für uns der Inbegriff von Schilderung nach dem Leben, bevor diese Kunst zur Genremalerei verarmt ist.

Aus der Kunstkammer Rudolfs II. in Prag stammen fast alle Gemälde des nach dem Kaiser benannten Rudolfinischen Kunstkreises. Die zahlreich erhaltenen Werke dieser (häufig niederländischen) Maler, des Bartholomäus Spranger, Joseph Heintz', des Hans von Aachen oder Dirck de Quade van Ravesteyns, spiegeln den verfeinerten Geschmack des Kaisers und formen heute ein charakteristisches Ensemble der Wiener Galerie. Hohe technische Meisterschaft, extremer Formalismus und morbider, Nahsicht erfordernder Sensualismus der Oberflächenbehandlung, die zum Teil komplizierte allegorische und mythologische Thematik, für deren erotische Konnotationen der introvertierte Auftraggeber eine besondere Vorliebe besaß, all dies kennzeichnet die internationale, aber doch niederländisch geprägte Prager Hofmalerei.

Die Rubens-Sammlung des Kunsthistorischen Museums gehört mit der des Prado, des Louvre und der Alten Pinakothek in München zu den bedeutendsten der Welt. Es waren, so wie in Madrid, die Habsburger, die Rubens förderten und seine Bilder sammelten. Wie selten anderswo können in Wien alle Aspekte seiner Kunst an besonders charakteristischen Beispielen bewundert werden: das große gegenreformatorische Altarstück – zum Teil samt den vorbereitenden Modellen –, das für die private Frömmigkeitsübung bestimmte Andachtsbild, das Bildnis – auch das historisierende, Älteres adaptierende und das mythologisch überhöhte –, die Landschaft, Mythologie und Allegorie, auch das für den Diplomaten Rubens so charakteristische Ausdrucksmittel der politischen Allegorie.

Rubens' einziges ‚italienisches' Werk in der Gemäldegalerie ist das erst 1908 erworbene Fragment aus dem ursprünglich riesigen Altarbild der Mantuaner Jesuitenkirche mit der *Anbetung der Trinität durch die Familie Gonzaga*. Nach seiner Rückkehr aus Italien, ab 1609, entfaltete Rubens in seiner Vaterstadt Antwerpen eine ausgebreitete Tätigkeit als Hofmaler der spanischen Statthalter, des Erzherzogs Albrecht, eines Bruders von Kaiser Rudolf II., und seiner Gemahlin, der Infantin Isabella Clara Eugenia, der Lieblingstochter Philipps II. von Spanien. Er wurde der bevorzugte Maler des Antwerpener Bürgertums, malte für die großen Orden, vor allem im Dienst der Jesuiten, aber auch für ausländische Fürsten.

Rubens war genau zum richtigen Zeitpunkt in die Heimat zurückgekehrt. Das ehemals reiche Antwerpen war in dem Jahrzehnte dauernden Krieg Spaniens gegen den vom Mutterland abgefallenen nördlichen, protestantischen Teil der Niederlande schwer in Mitleidenschaft gezogen worden. Der 1609 geschlossene Waffenstillstand ließ die Scheldestadt und mit ihr die spanisch gebliebenen Niederlande wirtschaftlich aufblühen. Um die steigende Nachfrage nach Bildern befriedigen zu können, scharte Rubens eine Reihe von Mitarbeitern – unter ihnen Jan Brueghel d.Ä., Anthonis van Dyck, Jacob Jordaens – in einer ökonomisch organisierten, arbeitsteiligen Werkstatt um sich.

Von Rubens' ehrgeizigster Unternehmung im zweiten Jahrzehnt des 17. Jahrhunderts, der malerischen Ausstattung der Antwerpener Jesuitenkirche mit 39 Decken- und drei riesigen Altarbildern, sind nur mehr drei Altarbilder mit der ‚Himmelfahrt Mariens', den ‚Wundern des hl. Ignatius' bzw. den ‚Wundern des hl. Franz Xaver', und zwar in Wien, erhalten geblieben; für letztere finden sich hier auch die vorbereitenden Modelli. Bewundernswürdig ist Rubens' gedankliches Programm: Er vereint die exhortative Aufgabe der religiösen Malerei der Gegenreformation mit einem künstlerischen Konzept, in dem sich Idealität und Illusionierung greifbarster Wirklichkeit decken.

In den großen Altarbildern, aber auch in Allegorien wie den *Vier Hauptflüssen der Antike* beeindrucken die affektgeladenen Gestalten eines gigantischen Menschengeschlechtes, mit dem, nach Rubens' eigenen Worten, die Welt des christlichen Heilsgeschehens und die der wiedererweckten Antike als eine bereits im Irdischen begründete ideale Schöpfung dem neueren Menschen gegenübergestellt werden sollte, der in Jahrhunderten greisenhafter Entkräftung durch Unglücksfälle und infolge sich verbreitender Laster heruntergekommen war.

Rubens' Landschaftskunst ist besonders schön vertreten durch die *Gewitterlandschaft mit Philemon und Baucis*, in dem in mehreren Ansätzen die Landschaft mythologisch überhöht wurde.

Rubens' Spätzeit, biographisch eingeleitet durch den allmählichen Rückzug von den öffentlichen Geschäften der Diplomatie und eine zweite Ehe mit der um 37 Jahre jüngeren Hélène Fourment, hat ihren ersten Höhepunkt in dem malerischen Wunderwerk des *Ildefonso-Altares*. Rubens benutzt hier die aus der altniederländischen Malerei vertraute Form des dreiteiligen Flügelaltares. In äußerster malerischer Freiheit, teils mit offen-pastosem, sicher gesetztem Pinselstrich, teils in lasierendem, durchscheinendem Auftrag, ist eine farbige Vision aus roten, goldenen und wenigen kühlen Tönen realisiert, die auf einzigartige Weise die Vorzüge von Rubens' so gegensätzlichen Vorbildern vereint: die verschmelzend-rauchige, atmosphärische Farbkunst der Venezianer des 16. Jahrhunderts und die emailartig kostbare, nahsichtige Körperlichkeit der Alten Niederländer.

Rubens' spätes Selbstbildnis – er war damals etwa zweiundsechzigjährig – ist das einzige, in dem er sich des ‚offiziellen' Kniestücks bediente. Offiziell ist es auch durch die Attribute, die Tracht und Haltung des Malerfürsten, der sich hier repräsentativ als Hofmann darstellt. Die Gesichtszüge jedoch zeigen jenseits aller öffentlichen Haltung eine gewisse skeptische Distanziertheit mit einem wachen, abschätzenden Beobachten.

Von den flämischen Malern des 17. Jahrhunderts konnte sich keiner dem übermächtigen Einfluß des Rubens entziehen. Am eigenständigsten haben sich wohl Jacob Jordaens und Anthonis van Dyck weiterentwickelt. Jordaens' unverwechselbare Art der unmittelbaren Wiedergabe einer oft burlesken, prallen Wirklichkeit darf nicht darüber hinwegtäuschen, daß der Meister seine Bilder bei aller Lebensfülle, dem geradezu den Bildraum sprengenden Bewegungsreichtum sehr streng komponierte. So findet sich das Auge des Betrachters in dem schon aus Jordaens' später Zeit stammenden *Fest des Bohnenkönigs* trotz des – eben nur scheinbaren – Durcheinanders sofort zurecht.

Im Gegensatz zu Jordaens hat der wohl bedeutendste Schüler und Mitarbeiter von Rubens, (später Sir Anthony) van Dyck, etwas ausgeprägt, was, oft in direkter Auseinandersetzung mit Rubens, Verinnerlichung im Sinne ‚nervöser' Interpretation eines seelischen Dramas bedeutet. In den religiösen und mythologischen Historien wie auch im Porträt geben sich van Dycks Figuren – ihr unruhiges Drängen, ihre Wünsche, ihre Hingebung, ihre Leidenschaften oder was immer der Maler in sie hineinlegt – manchmal in geradezu schamloser, ekstatischer Weise preis. Die malerische Form des Jüngeren hat nicht in dem von innen, aus dem Kern erfaßten, wie eine Skulptur durchgeformten Körper ihren Ursprung, sondern sie entwickelt sich gleichsam bildparallel, drückt sich in der Linie aus, die künstlerisch entscheidenden Ausdrucksfelder rücken an die Oberfläche, an die physische Peripherie, in die Hände, die Haare, in die Kontur des bewegten Gewandes. Daher besonders in der Frühzeit, als van Dyck noch eng mit Rubens zusammenarbeitete, aber auch noch später, nach seiner Rückkehr von der „zähmenden" Italienreise, der wirre, „zerraufte" Strich mit der rauh aufgetragenen Farbe, der nervös, fahrig, oft grob, nicht um Rundung des Körpers, sondern um unmittelbaren und gezielten Ausdruck bemüht ist. Später dann, als der erfolgreiche Hofkünstler für alle Zeit das Bild des Aristokraten in seiner selbstverständlichen Lässigkeit prägte, vermag der schnellflüssige, elegant-virtuose Strich dem farbigen Oberflächenreiz der Seiden, Brokate, Rüstungen, der Haut nachzugehen. Auch hier steht der Strich im Dienste des Ausdrucks. Van Dyck faßt den Menschen als Standesperson in der geforderten Eleganz und Würde, aber darüber hinaus ist eine emotionelle Spannung zwischen der eleganten Repräsentation und den Personen an sich zu spüren, manchmal lediglich faßbar an einer oft nur latenten Bewegung, manchmal deutlicher inszeniert, von den kleinsten Anzeichen nervöser Irritation bis zum Ausdruck geradezu impertinenter Arroganz in manchen der späten englischen Aristokratenbildnisse.

Van Dycks hohe Empfindlichkeit, seine innere Unruhe, biographisch faßbar in der außergewöhnlichen Frühreife, späterhin im unsteten, ehrgeizgetriebenen Umherhetzen zwischen den verschiedenen Ländern und Höfen Europas, seine Fähigkeit, seelische Beziehungen zwischen Menschen zu postulieren, kann in der Malerei ans Sentimentale oder, im anderen Extrem, ans Ekstatische rühren. In der religiösen Malerei ist er imstande – so etwa in der *Mystischen Verlobung des seligen Hermann Joseph* –, einen in der Gegenreformation vorher nicht gehörten Ton gelöster Zartheit und des Charmes anzuschlagen. In Bildern wie *Simson und Delila* setzt diese Empfindlichkeit etwas Drängendes, ja im Blickkontakt nahezu Zudringliches der Protagonisten frei. Wie hier mag der Ausdruck psychischer Labilität auch zu einer gleichsam strukturellen Ungleichgewichtigkeit der Komposition führen, die von Rubens' „stoischer" Beherrschung der „Äquivalentien" (J. Burckhardt) so deutlich zu unterscheiden ist.

Geertgen tot sint Jans
Leiden(?) 1460/1465–
Haarlem nach 1490
Das Schicksal der irdischen Überreste des hl. Johannes d.T, nach 1484
Eichenholz, 172 x 139 cm
(Inv. Nr. 993)
Außenseite des rechten Flügels des Hochaltars der Johanniterkirche in Haarlem; 1573, nach der Zerstörung des Altars, nach Utrecht verbracht. 1635 von den Generalstaaten König Karl I. von England, von diesem dem Marquess of Hamilton geschenkt. Sammlung Erzherzog Leopold Wilhelm 1659

Anlaß des Auftrags war die Übergabe der Reliquien durch die Türken 1484. Der rechte Innenflügel mit der ‚Beweinung Christi' ebenfalls im Kunsthistorischen Museum. In der komplizierten Struktur einer ‚kontinuierenden Darstellung', in der Frei- und Stadtlandschaft mit den grotesken Zügen des heidnisch-pittoresken Vordergrunds kombiniert sind, wird die Geschichte der Überreste des hl. Johannes Baptista erzählt: Von der Bestattung durch die Frau des Herodes über die Exhumierung und Verbrennung der Gebeine auf Geheiß des Kaisers Julian Apostata bis zur Wiederauffindung der nicht verbrannten Reste durch die Johanniter ist der Bogen des Berichts gespannt.

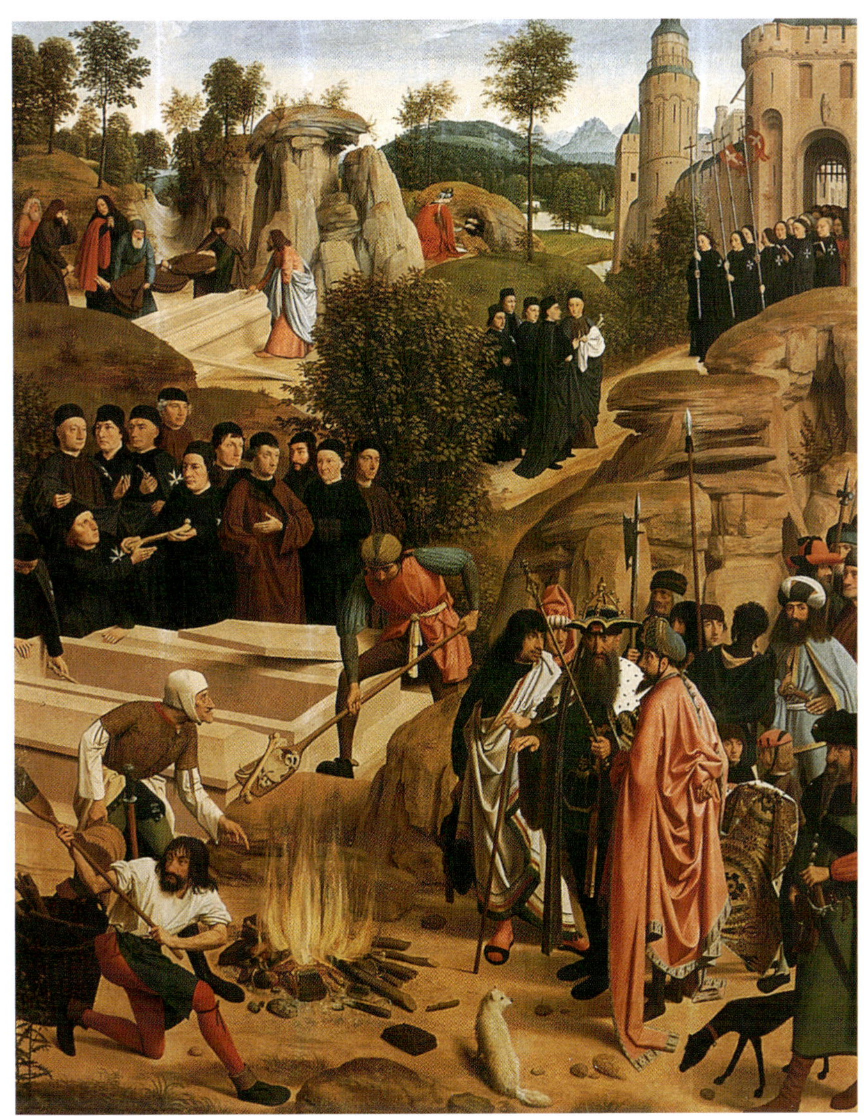

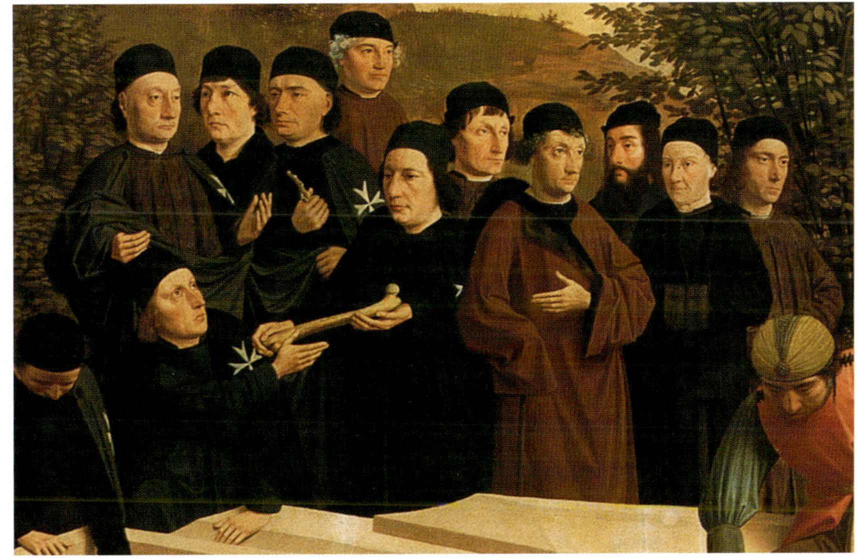

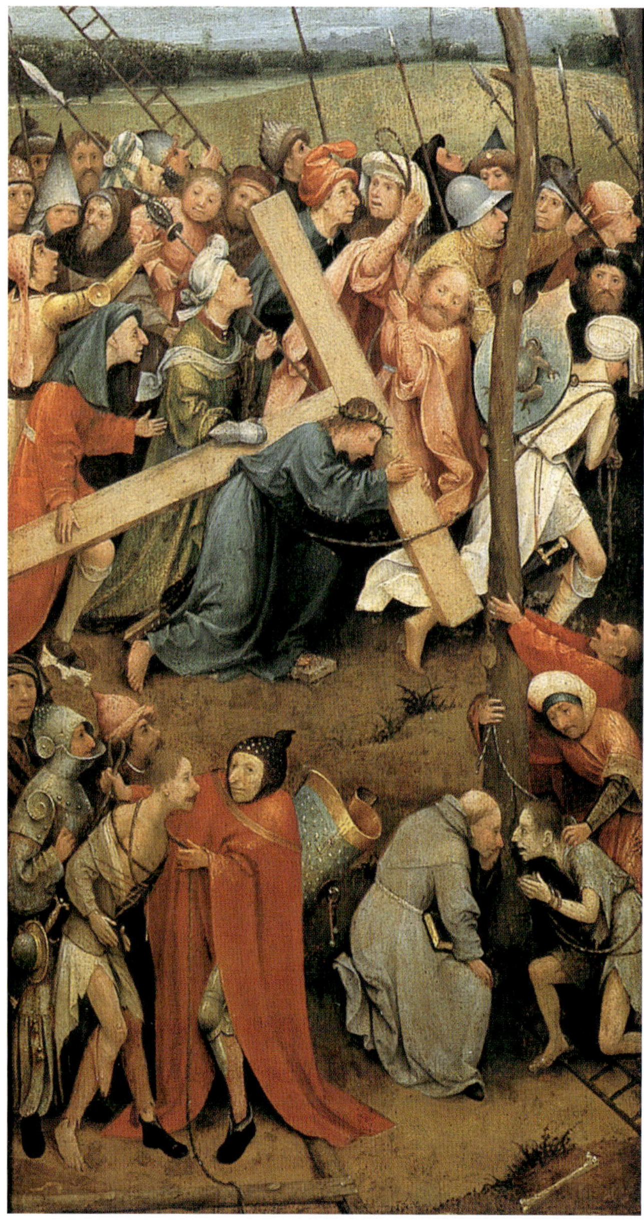

Hieronymus Bosch
's-Hertogenbosch um 1450 – 's-Hertogenbosch 1516
Kreuztragung Christi, um 1480
Eichenholz, 57 x 32 cm (Inv. Nr. 6429)
Erworben 1923

Linker Flügel eines Kreuzigungsaltärchens. Unterhalb der Kreuztragung die in die ‚Moderne' versetzten Szenen mit der Beichte des guten und der Peinigung des bösen Schächers. Auf der Rückseite in Grisaille ein Kind mit Windrädchen und Laufstuhl, dessen Unschuld und Unverstand einen Kontrast zur Vorderseite bilden.

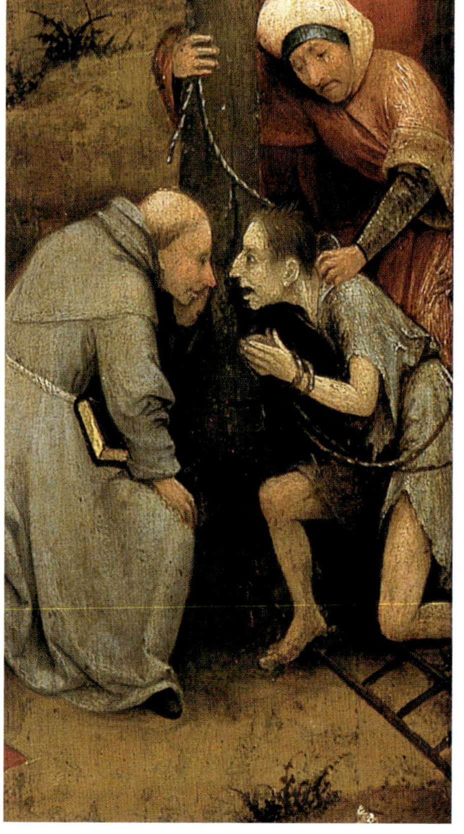

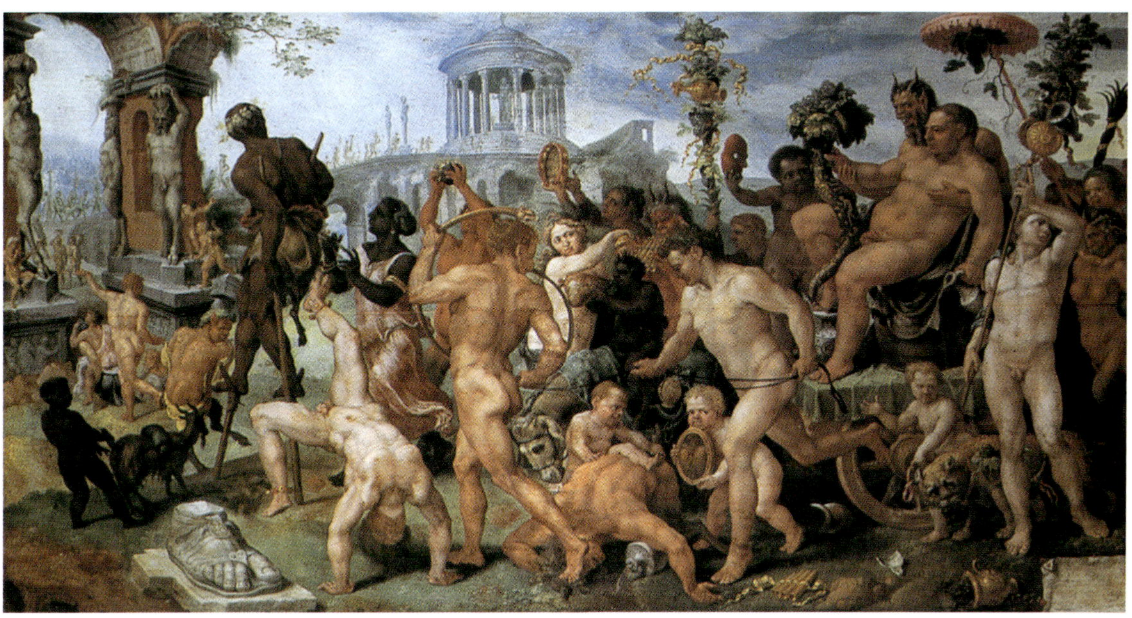

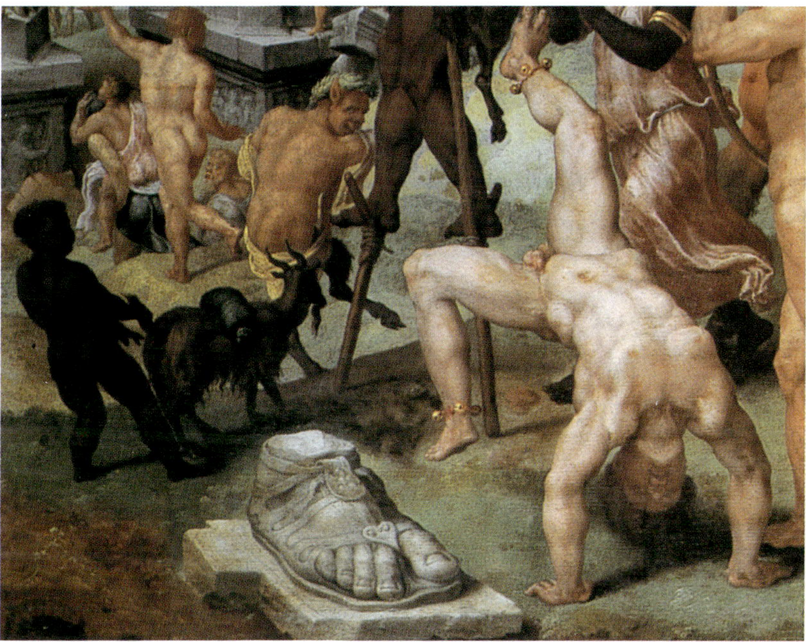

Maerten van Heemskerck
Heemskerck 1498–Haarlem 1574
Triumphzug des Bacchus, um 1536/37, signiert
Eichenholz, 56,3 x 106,5 cm (Inv. Nr. 990)
Nach van Mander um 1600 in der Sammlung P. Kempenaer und M. Wijntgens, Middelburg; Sammlung Erzherzog Leopold Wilhelm 1659

In zum Teil derber Ausschmückung wird die triumphale Rückkehr des Bacchus von Indien nach Griechenland geschildert. Kurz nach Heemskercks römischem Aufenthalt entstanden, steckt das Bild voller Reminiszenzen antiker und italienischer Provenienz, die seine kompilierende Arbeitsweise dokumentieren. Hinter dieser Motivrezeption darf der verdeckte moralisierende Gehalt der Darstellung im Sinne der Warnung vor Trunkenheit, sexuellem Übermaß, Torheit und Überheblichkeit nicht übersehen werden.

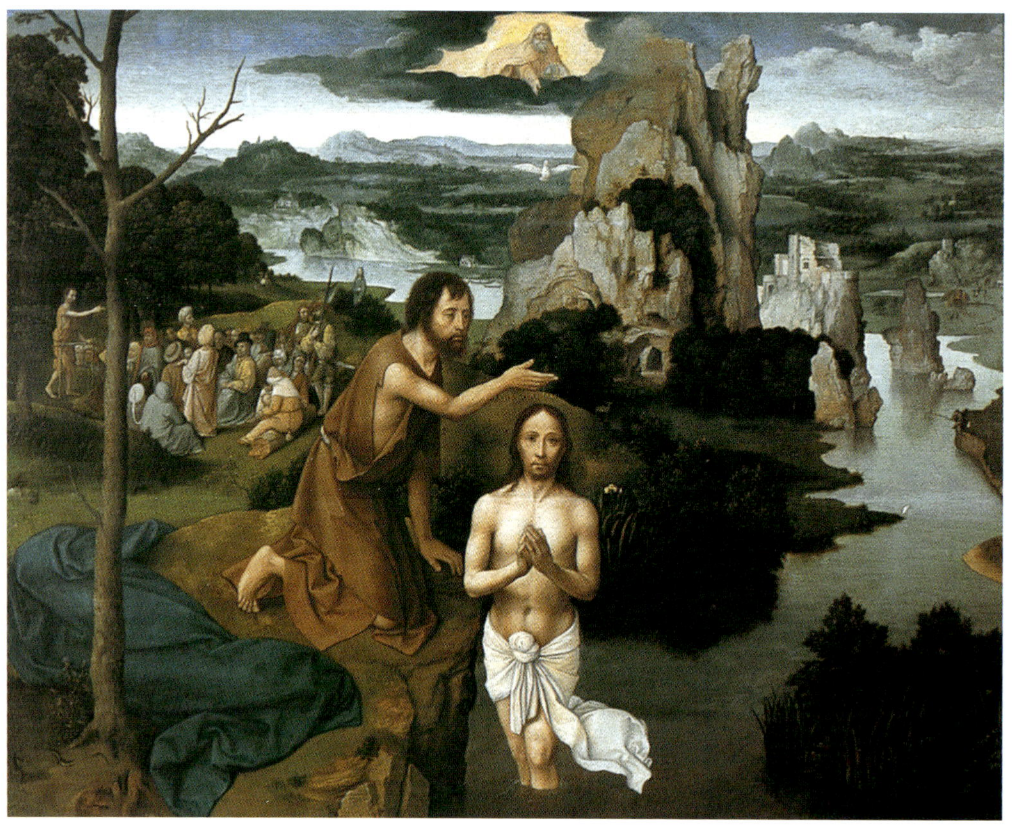

Joachim Patinier
Bouvignes (?) um 1483–Antwerpen 1524
Taufe Christi, um 1515, signiert
Eichenholz, 59,7 x 76,3 cm (Inv. Nr. 981)
Sammlung Erzherzog Leopold Wilhelm 1659

Bernaert van Orley
Brüssel 1488–Brüssel 1541
Thomas- und Matthias-Altar,
um 1512/1515, signiert
Eichenholz, 140 x 180 cm
(Inv. Nr. 992)
Erworben 1809

Ehemals Mitteltafel eines Flügelaltars, gestiftet von der Zunft der Maurer und Zimmerleute für Notre Dame du Sablon in Brüssel; die zugehörigen Flügel in den Musées Royaux des Beaux-Arts, Brüssel. Links wird der hl. Thomas von einem indischen Götzenpriester mit einem Schwert durchbohrt, im Hintergrund geht der Heilige über glühende Kohlen bzw. wird in einen Ofen geschoben. Rechts die Wahl des Matthias zum Apostel, im Hintergrund seine Predigt, die Überreichung des Giftbechers und der Tod der Widersacher. Bemerkenswert die ‚italienische' Architekturornamentik.

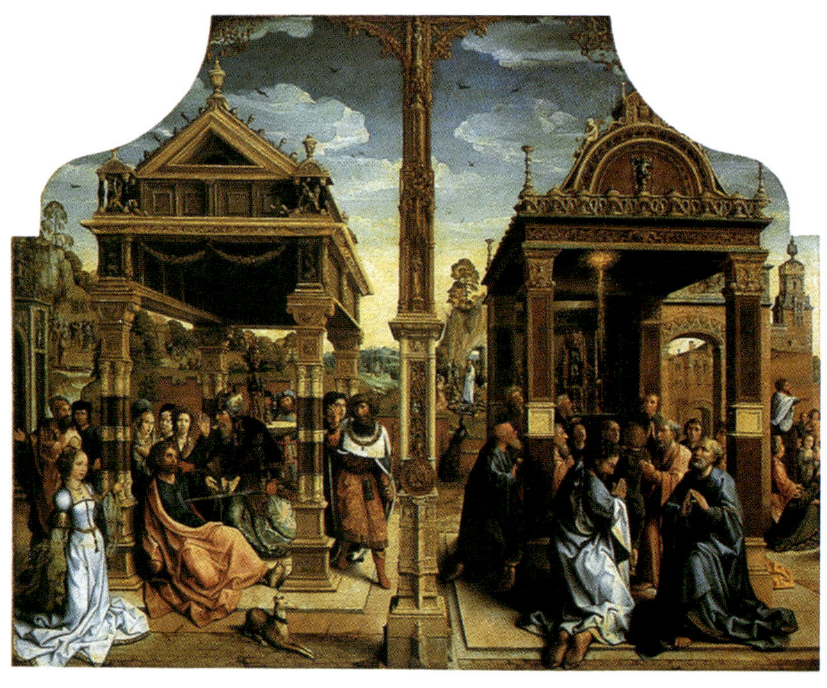

Jan Gossaert, gen. **Mabuse**
Maubeuge um 1478–
Middelburg 1532
Der hl. Lukas malt die Madonna,
um 1520
Eichenholz, 109,5 x 82 cm (Inv. Nr. 894)
Sammlung Erzherzog Leopold Wilhelm 1659

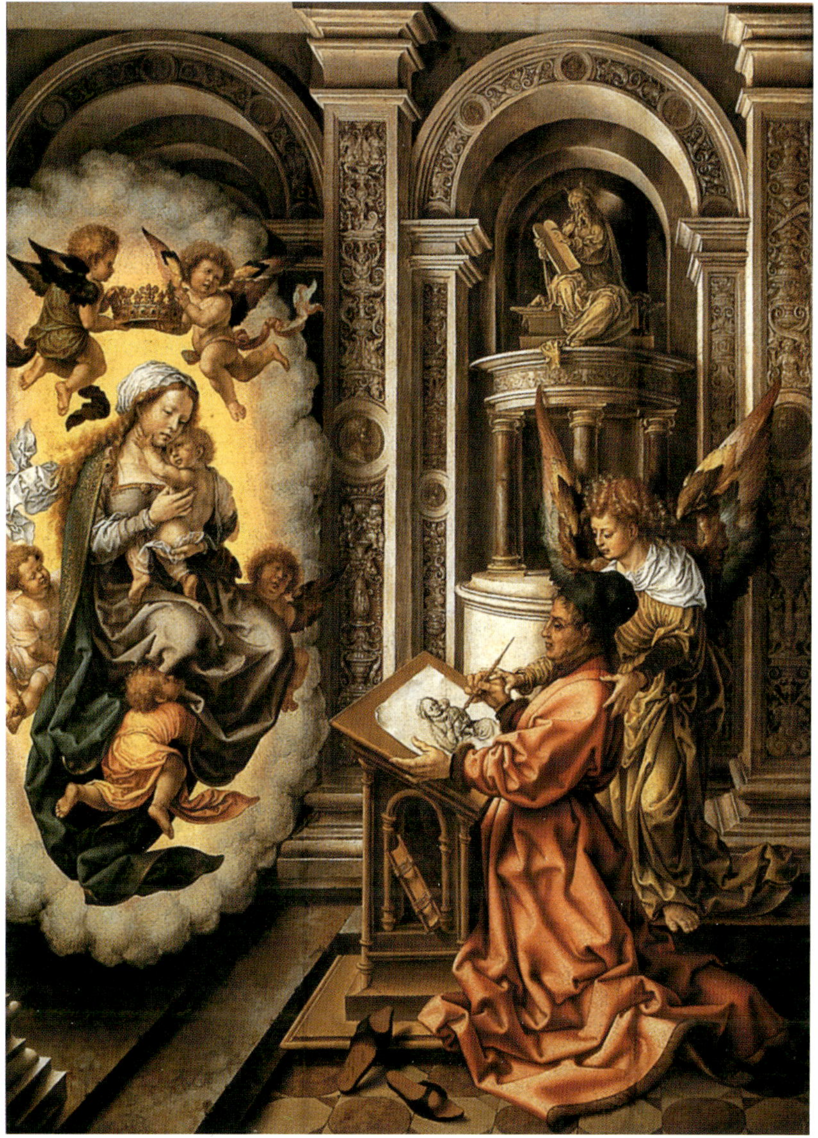

Die Begegnung mit den antiken Bauwerken sowie die Umsetzung der klassischen Architektur und Reliefkunst in der zeitgenössischen italienischen Malerei, wie sie Gossaert in Rom erfuhr, hatte Auswirkungen auf die Gestaltung der Architekturstaffage und der Ornamentik in diesen niederländischen Bildern. Gossaert hat die legendäre Porträtsitzung der Madonna vor dem hl. Lucas, ein beliebtes Thema in der Malerei des Nordens, in eine visionäre Erscheinung der Madonna vor dem Evangelisten und Schutzpatron der Maler verwandelt.

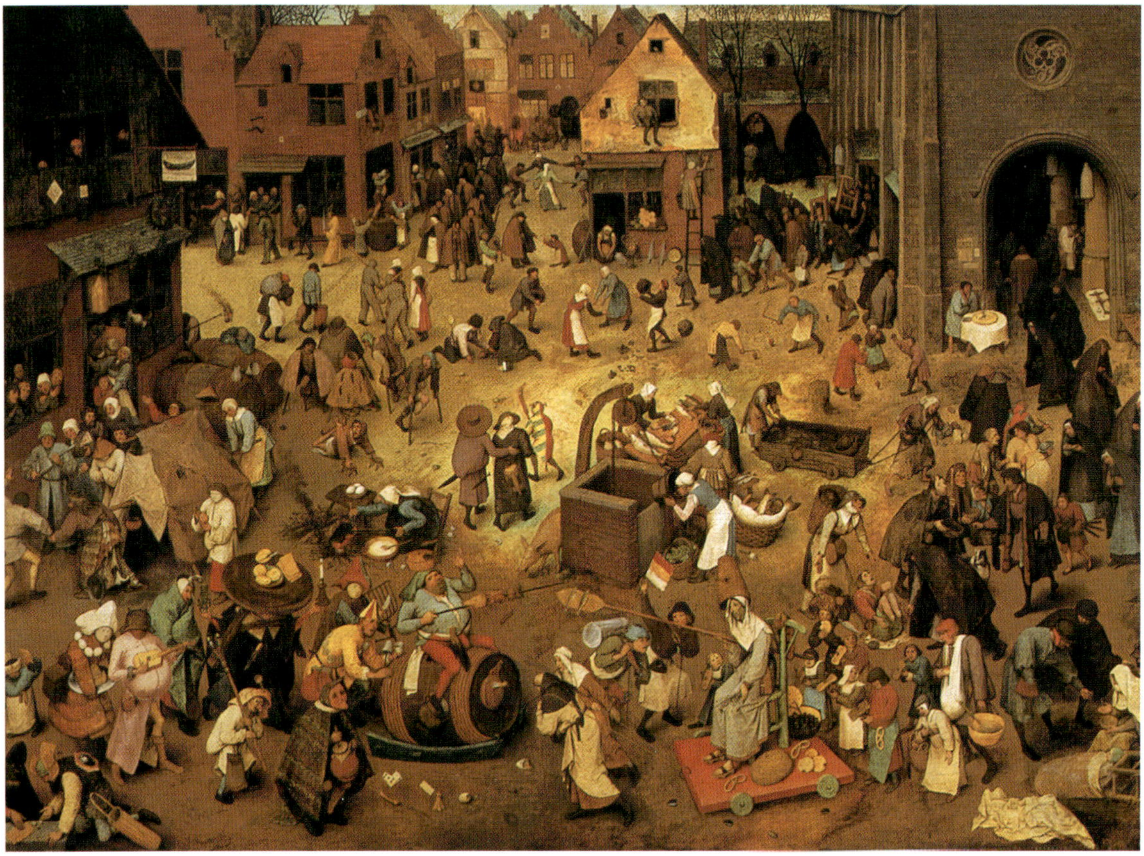

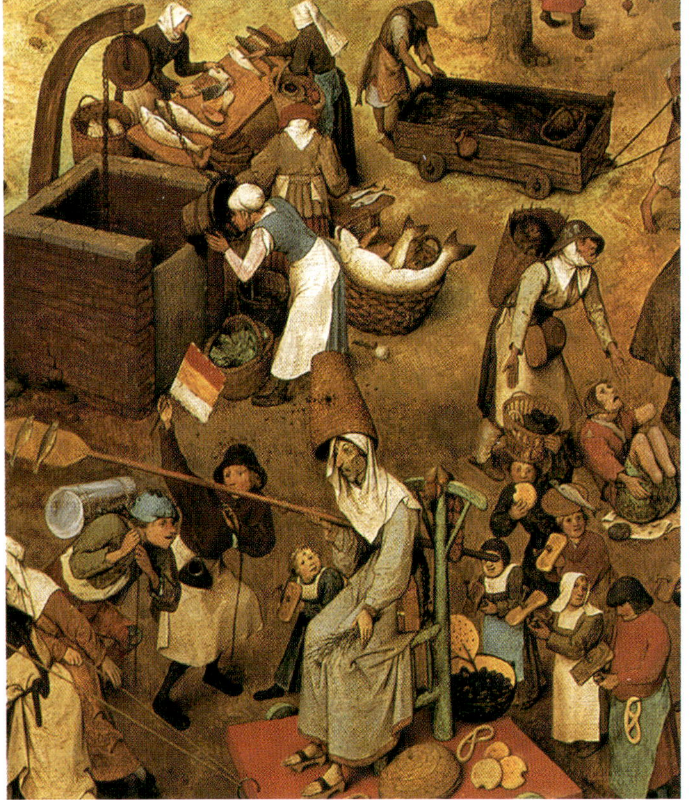

Pieter Bruegel d.Ä.
Breda (?) 1525/1530–Brüssel 1569
Der Kampf zwischen Fasching und Fasten,
1559, signiert und datiert
Eichenholz, 118 x 164,5 cm
(Inv. Nr. 1016)
Vermutlich Sammlung Kaiser Rudolfs II., 1748 aus der Wiener Schatzkammer in die Galerie

In zum Teil ironischer, die ‚menschliche Menagerie' charakterisierender Sachtreue entfalten sich in einer Stadtlandschaft zwischen den symbolischen Orten Wirtshaus und Kirche wie in einem Turnier (das als Volksschauspiel tatsächlich zur Aufführung gelangte) Brauchtum und Spektakel der beiden aufeinanderfolgenden, gegensätzlichen Kalenderbereiche Fasching und Fasten.

Pieter Bruegel d.Ä.
Breda (?) 1525/1530–Brüssel 1569
Der Turmbau von Babel,
1563, signiert und datiert
Eichenholz, 114 x 155 cm
(Inv. Nr. 1026)
Sammlung Kaiser Rudolfs II., Sammlung Erzherzog Leopold Wilhelm 1659

Das Bild gewordene Gleichnis ironisiert abgründig und handgreiflich zugleich die menschliche Hybris, die Gottes Strafe herausfordert: Miteinander unvereinbare architektonische Konzepte – die schneckenartig emporgeführten Rampen an der Außenseite und der Stockwerkbau im Inneren, der aus statischen Gründen vorgegebene rechtwinklige Aufbau der Vertikalen auf den ansteigenden Rampen, der zur Schiefheit des Turmes führen muß – demonstrieren die von Anfang an fehlerhaft geplante Unternehmung.

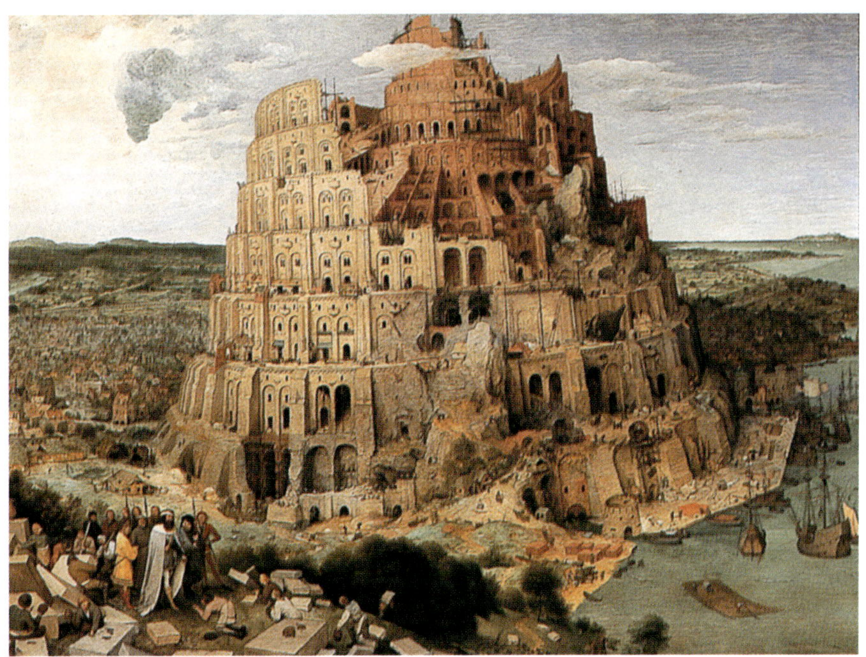

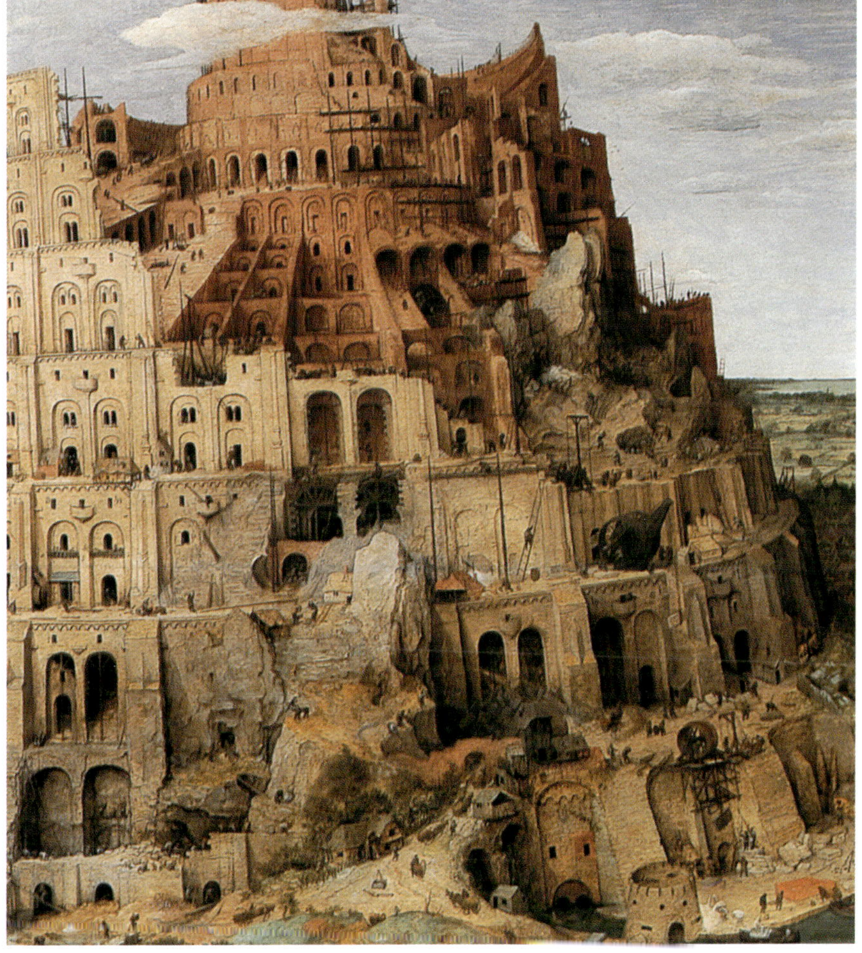

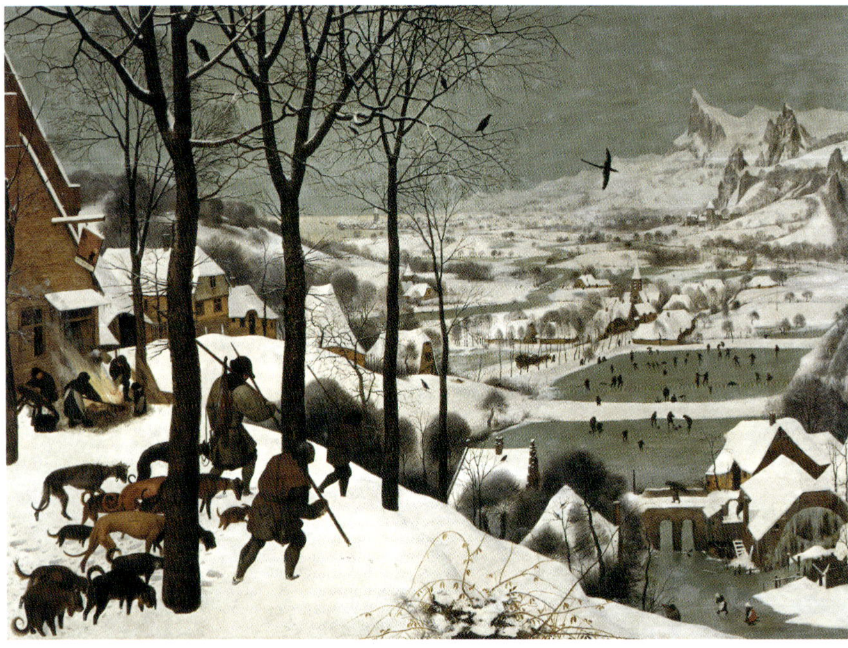

Pieter Bruegel d.Ä.
Breda (?) 1525/1530–Brüssel 1569
Die Jäger im Schnee (Winter), 1565, signiert und datiert
Eichenholz, 117 x 162 cm (Inv. Nr. 1838)
Die Serie *Zeiten des Jahres* 1566 bei Nicolaes Jongelinck in Antwerpen, der mit seinem Besitz der Stadt Antwerpen für die Schuld eines anderen bürgte; nachdem die Bilder aufgrund der Bürgschaft an Antwerpen gefallen waren, schenkte die Stadt 1594 die sechsteilige Serie dem (spanischen) Statthalter Erzherzog Ernst, dem Bruder Kaiser Rudolfs II., in dessen Besitz die Gemälde dann gelangten. Sammlung Erzherzog Leopold Wilhelm 1659

Aus der Serie befinden sich *Der düstere Tag (Vorfrühling)* und *Heimkehr der Herde (Herbst)* ebenfalls in der Gemäldegalerie des Kunsthistorischen Museums, die *Kornernte (Frühherbst)* im Metropolitan Museum in New York, die *Heuernte (Frühsommer)* in der Sammlung Lobkowitz in Nelahosevez.

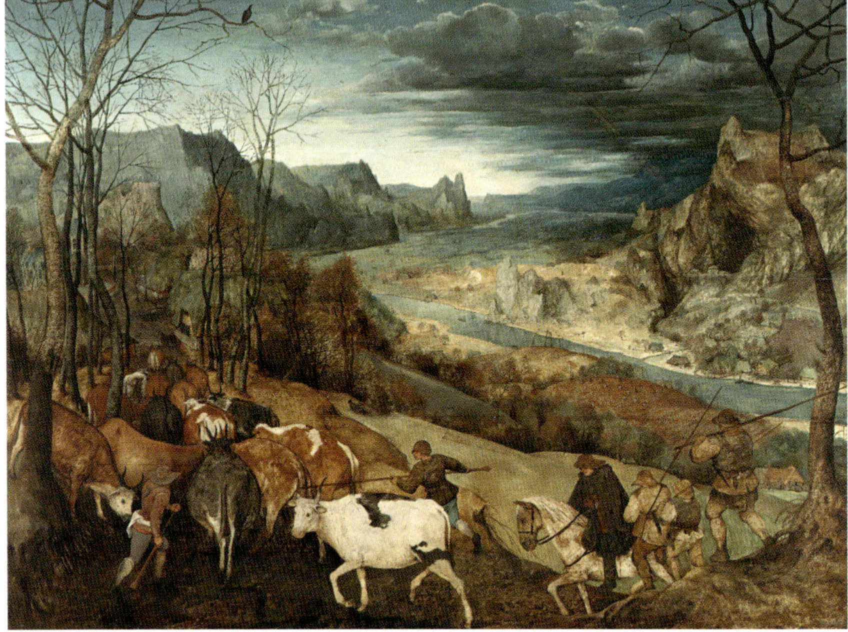

Pieter Bruegel d.Ä.
Breda (?) 1525/1530–Brüssel 1569
Die Heimkehr der Herde (Herbst), 1565, signiert und datiert
Eichenholz, 117 x 159 cm (Inv. Nr. 1018)

Bruegel steht hier zwar noch – diese krönend – in der Tradition der Monatsdarstellungen, jedoch haben seine Bilder den gleichsam illustrierenden Charakter aufgegeben. Die Landschaft – obwohl topographisch nicht abbildend, sondern zusammengesetzt aus ihren allgemein konstitutiven Elementen wie Berg, Tal, Meer, Fluß, Stadt – besitzt gleichwohl höchste Wahrheit in der Wiedergabe des erlebten Raumes und der erlebten Zeit mit ihren Stimmungen.

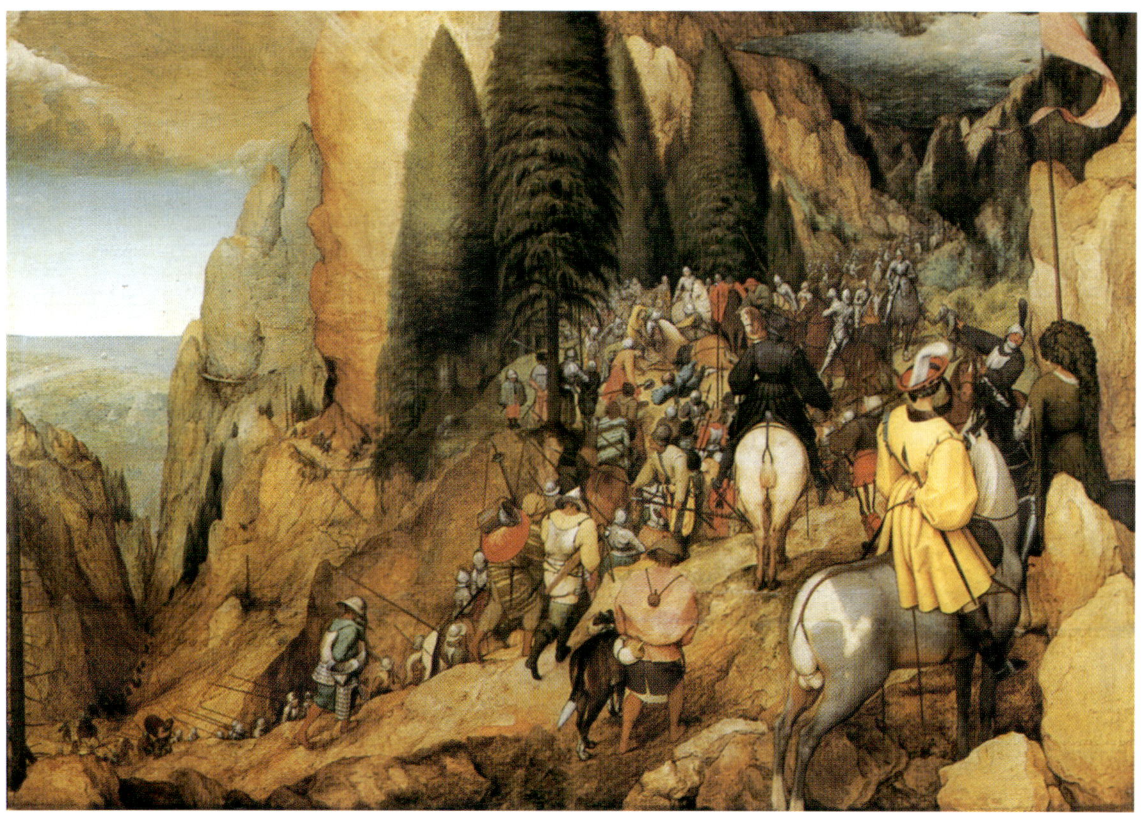

Pieter Bruegel d.Ä.
Breda (?) 1525/1530–
Brüssel 1569
Bekehrung Pauli, 1567,
signiert und datiert
Eichenholz, 108 x 156 cm
(Inv. Nr. 3690)
1594 von Erzherzog Ernst in Brüssel erworben; Sammlung Kaiser Rudolfs II., 1876 aus Prag nach Wien

Jenseits der buchstäblichen Erzählung sind in der Forschung immer wieder Allegorisierungen des biblischen Berichts gesucht worden.

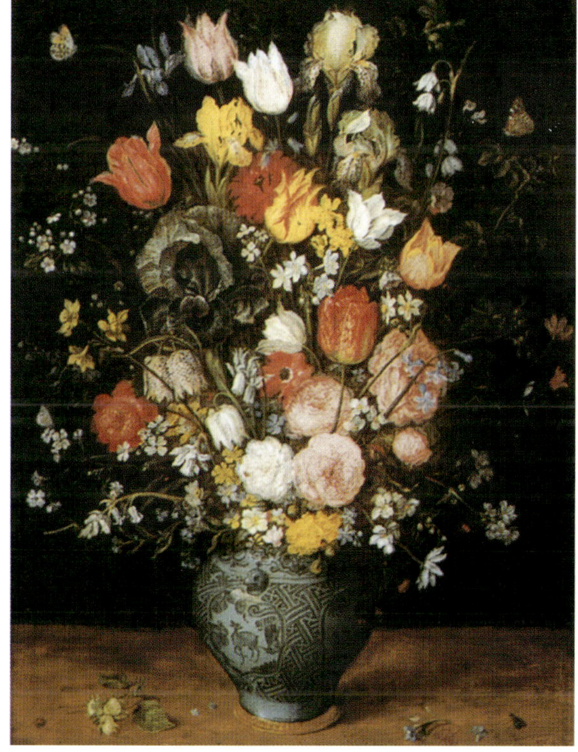

Jan Brueghel d.Ä.
Brüssel 1568–
Antwerpen 1625
Blumenstrauß in einer blauen Vase, um 1608
Eichenholz,
66 x 50,5 cm
(Inv. Nr. 558)
1748 aus der Weltlichen Schatzkammer in die kaiserliche Galerie

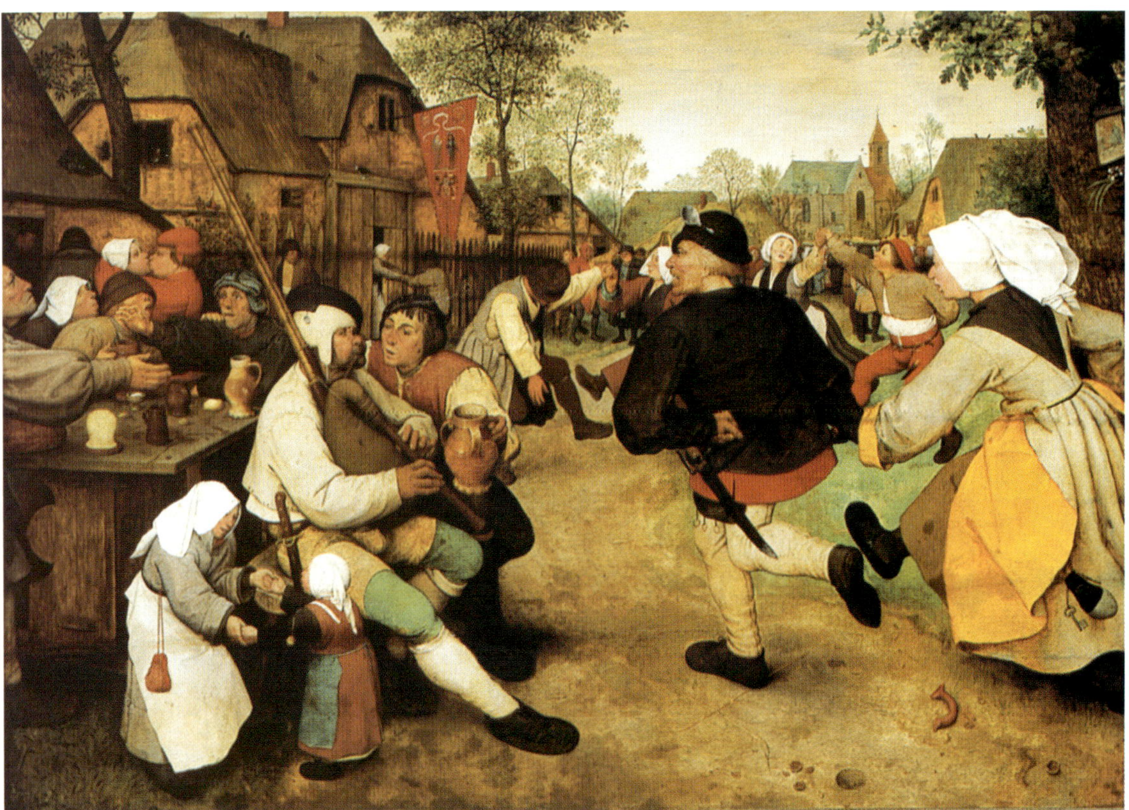

Pieter Bruegel d.Ä.
Breda (?) 1525/1530–Brüssel 1569
Bauerntanz,
um 1568, signiert
Eichenholz,
114 x 164 cm
(Inv. Nr. 1059)
Sammlung Kaiser Rudolfs II. (?); 1612/1618 kaiserliche Sammlungen in Wien; 1748 aus der Schatzkammer in die Galerie

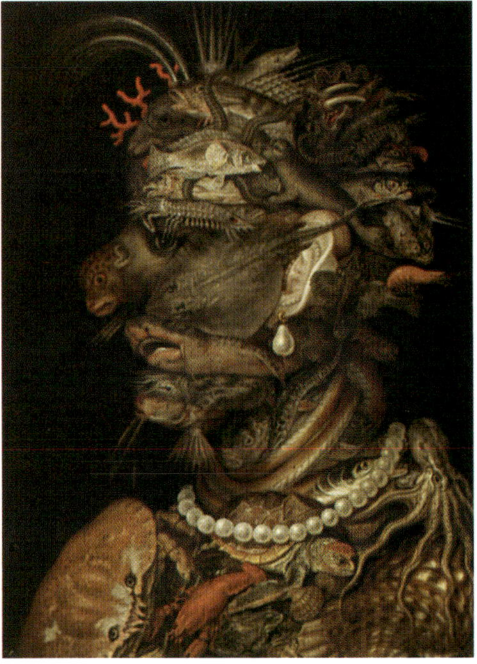

Giuseppe Arcimboldo
Mailand 1527–Mailand 1593
Das Wasser, 1566
Lindenholz, 66,5 x 50,5 cm
(Inv. Nr. 1586)
Gemalt für Kaiser Maximilian II., dann in der Kunstkammer Rudolfs II.

Hofmaler der Habsburger von 1562 bis 1587, schuf der Lombarde Arcimboldo 1563 und 1566 zwei Zyklen mit allegorischen Darstellungen der Jahreszeiten bzw. Elemente, in denen charakteristische Gegenstände aus dem jeweiligen Bereich zu bis zur Porträtähnlichkeit gehenden Köpfen zusammengesetzt worden sind.

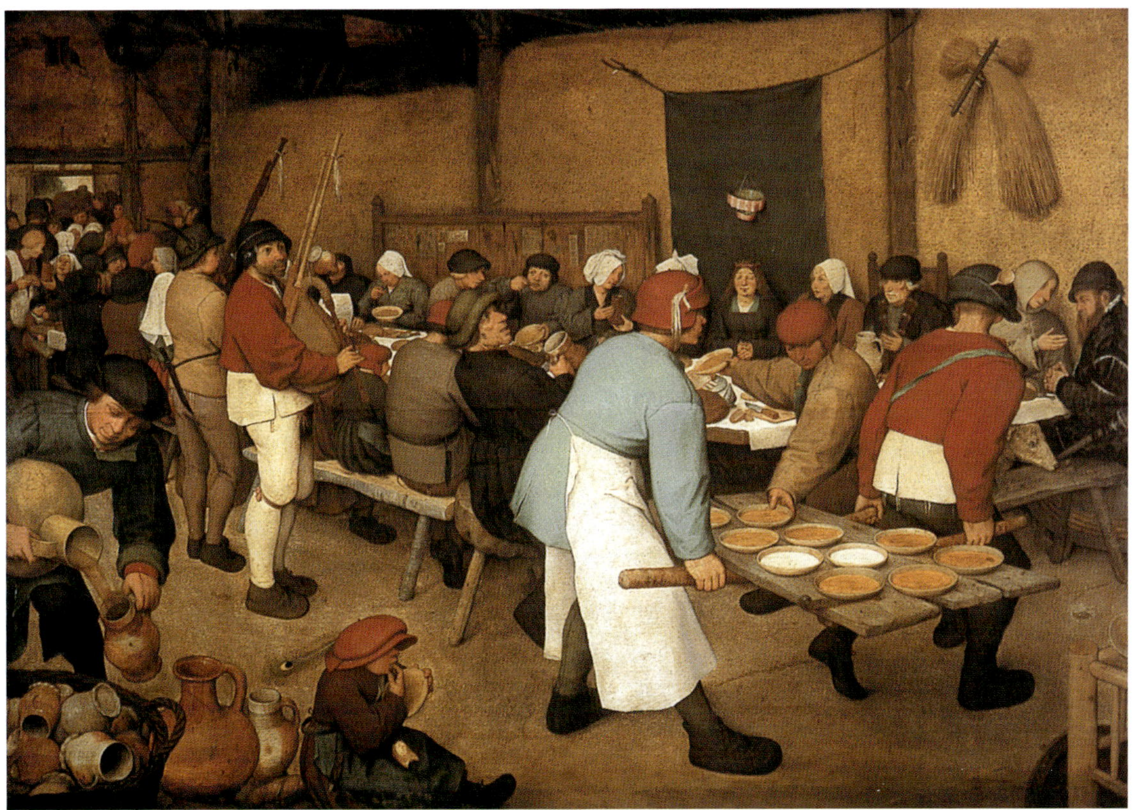

Pieter Bruegel d.Ä.
Breda (?) 1525/1530–Brüssel 1569
Bauernhochzeit, um 1568
Eichenholz, 114 x 164 cm (Inv. Nr. 1027)
1594 von Erzherzog Ernst in Brüssel erworben; Sammlung Kaiser Rudolfs II.(?), Sammlung Erzherzog Leopold Wilhelm 1659

Eine reiche Bauernhochzeit nach dem niederländischen Brauchtum des 16. Jahrhunderts. Die Braut sitzt unter der papierenen Brautkrone, im hohen Lehnstuhl der für die Aufstellung des Heiratskontraktes notwendige Notar, oben am Tisch der spanisch gekleidete Gutsherr. Der Bräutigam, weil er erst am Abend der Hochzeit mit der Braut zusammengeführt wird, fehlt.

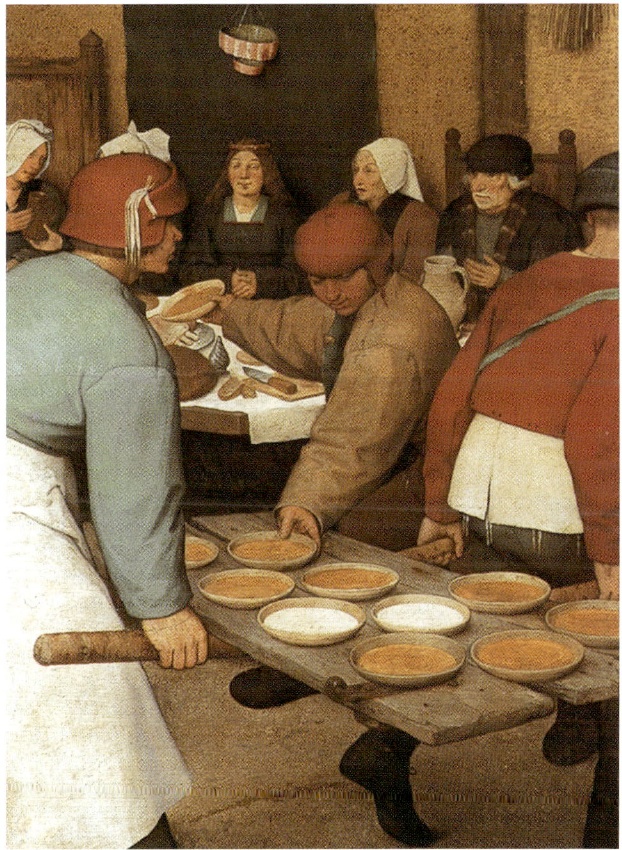

Bartholomäus Spranger
Antwerpen 1546–
Prag 1611
Venus und Adonis, um 1597
Leinwand, 163 x 104,3 cm
(Inv. Nr. 2526)
Aus der Kunstkammer Rudolfs II., 1781 in der kaiserlichen Galerie in Wien

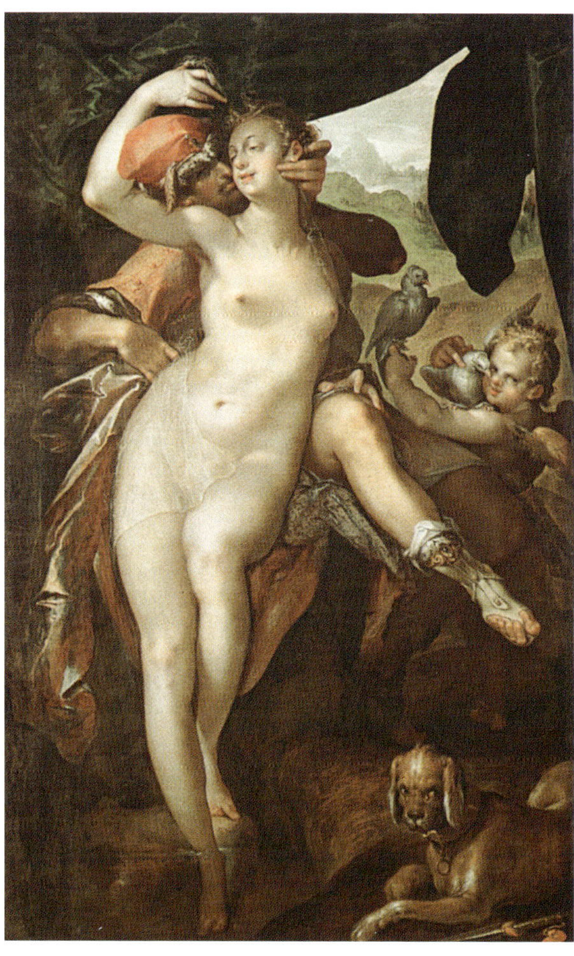

Dirck de Quade van Ravesteyn
Tätig 1589/1599 und 1602/1608 in Prag
Ruhende Venus, um 1608
Eichenholz, 80 x 152 cm
(Inv. Nr. 1104)
Vermutlich aus der Kunstkammer Rudolfs II., 1781 in der kaiserlichen Galerie in Wien

In mythologischer Verbrämung und Anspielung auf venezianische Vorbilder des 16. Jahrhunderts ist wahrscheinlich eine Kurtisane am Prager Hof Rudolfs II. wiedergegeben. Die überzeugende Neuzuschreibung an Ravesteyn hat die traditionelle an Joseph Heintz abgelöst.

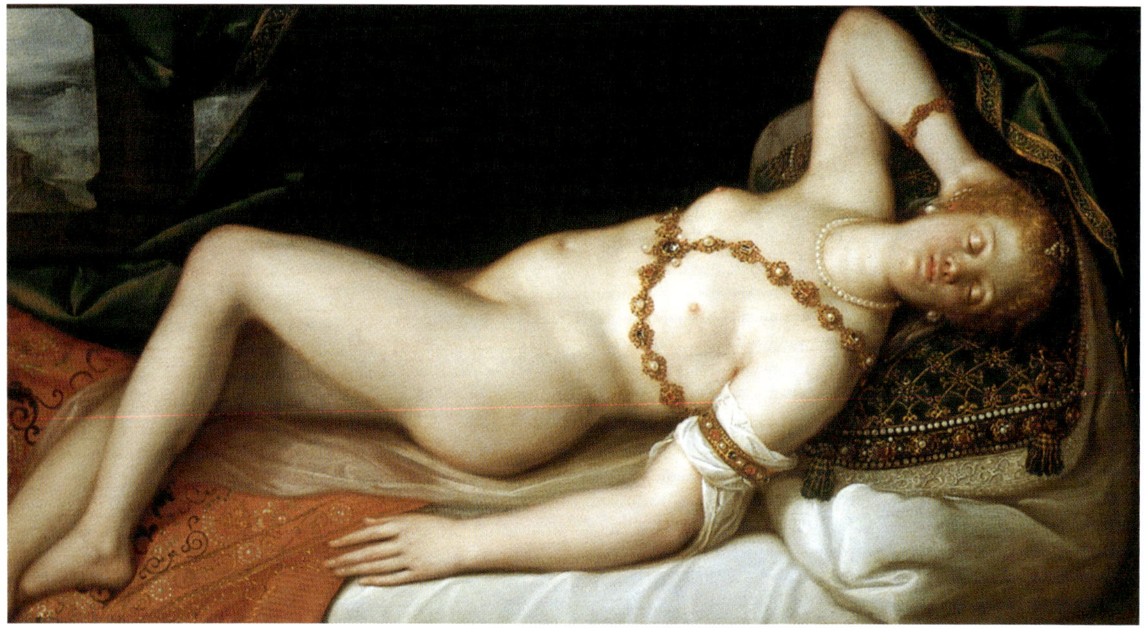

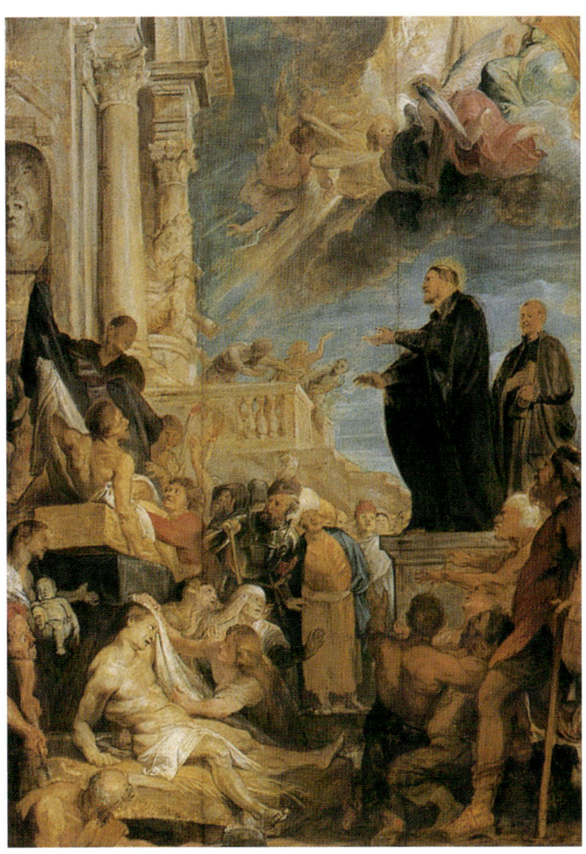

Peter Paul Rubens
Siegen 1577–Antwerpen 1640
Wunder des hl. Franz Xaver, um 1616/17
Eichenholz, 104,5 x 72,5 cm (Inv. Nr. 530)
1776 aus dem Profeßhaus der Jesuiten in Antwerpen angekauft

Modello für das wohl 1618 vollendete, ebenfalls im Kunsthistorischen Museum befindliche ehemalige Hochaltarbild der Jesuitenkirche in Antwerpen. Beschützt von der Personifikation des Glaubens, ist Franz Xaver, einer der Gründungsväter des Jesuitenordens, als Missionar Asiens vorgestellt: Er predigt den Heiden, erweckt Tote, heilt Lahme und Blinde und läßt Götzenbilder stürzen – synchronisierend wird das Repertoire jedes nach Heiligkeit Strebenden vorgeführt.

Peter Paul Rubens
Siegen 1577–Antwerpen 1640
Gewitterlandschaft mit Philemon und Baucis, um 1620/1625
Eichenholz, 146 x 208,5 cm (Inv. Nr. 690)
1640 im Nachlaßinventar von Rubens erwähnt, Sammlung Erzherzog Leopold Wilhelm 1659

Das Bild ist keine reine Landschaft: In einem späteren Arbeitsgang (die Anstückungen an die ursprüngliche Holztafel) fügte Rubens Philemon und Baucis hinzu und überhöhte die Landschaft damit mythologisch. Protagonist des Dramas bleibt die „in ihrer höchsten Aktivität gefaßte Natur in ihrem größten menschlichen Aspekt, dem der Zerstörung“ (K. Demus).

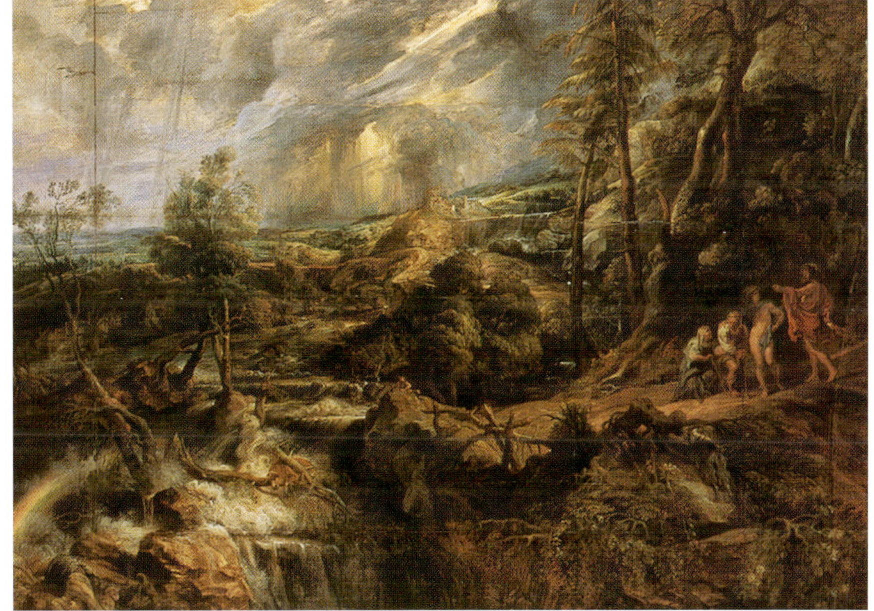

Peter Paul Rubens
Siegen 1577–
Antwerpen 1640
Die vier Hauptflüsse der Antike, um 1615
Leinwand 208 x 283 cm
(Inv. Nr. 526)
1685 in den kaiserlichen Sammlungen in Prag,
vor 1733 in Wien

Im Gegensatz zum traditionellen Bildtitel *Die Vier Weltteile* hat die neuere Forschung wahrscheinlich gemacht, daß nicht die weiblichen Personifikationen der vier damals bekannten Weltteile Afrika, Asien, Europa und Amerika mit ihren ‚männlichen' Hauptflüssen dargestellt sind, sondern die in der antiken Tradition literarisch belegbaren und mit Assoziationen zu den vier Paradiesesflüssen versehenen Ströme Nil (vorne links), Tigris (vorne rechts), Euphrat (hinten links) und Ganges (hinten rechts), begleitet von den zugehörigen Quellnymphen.

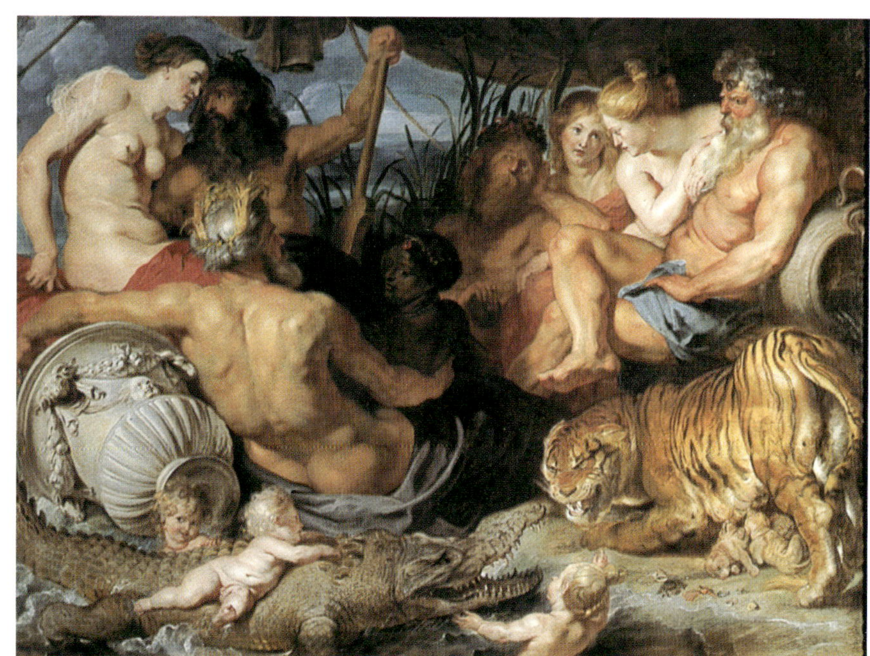

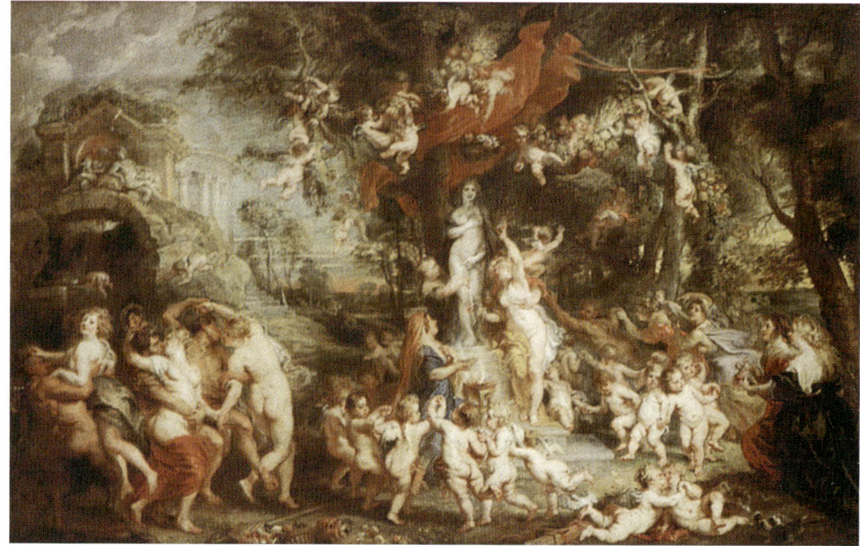

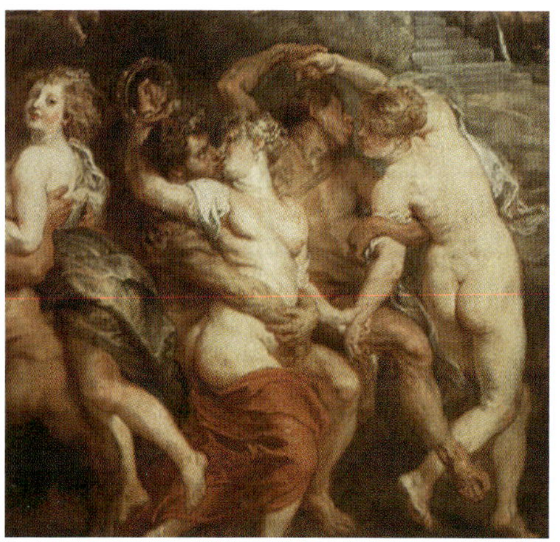

Peter Paul Rubens
Siegen 1577–Antwerpen 1640
Venusfest, um 1635/1637
Leinwand, 217 x 350 cm (Inv. Nr. 684)
1685 in den kaiserlichen Sammlungen in Prag, 1721 in Wien

Dieses Bild führt den weiten humanistischen Bildungshorizont, die Fähigkeit von Rubens vor Augen, mannigfaltige literarische und bildkünstlerische Anregungen von außen durch „freies Weiterphantasieren" (J. Burckhardt) vollkommen umzuformen. Das *Venusfest* schließt an Tizians Bild der ‚Liebesgötter' an, das Rubens kopierte. Er paraphrasiert Tizian, gestaltet dessen Deutung aber zu einem höchst komplexen und ganz neuen Bildgedicht aus. Obgleich auch malerisch ein Bekenntnis zum späten Tizian, ist die plastische Präsenz, die orgiastische Intensität im Wiedererleben einer als gegenwärtig empfundenen Antike, ganz Rubens' eigene Tat.

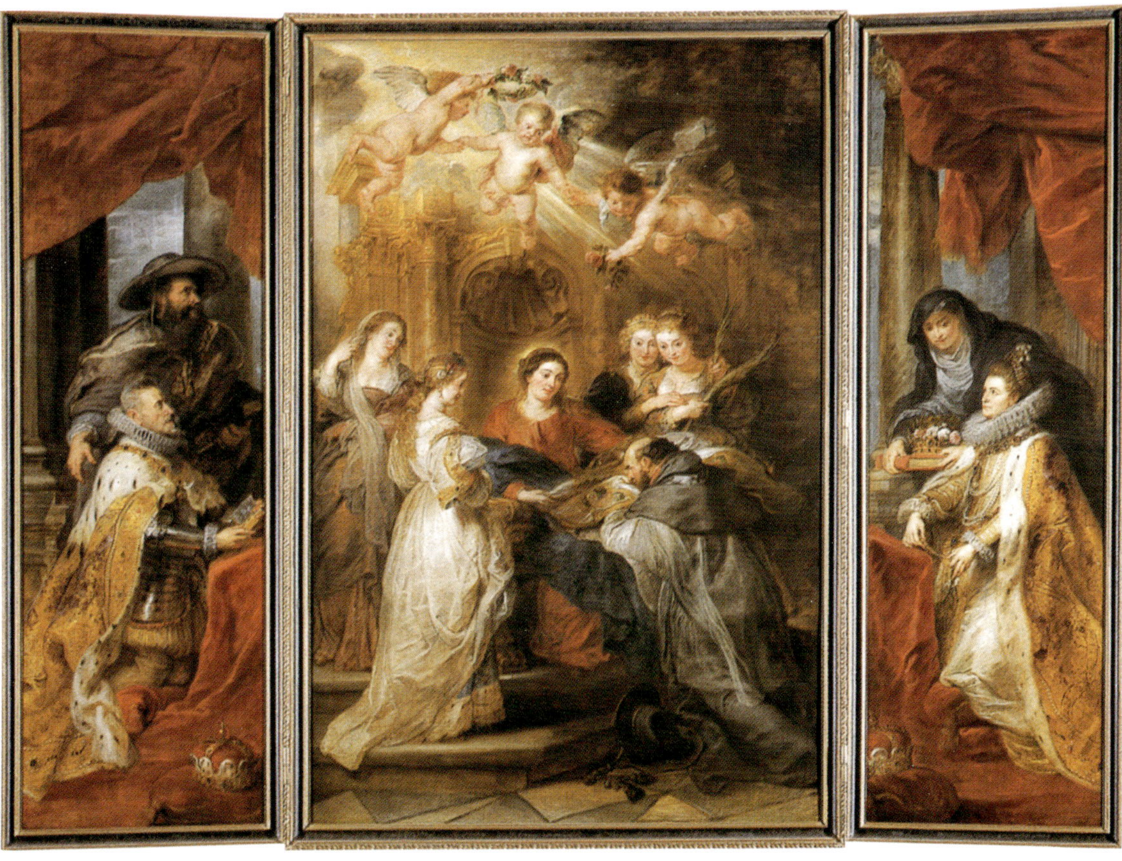

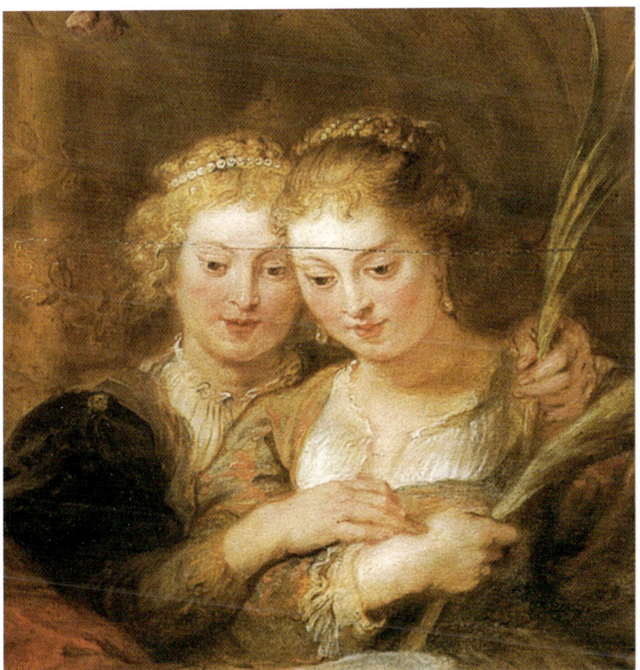

Peter Paul Rubens
Siegen 1577–Antwerpen 1640
Ildefonso-Altar, 1630/1632
Eichenholz, Mittelbild 352 x 236 cm,
Flügel je 352 x 109 cm (Inv. Nr. 678)
Für St. Jacob op de Coudenberg, Marienkapelle,
Brüssel, 1777 angekauft

Der dreiteilige Altar, das Hauptwerk aus Rubens' später Schaffenszeit, entstand 1630/1632 im Auftrag der Infantin Isabella Clara Eugenia im Andenken an deren Gemahl, Erzherzog Albrecht, einen Bruder Kaiser Rudolfs II. Beschützt von seinen Namenspatronen, kniet das erzherzogliche Paar und wird Zeuge der Vision des hl. Ildefons. Die Muttergottes, umringt von Frauen mit den Zügen von Rubens' junger Gattin Hélène, erscheint dem frommen Mann und überreicht ihm ein kostbares Meßgewand.

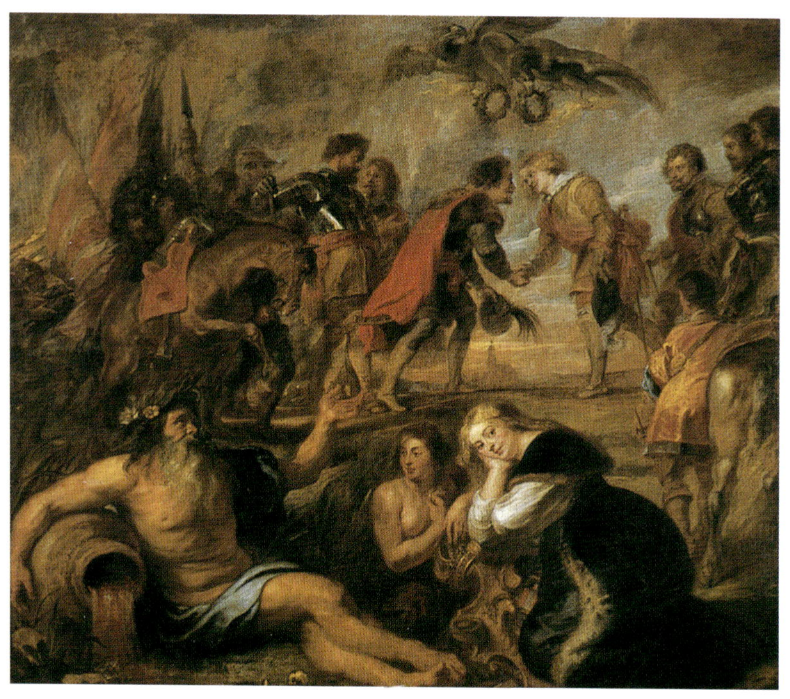

Peter Paul Rubens
Siegen 1577–Antwerpen 1640
Begegnung König Ferdinands von Ungarn mit dem Kardinal-Infanten Ferdinand vor der Schlacht von Nördlingen, 1634/35
Leinwand, 328 x 388 cm
(Inv. Nr. 525)
1730 in der kaiserlichen Galerie in Wien

Teil der Festdekoration, die Rubens für den am 17. April 1635 erfolgten feierlichen Einzug in Antwerpen des neuen spanischen Statthalters in den Niederlanden, des Kardinal-Infanten Ferdinand, anfertigte. In der Schlacht von Nördlingen vom 6. September 1634 fügten die vereinigten spanischen und kaiserlichen Heere den Schweden eine schwere Niederlage zu. Im Vordergrund der Flußgott Danubius und die über das Blutvergießen trauernde Germania.

Jacob Jordaens
Antwerpen 1593–Antwerpen 1678
Das Fest des Bohnenkönigs, um 1640/1645
Leinwand, 242 x 300 cm (Inv. Nr. 786)
Sammlung Erzherzog Leopold Wilhelm 1659

Geschildert ist ein flämischer Volksbrauch vom Dreikönigstag: Der Finder der in einen Kuchen eingebackenen Bohne wird zum König des Festes, die schönste Frau zur Königin, die Tafelrunde zu seinem Hofstaat, dessen einzelne Ämter in diesem Fall kleine Zettelchen benennen. Inhaltlich geht das Bild über die reine Genredarstellung hinaus. Das Motto weist darauf hin, daß die Menschheit, repräsentiert in dem wüsten Hofstaat des Bohnenkönigs, im Wahn dahintreibt.

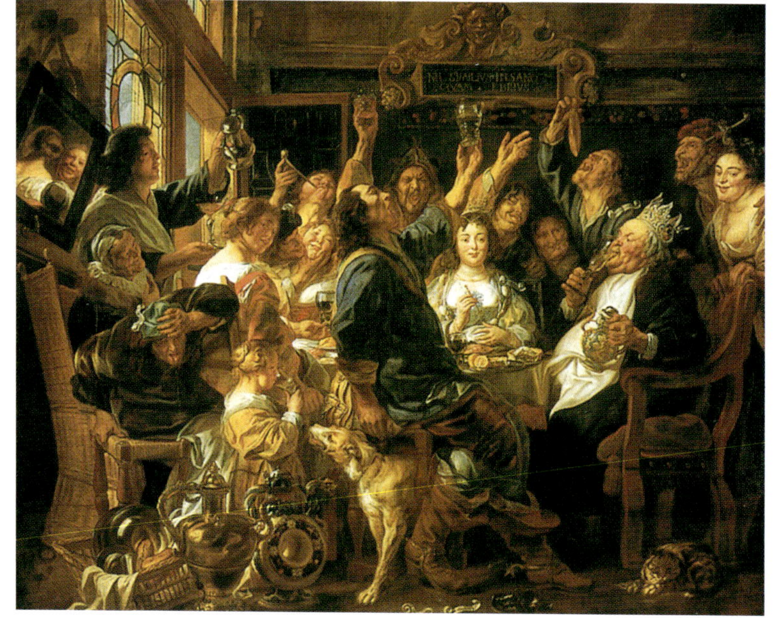

Peter Paul Rubens
Siegen 1577–Antwerpen 1640
Das Pelzchen, um 1635/1640
Eichenholz, 176 x 83 cm (Inv. Nr. 688)
In Rubens' Testament aufgeführt („Het Pelsken") und seiner Frau Hélène Fourment (1614–1674) vermacht, 1730 in den kaiserlichen Sammlungen in Wien

Wien besitzt in dem *Pelzchen* wohl die subtilste Mischung aus Bildnis und mythologischer Travestie. In der Schwebe bleibt, ob hier die klassische *Venus pudica* die Züge von Hélène Fourment angenommen hat oder ob Rubens seine Frau porträtieren und die Intimität der subjektiven Erfindung durch die mythologische Überhöhung ins Allgemeine, Gültige heben wollte.

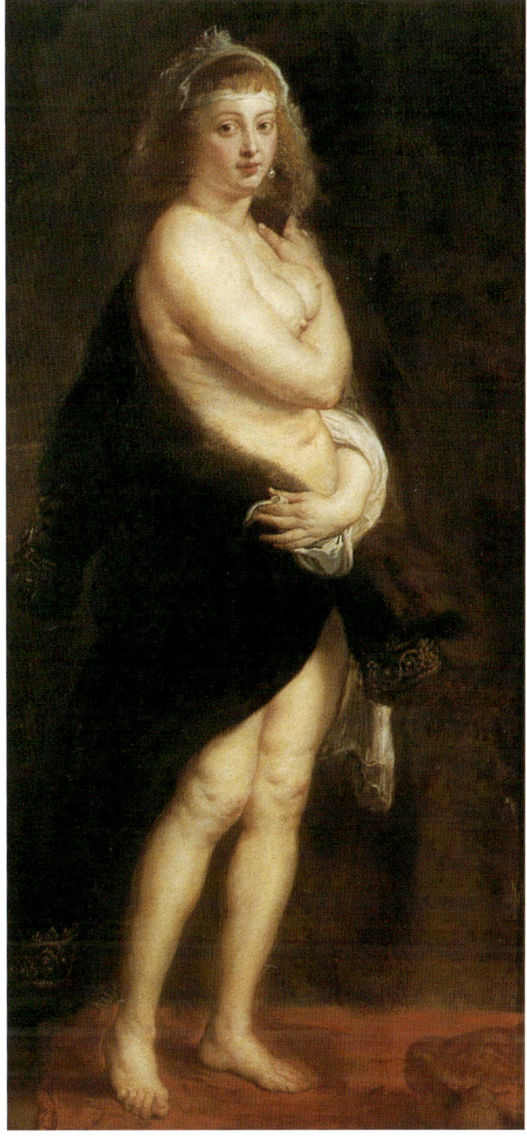

Peter Paul Rubens
Siegen 1577–Antwerpen 1640
Selbstbildnis, um 1638/1640
Leinwand, 109,5 x 85 cm (Inv. Nr. 527)
1720 in den kaiserlichen Sammlungen in Wien

„Reflektierend und gleichzeitig selbstbewußt – Idee und Wirklichkeit in einem – wollte [Rubens] aller Welt als ein Wahrhaftiger gegenübertreten." (F. Klauner)

Jan Davidsz de Heem
Utrecht 1606–Antwerpen 1683/84
Kelch und Hostie, umgeben von Fruchtgirlanden,
1648, signiert und datiert
Leinwand, 138 x 125,5 cm
(Inv. Nr. 571)
Sammlung Erzherzog Leopold Wilhelm 1659; für den Erzherzog gemalt

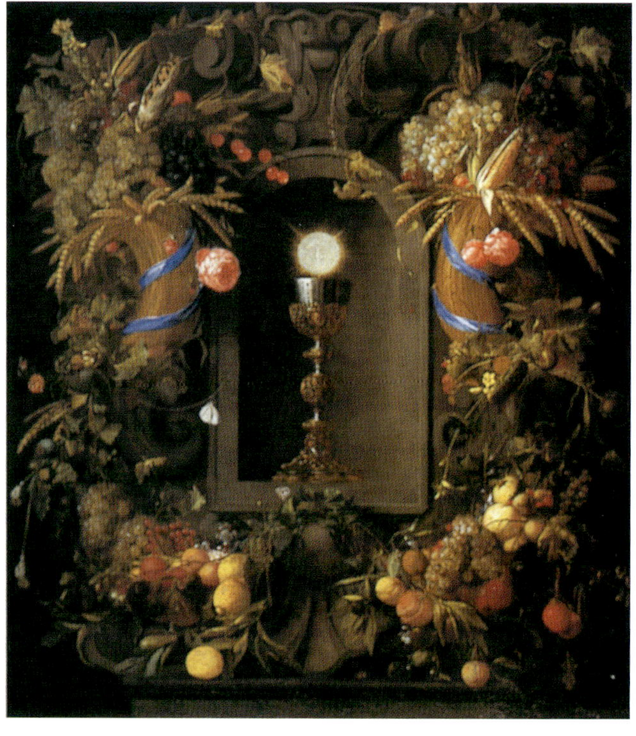

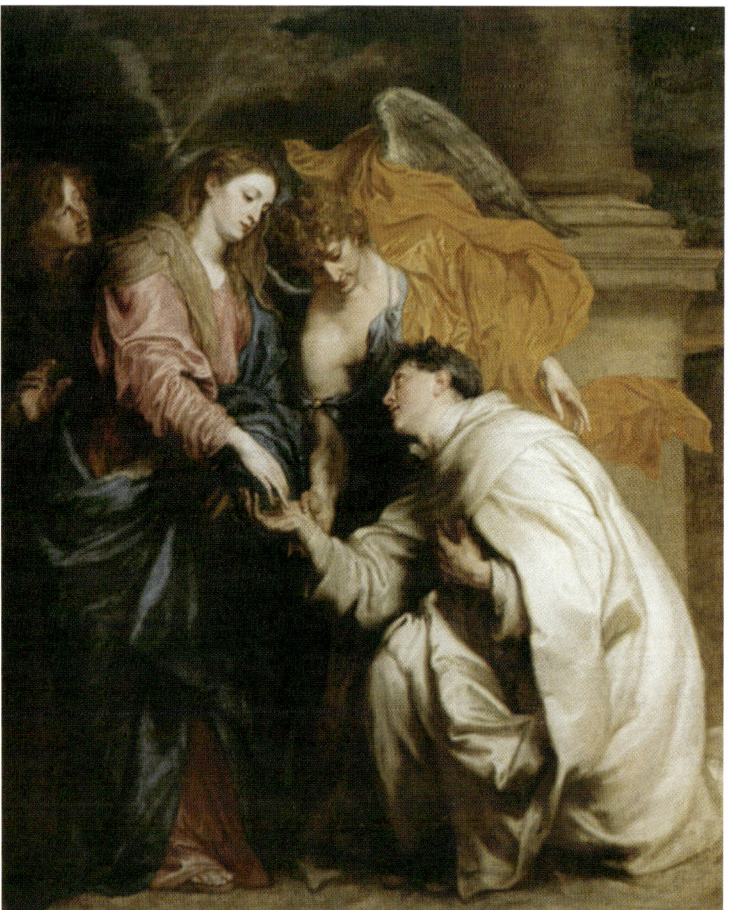

Anthonis van Dyck
Antwerpen 1599–London 1641
Die mystische Verlobung des seligen Hermann Joseph mit Maria, 1630
Leinwand, 160 x 128 cm (Inv. Nr. 488)
1630 für die Bruderschaft der Ungetrauten in Antwerpen gemalt, 1776 aus dem Profeßhaus der Jesuiten in Antwerpen angekauft

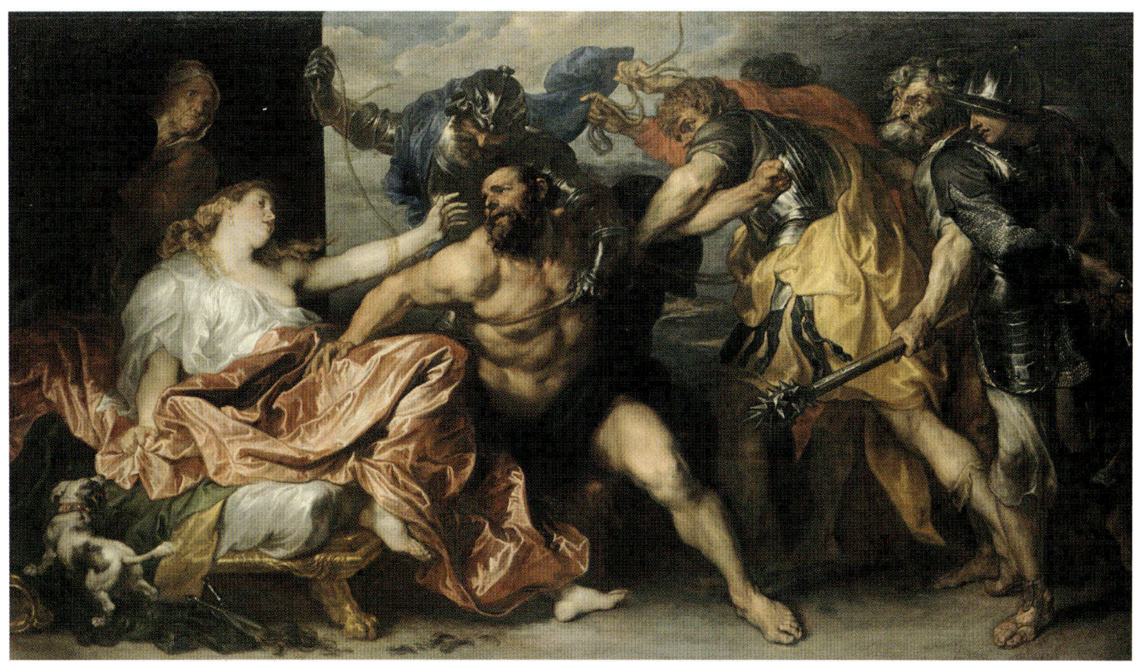

Anthonis van Dyck
Antwerpen 1599–London 1641
Simson und Delila, um 1628/1630
Leinwand, 146 x 254 cm (Inv. Nr. 512)
Sammlung Erzherzog Leopold Wilhelm 1659

Simsons Geliebte Delila hatte dem Schlafenden die langen Haare abgeschnitten, die ihm übermenschliche Kräfte verliehen, und ihn damit den feindlichen Philistern ausgeliefert. Vor allem dem Vorbild Rubens' folgend, wandelt van Dyck die Komposition seines Lehrers charakteristisch um: Statt des heroischen Abwehrkampfes rücken der entdeckte Betrug, der wehmütige Abschied des Verratenen von der geliebten Verräterin und die zwiespältige Zuneigung der Delila zu ihrem verräterisch überwundenen Liebhaber in den Mittelpunkt.

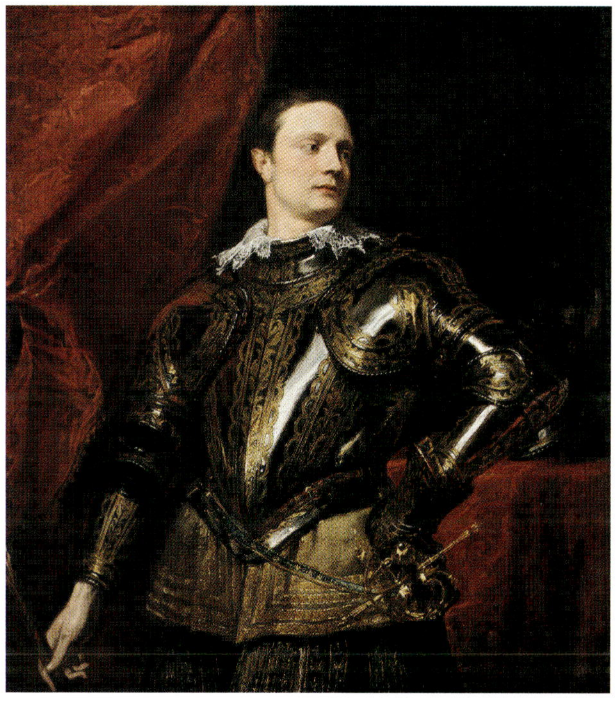

Anthonis van Dyck
Antwerpen 1599–London 1641
Bildnis eines jungen Feldherrn, um 1624
Leinwand, 119.5 x 108 cm (Inv. Nr. 490)
1720 in der kaiserlichen Gemäldegalerie in Wien

Trotz des heroischen Gestus ist der Ausdruck des Jünglings von einem – allerdings auch manchmal in den hier vorbildlichen venezianischen Porträts des 16. Jahrhunderts angedeuteten – Hauch von Wehmut gedämpft.

Anthonis van Dyck
Antwerpen 1599–
London 1641
Nicholas Lanier, um 1632
Leinwand, 111 x 87,6 cm
(Inv. Nr. 501)
Sammlung König Karls I. von England, nach dessen Hinrichtung von Lanier 1649 erworben, 1720 in der kaiserlichen Gemäldegalerie in Wien

Lanier (1588–1666) war Hofmusikmeister Karls I. von England und einer seiner Berater in Kunstangelegenheiten; er spielte eine wesentliche Rolle beim Kauf der herzoglich mantuanischen Sammlungen 1627/28 durch den König.

Anthonis van Dyck
Antwerpen 1599–
London 1641
Jacomo de Cachiopin,
um 1628/29
Leinwand, 111 x 84,5 cm
(Inv. Nr. 503)
1720 in der kaiserlichen Gemäldegalerie in Wien

Der Dargestellte (1578–1642), Kunstliebhaber und Gemäldesammler in Antwerpen, war ein Freund van Dycks. Wir erleben die psychische Empfindlichkeit des Malers als Ausdruck der Introspektion, der Melancholie im Porträtierten – Züge, die traditionell auch dem Künstler zugeordnet werden.

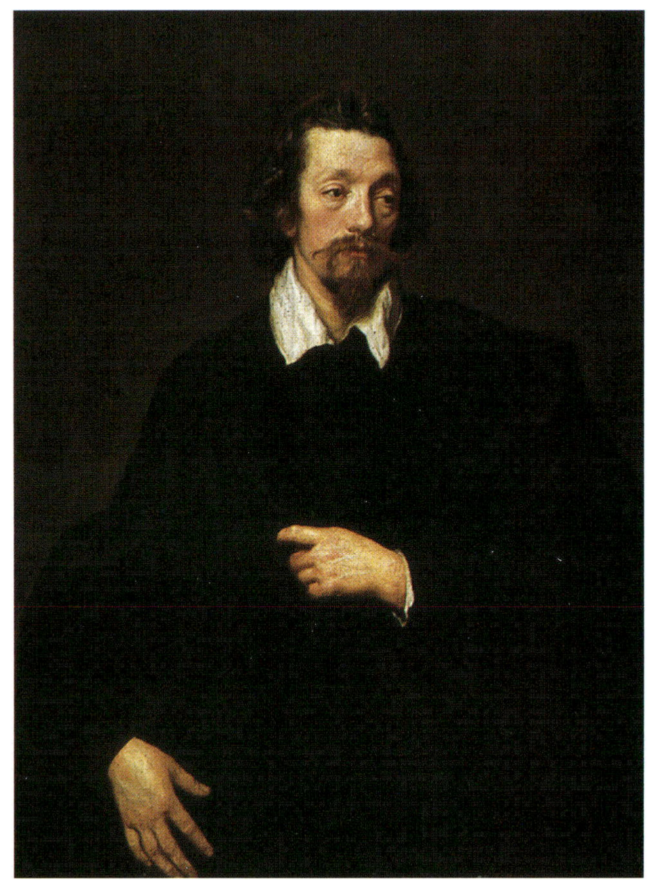

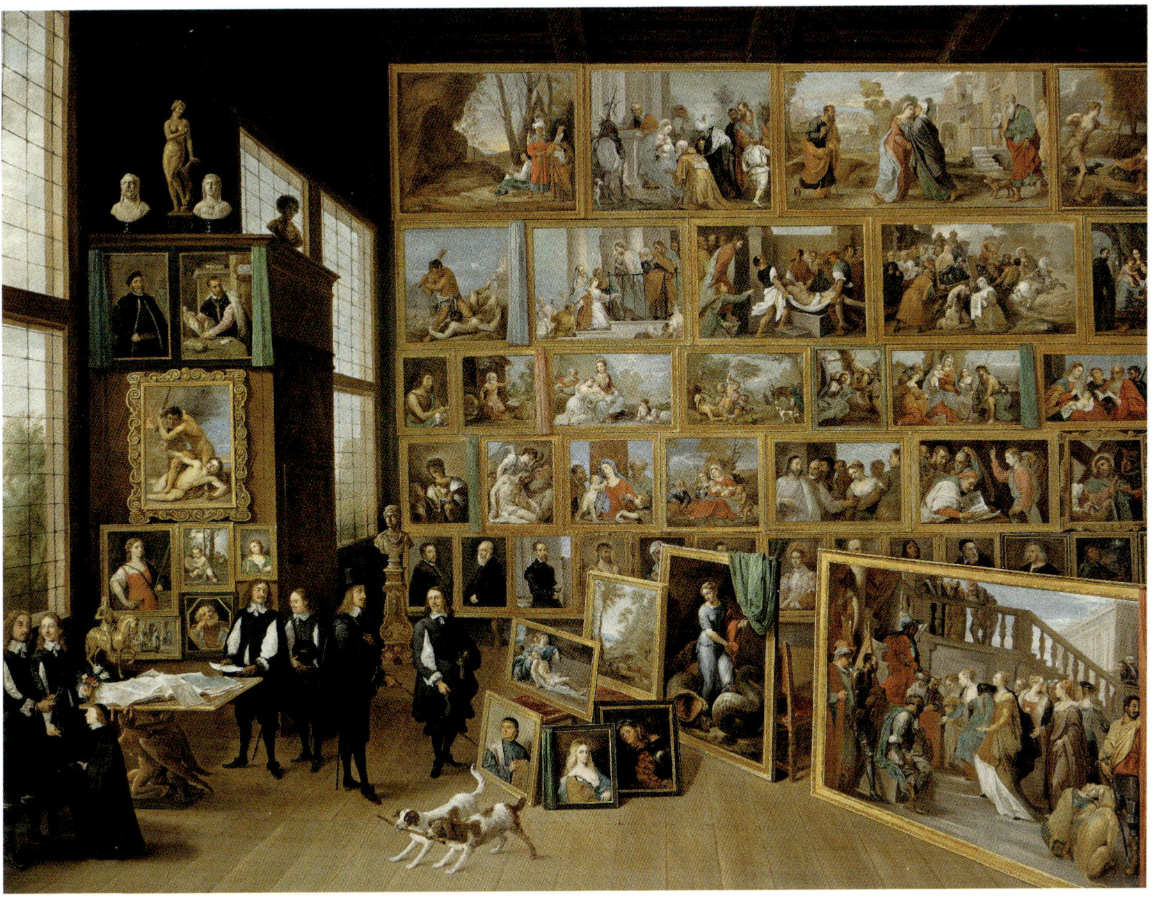

David Teniers d.J.
Antwerpen 1610–Brüssel 1690
Erzherzog Leopold Wilhelm in seiner Galerie in Brüssel, um 1651
Leinwand, 123 x 163 cm (Inv. Nr. 739)
Im Auftrag Erzherzog Leopold Wilhelms gemalt; dann im Besitz seines Bruders, Kaiser Ferdinands III., in Prag

Leopold Wilhelms Hofmaler David Teniers zeigt dem Erzherzog bei einem (fiktiven) Besuch in der Galerie neu eingetroffene Bilder. Die hier gezeigte Galerieanordnung hat wohl nicht der Wirklichkeit entsprochen. Sie orientiert sich an einem älteren Typus von Präsentationen eines Sammlungsinterieurs. Fast alle der im Größenmaßstab veränderten 51 italienischen Bilder befinden sich heute im Kunsthistorischen Museum.

Holländische Malerei

So wenig es richtig ist, die holländische Kunst des 17. Jahrhunderts als bürgerlich und die flämische als höfisch-aristokratisch zu bezeichnen, so falsch wäre es auch, die holländische Malerei nur interessiert zu sehen an der Schilderung der unmittelbaren Umgebung des Menschen, an der Landschaft, den Städten, am Meer, am Volksleben, während die flämische Kunst sich vorzüglich der auch kunsttheoretisch höherstehenden Historienmalerei gewidmet hätte. Im Gegenteil: Die öffentlichen Gebäude in Holland brauchten – repräsentationsbedürftig – ebenso wie die reichen Bürger gleich welcher Konfession oder Herkunft Bilder allegorischer oder religiöser Thematik.

Die Teilung der niederländischen Malerschule in einen flämischen und einen holländischen Part ist bis ins frühe 17. Jahrhundert hinein angesichts des ständigen Austausches eine künstliche. Der aus Amsterdam gebürtige Pieter Aertsen etwa arbeitete 20 Jahre lang in Antwerpen, bevor er 1557 wieder in seine Heimatstadt zurückkehrte. Sein Schüler und Neffe, Joachim Bueckelaer, verbrachte sein ganzes Leben in Antwerpen. Vor allem seit 1579/1581, seit der Union von Utrecht und der Sezession der sieben nördlichen Provinzen, emigrierte eine große Zahl von Südniederländern in die protestantische Hälfte des faktisch geteilten Landes.

Anstöße zu einer eigenständigen Entwicklung der holländischen Malerei gingen allenthalben von flämischen Künstlern aus. Der aus Antwerpen gebürtige, in Rom ausgebildete Bartholomäus Spranger ist der Begründer eines virtuosen, höfisch-artifiziellen Stils, der durch Sprangers Aufenthalt in Wien und Prag zu einer internationalen ‚Sprache' wurde. Der Maler und Kunsttheoretiker Karel van Mander brachte diesen Stil 1583 nach Haarlem. Einer der Hauptmeister dieses Haarlemer oder Utrechter Manierismus ist Abraham Bloemaert.

Auch Esaias van de Velde, in Holland als Sohn flämischer Emigranten geboren und ausgebildet im Kreis der Flamen David Vinckboons und Gillis Coninxloo, entwickelt in seinem Frühwerk eine auf Jan Brueghel d.Ä. zurückgehende realistische Malerei mit buntfarbiger Abstufung der Bildgründe. Gegen 1630 setzt sich in Holland die Tendenz durch, den Bildraum zu vereinheitlichen, die Bildschichten farblich ineinander übergehen zu lassen. Nicht mehr Mannigfaltigkeit des Gegenständlichen wird vorgeführt, sondern das Erlebnis des Raumes, die Atmosphäre der wolkenverhangenen Weite werden in einer zunehmend monochromen Farbigkeit vermittelt. Esaias van de Velde teilt diesen Stilwandel mit Malern wie seinem Schüler Jan van Goyen.

Eine der monumentalsten hochbarocken Landschaften, der *Große Wald* Jacob van Ruisdaels, gehört einer nächsten Stufe an. Nicht mehr die grau-braune, mehr oder

Jan Vermeer van Delft
Delft 1632–Delft 1675
Der Maler in seinem Atelier (*Die Malkunst*, Ausschnitt aus Abb. S. 91), um 1666/1668, signiert
Leinwand, 120 x 100 cm
(Inv. Nr. 9128)
Ursprünglich bestimmt für die Räume der Delfter Malergilde. 1677 in der Nachlaßversteigerung Vermeers. Im 18. Jahrhundert in der Sammlung Gottfried van Swietens in Wien. 1813 von Graf Rudolf Czernin von einem Sattler in Wien als de Hooch gekauft. 1946 vom Kunsthistorischen Museum erworben

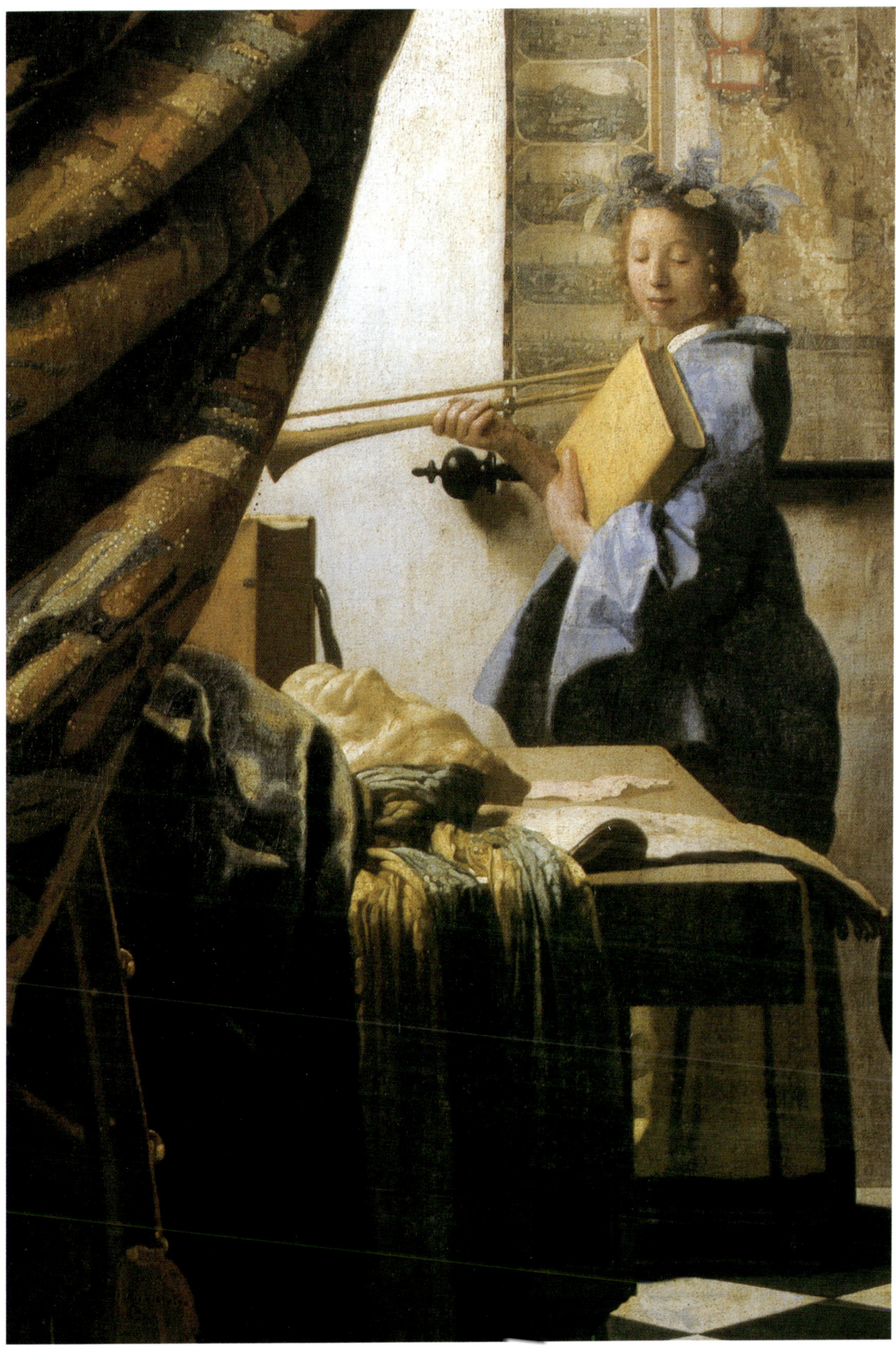

weniger amorphe Weite des Raumes mit wenigen, den Blick haltenden Motiven soll fühlbar werden, sondern die feste und energisch akzentuierte Struktur bestimmt den Eindruck.

Die holländische Genremalerei, die ja selten allein Schilderung des häuslichen Lebens ist, sondern häufig moralisierende Botschaften verkündet, ist in Wien mit allen Hauptmeistern vertreten. Ihr Zentrum war Leiden, wo Gerard Dou, der erste Schüler Rembrandts, zum Begründer der sogenannten Leidener Feinmalerei wurde.

Die drei größten holländischen Figurenmaler, Frans Hals, Rembrandt und Jan Vermeer van Delft, folgen etwa im Abstand einer Generation aufeinander. Hals, aus Antwerpen gebürtig und in Haarlem vornehmlich als Porträtist tätig, ist für viele zum Inbegriff des vital-spontanen, extrovertierten Maler-Virtuosen geworden, im Unterschied – so das Klischee – zum Denker Rembrandt, dessen Kunst die Urgründe menschlichen Schicksals auszuloten imstande war. Diese Beobachtung ist falsch und wahr zugleich. Was dem Betrachter Halsscher Porträts oder Gruppenbildnisse augenfällig wird, ist dessen Fähigkeit, den Menschen in einer emotionserfüllten Bewegung vor uns hinzustellen. Um die Suggestion des flüchtigen Moments zu erwecken, bedient Hals sich eines offenen, anscheinend irregulären, eines sich im Zickzack kreuzenden oder schraffierenden Pinselstrichs, als dessen Effekt eine flimmernd-unruhige, skizzenhafte Oberfläche entsteht, die erst aus einer gewissen Distanz sich zu kohärenter Körperlichkeit schließt. Nach der Restituierung der Rothschildschen ‚Schenkungen' – das eindrucksvolle *Porträt eines schwarzgekleideten Mannes* kam 2003 in den Besitz der Fürstlich-Liechtensteinschen Sammlungen und damit nach Wien zurück – besitzt das Kunsthistorische Museum nur mehr ein Bild von Frans Hals, das *Bildnis eines jungen Mannes*, das schon in der Sammlung Karls VI. als eines der wenigen Beispiele der ‚protestantischen' Kunst Hollands figurierte. Hals' Porträts aus seiner Spätzeit nähern sich in der psychologischen Durchdringung, auch im Verzicht auf jegliche Pose den Schöpfungen Rembrandts.

Rembrandts Hell-Dunkel scheint die Figuren durch die subtilen Tonabstufungen und die Halbschatten in einen Resonanzraum einzuhüllen, in dem sich Stimmung, Emotion, Atmosphäre, Ungreifbares, ja Unsichtbares einzunisten scheinen. In Wien ist Rembrandt nur mit Porträts vertreten, von denen das der *Mutter* und das des *Sohnes des Künstlers* auch als einfigurige Historien bezeichnet werden könnten. Im sogenannten *Großen Selbstporträt* von 1652 tritt uns der Maler in Dreiviertelansicht selbstbewußt, ja beinahe herausfordernd in seinem braunen Malerkittel entgegen.

Man hat Jan Vermeers undramatische, rein aufs Schauen konzentrierte Kunst als Abbild der sich nun selbst genügenden, mit dem Erreichten zufriedenen holländischen Bourgeoisie gesehen. Aber die Einfachheit Vermeerscher Bildkonzepte täuscht. Ihre Klarheit und Ruhe ist das Ergebnis ausgeklügelter, sich auch neuentwickelter technischer Hilfsmittel wie der Camera obscura bedienender Überlegungen. Die um 1666/1668 entstandene *Malkunst*, ein koloristischer Höhepunkt in Vermeers Œuvre, ist zugleich sein wohl ambitioniertestes Bild. Was mit dem Nordniederländer Jan van Eyck begonnen hatte, der passive, distanzierte Blick auf die stillgelegte Welt, ist immer ein Grundthema der holländischen Malerei geblieben und wird bei Vermeer zu einer allegorischen und zugleich wirklichen Apotheose des Schauens.

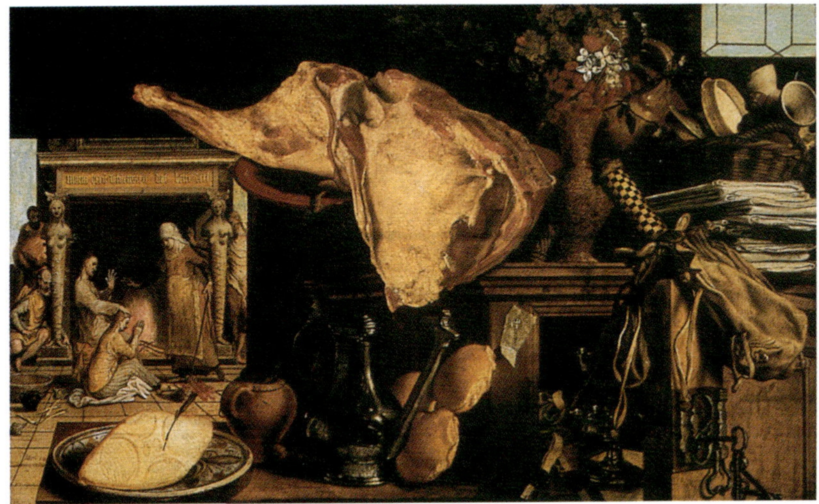

Pieter Aertsen
Amsterdam um 1508/09–
Amsterdam 1575
Vanitas-Stilleben, im Hintergrund Christus bei Maria und Martha,
1552, bezeichnet und datiert
Holz, 60 x 101,5 cm
(Inv. Nr. 6927)
Sammlung Erzherzog Leopold Wilhelm 1659; 1930 für das Kunsthistorische Museum wiedererworben

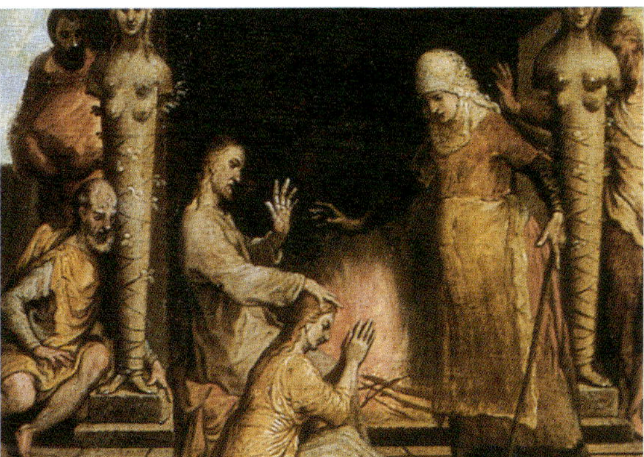

Die Sinnschichten sind auch durch die unterschiedliche Malweise im Vorder- und Hintergrund voneinander abgehoben. Im Vordergrund werden die Festvorbereitungen zum Empfang Christi bei den Schwestern Maria und Martha vorgeführt. In skizzenhafter Manier ist die eigentliche Szene – nach Lukas 10, 38–42 – links hinten zu sehen: Christus ermahnt die den irdischen Dingen zugewandte, emsig tätige Martha, ihre der Kontemplation hingegebene Schwester Maria wegen ihrer Untätigkeit nicht zu kritisieren.

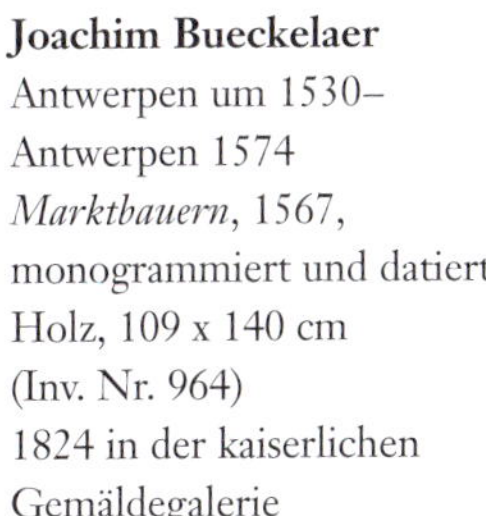

Joachim Bueckelaer
Antwerpen um 1530–
Antwerpen 1574
Marktbauern, 1567,
monogrammiert und datiert
Holz, 109 x 140 cm
(Inv. Nr. 964)
1824 in der kaiserlichen Gemäldegalerie

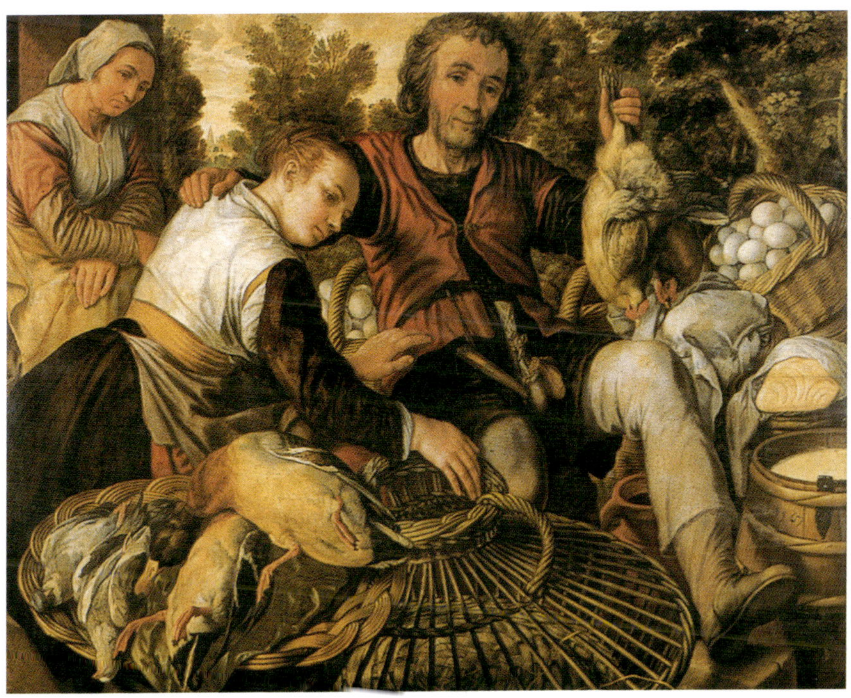

Abraham Bloemaert
Gorinchem 1564–
Utrecht 1651
Judith zeigt dem Volk das Haupt des Holofernes, 1593,
monogrammiert und datiert
Holz, 34,5 x 44,5 cm
(Inv. Nr. 6514)
Erworben 1926

Bloemaert verwandelt die alttestamentliche Szene mit der jüdischen Heroine Judith, die das eigenhändig abgeschlagene Haupt des feindlichen Assyrer-Feldherrn Holofernes ihrem Volke zeigt, in ein Kabinettstück aus Lichteffekten. Die sich windenden, oft stark verkürzten oder lebhaft bewegten Figuren in überraschenden Beleuchtungssituationen verstärken die Dramatik der Handlung.

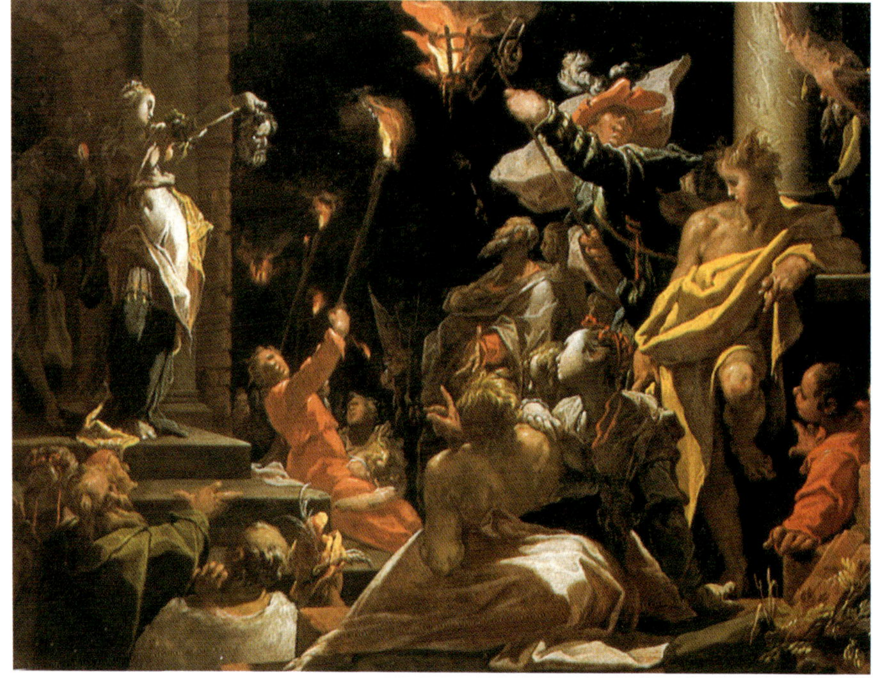

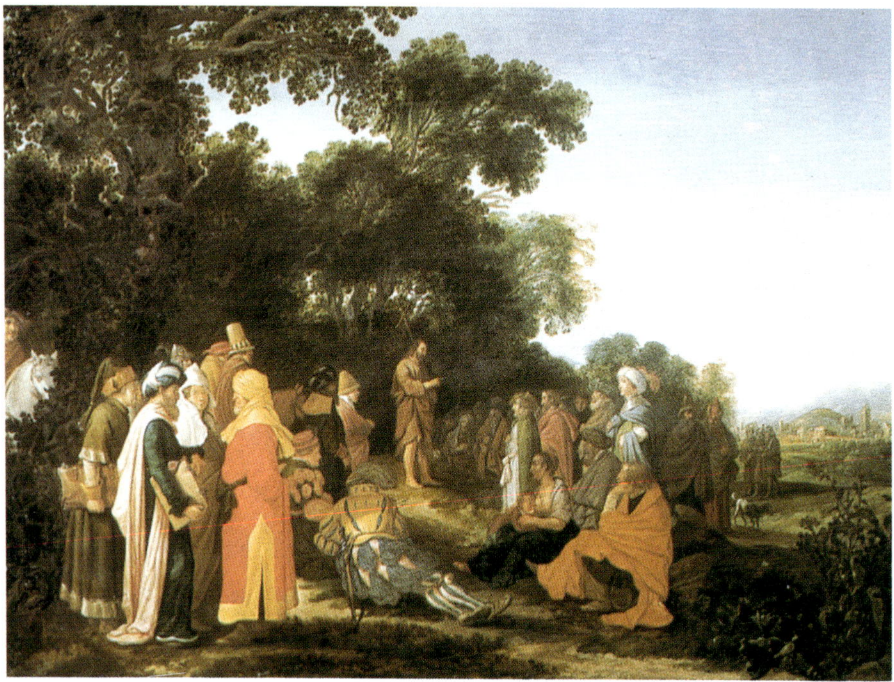

Esaias van de Velde
Amsterdam 1590–
Den Haag 1630
Predigt Johannis des Täufers, Frühwerk
Holz, 69 x 96 cm
(Inv. Nr. 6991)
Widmung Galerie
St. Lucas 1940

Jan van Goyen
Leiden 1596–Den Haag 1656
Blick über die Merwede auf Dordrecht,
1644, monogrammiert und datiert
Leinwand, 103,5 x 133 cm
(Inv. Nr. 6450)
1923 aus der Sammlung Frits Lugt
erworben

Goyens 1644 entstandenes Seestück ist ein spätes Beispiel aus der ‚tonalen' Phase der holländischen Landschaftsmalerei.

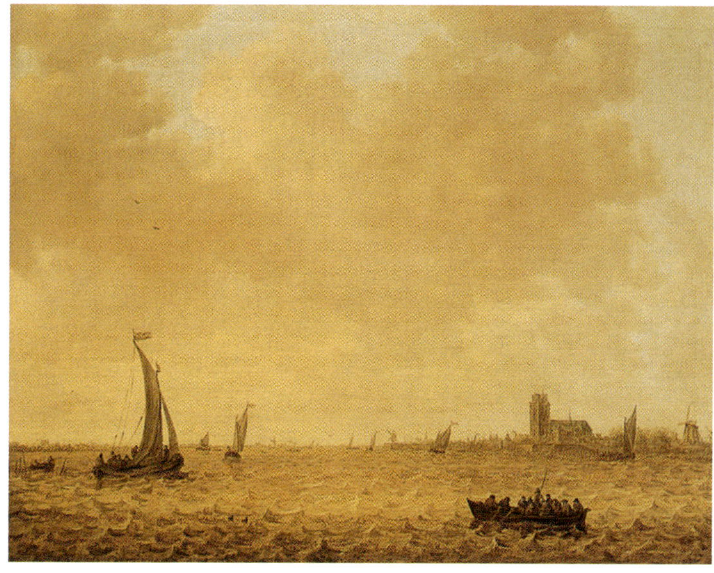

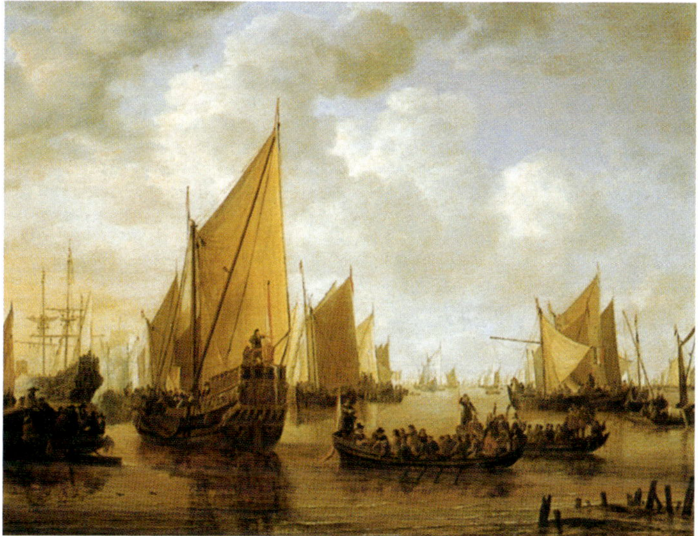

Simon de Vlieger
Rotterdam 1601–Weesp 1653
Flottenbesuch, 1649, signiert und datiert
Eichenholz, 71 x 92 cm (Inv. Nr. 478)
Erworben 1850

Dargestellt ist die Besichtigung der holländischen Binnenflotte vor Dordrecht durch den Admiral-Statthalter Frederik Hendrik II. von Oranien (1583–1647) im Juni 1646. Frederik Hendrik sitzt, dem Betrachter zugewandt, mit Hut und Reiherfedern, im vorderen Boot. Links der Mitte seine Staatsjacht mit dem Oranierwappen. Das Bild ist der Prototyp einer Reihe von Darstellungen des populären Themas eines Flottenbesuchs.

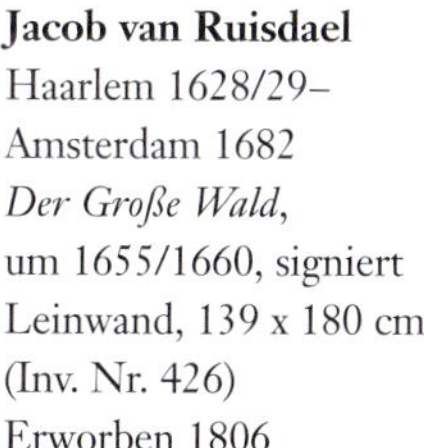

Jacob van Ruisdael
Haarlem 1628/29–
Amsterdam 1682
Der Große Wald,
um 1655/1660, signiert
Leinwand, 139 x 180 cm
(Inv. Nr. 426)
Erworben 1806

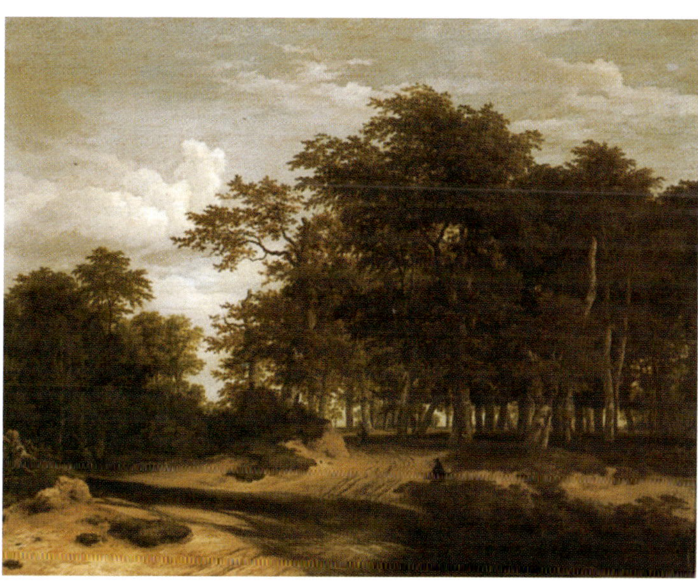

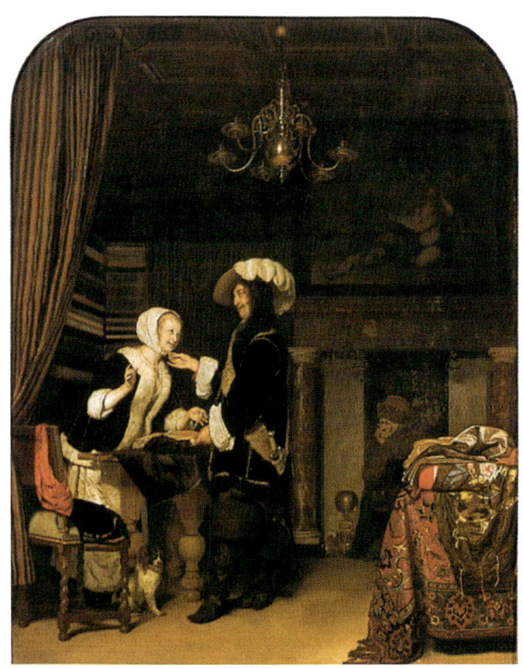

Frans van Mieris
Leiden 1635–Leiden 1681
Der Kavalier im Verkaufsladen, 1660, signiert und datiert
Holz, 54,5 x 42,7 cm (Inv. Nr. 586)
1660 von Erzherzog Leopold Wilhelm erworben

Offen beobachtet hier Gerard Dous Schüler Frans van Mieris gegenwärtige erotische Vergnüglichkeiten.

Gerard Dou
Leiden 1613–Leiden 1675
Alte Frau am Fenster, Blumen begießend, um 1660/1665, monogrammiert
Holz, 28,3 x 22,8 cm (Inv. Nr. 624)
Erworben 1811

Krug, Blumentopf und Vogelkäfig mögen als ‚Attribute' der Alten auf vergangene Liebesfreuden, wohl auf Vergänglichkeit überhaupt anspielen.

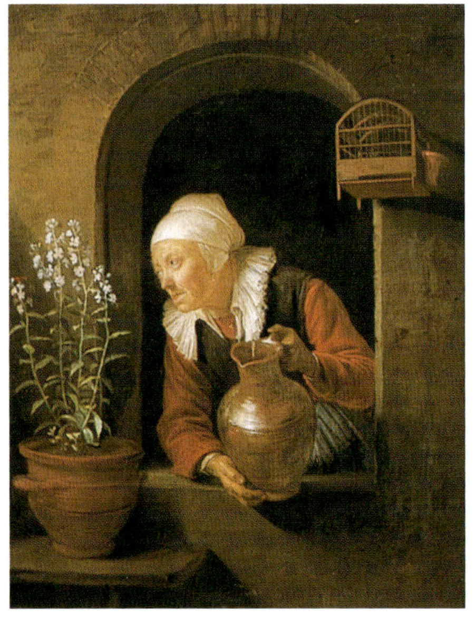

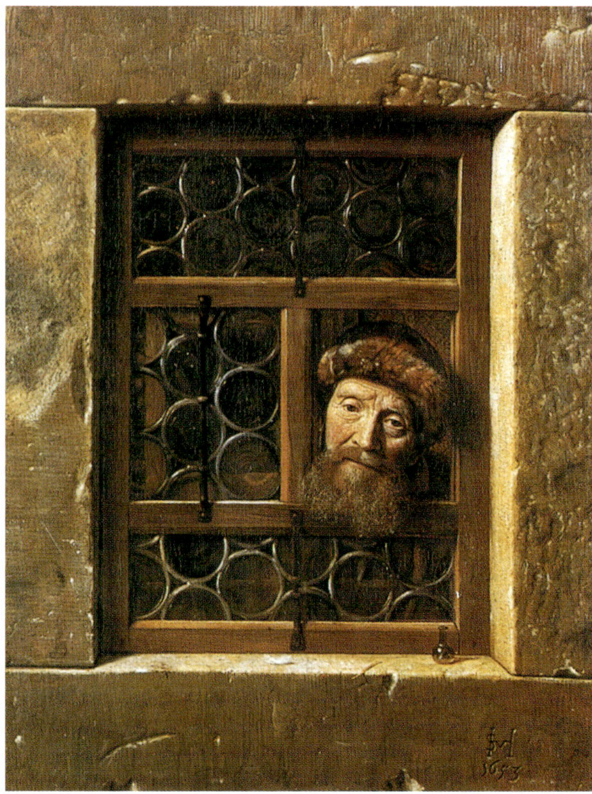

Samuel van Hoogstraten
Dordrecht 1626–Dordrecht 1678
Mann am Fenster, 1653, monogrammiert und datiert
Leinwand, 111 x 86,5 cm (Inv. Nr. 378)
In Wien entstanden, kaiserliche Schatzkammer Prag; 1781 in der kaiserlichen Gemäldegalerie in Wien

Traditionell gilt der Dargestellte als Rabbi Jom-Tob Lipmann Heller (1579–1654), der in Wien, Prag und Krakau tätig war, sich 1653 jedoch nicht in Wien aufhielt. Hoogstraten spezialisierte sich auf augentäuschende Darstellungen von Gegenständen (Trompe-l'œil), die durch ihre ‚Lebensechtheit' Erstaunen erregten.

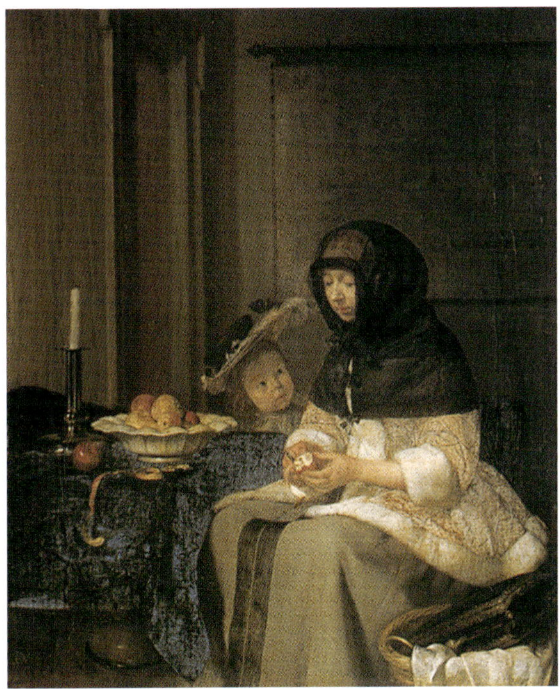

Gabriel Metsu
Leiden 1629–Amsterdam 1667
Noli me tangere, 1667,
signiert und datiert
Holz, 63,7 x 51 cm
(Inv. Nr. 6044)
Legat 1907

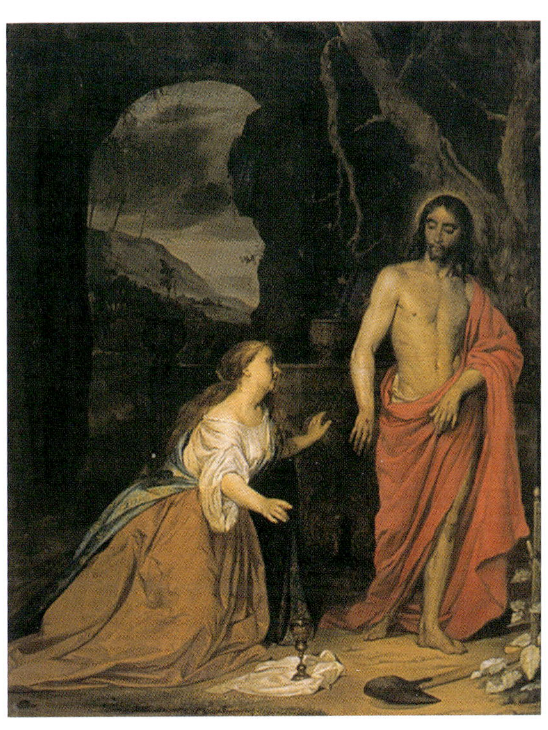

Gerard ter Borch
Zwolle 1617–Deventer 1681
Die Apfelschälerin, um 1661
Leinwand auf Holz, 36,3 x 30,7 cm (Inv. Nr. 588)
1781 in der kaiserlichen Gemäldegalerie

Auch wenn es so aussieht, als schildere der Maler anheimelnd ein Kind, das seiner jungen Mutter neugierig-begehrlich zuschaut, mag die Moral der Szene eher darauf hinweisen, man solle niemandem alles das geben, was sein Herz begehrt, vor allem aber sich selbst nicht in allen Wünschen nachgeben. Sorge und Verantwortung der Eltern für ihre Kinder sind häufig Thema in der holländischen Genremalerei.

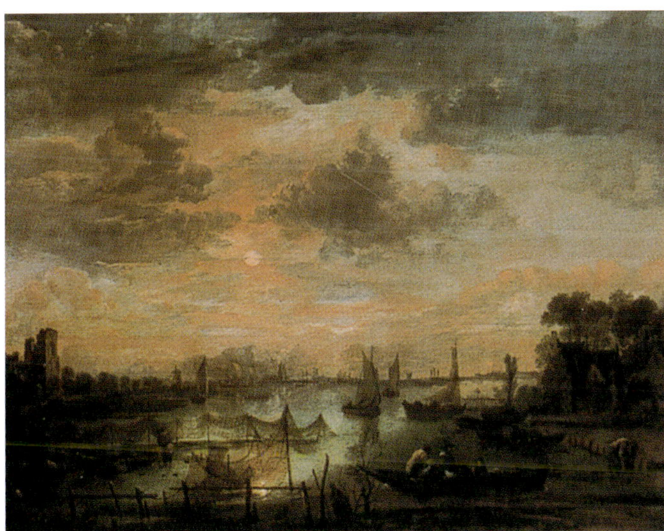

Aert van der Neer
Amsterdam 1603/04–
Amsterdam 1677
Fischfang bei Mondschein,
um 1665/1670,
monogrammiert
Leinwand, 66,5 x 86,5 cm
(Inv. Nr. 6487)
Erworben 1924

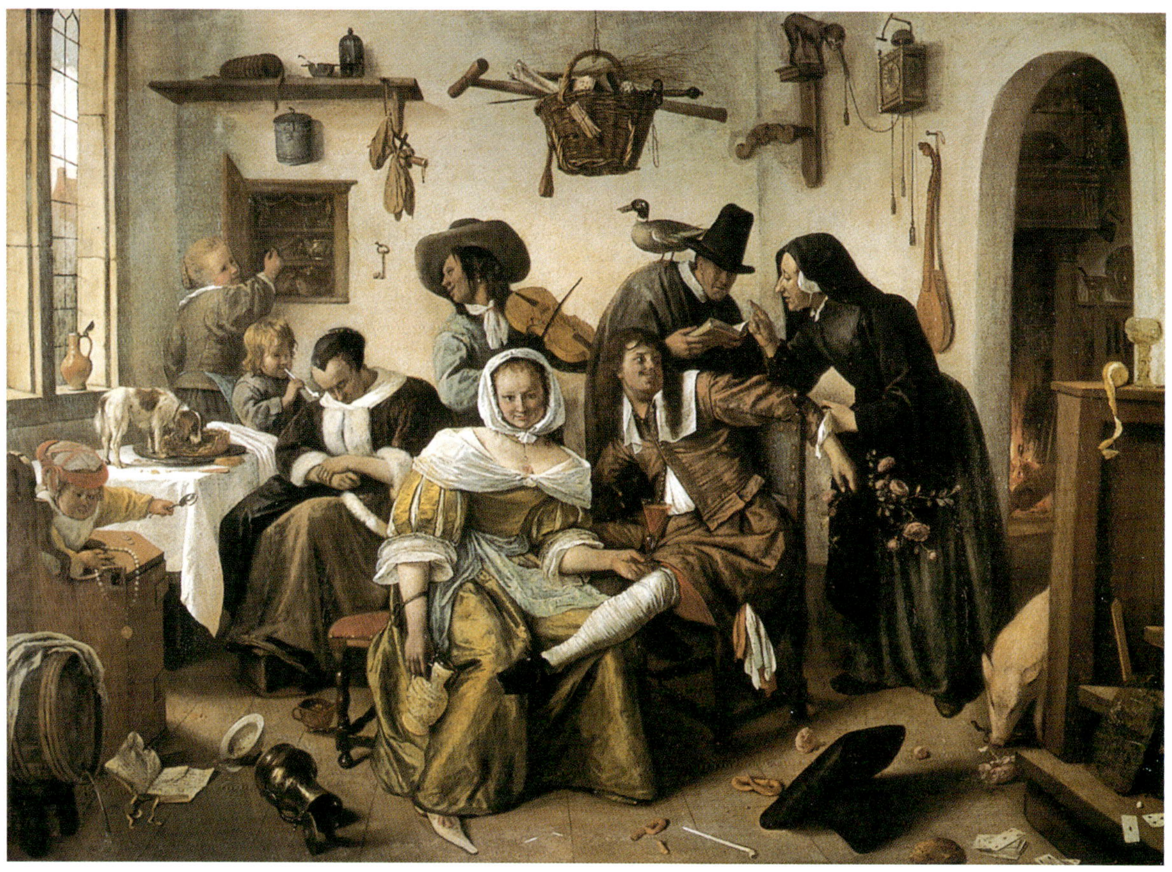

Jan Steen
Leiden 1625/26–Leiden 1679
Die verkehrte Welt, 1663, monogrammiert und datiert
Leinwand, 105 x 145 cm (Inv. Nr. 791)
1779 Sammlung Herzog Carls von Lothringen, 1780 erworben

Der traditionelle Titel des Bildes ist nicht ganz zutreffend, ist doch ein liederlicher Haushalt geschildert. Während die Hausfrau und Mutter am Tisch eingeschlafen ist, macht sich allerorts Zügellosigkeit breit. Motto ist der Teil des holländischen Sprichworts, der auf der Schiefertafel rechts unten angeführt ist: „Im Wohlleben seht euch vor", wobei zu ergänzen ist: „und fürchtet die Rute", die auch, zusammen mit Degen und Krückstock, in einem Korb von der Decke hängt.

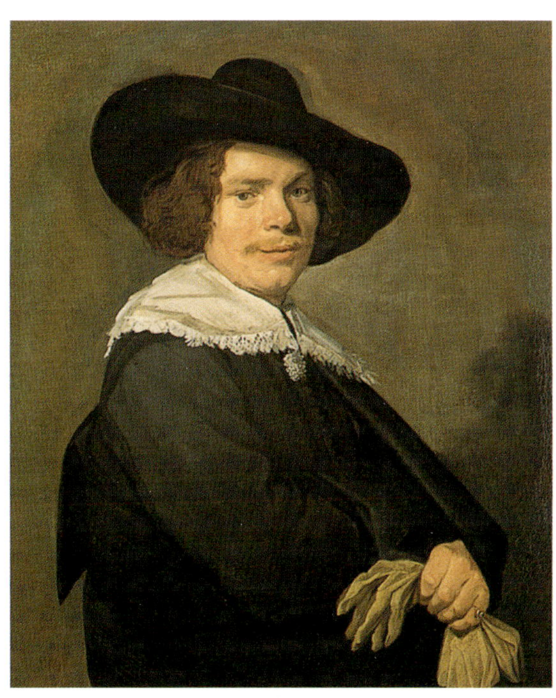

Frans Hals
Antwerpen 1582/83–Haarlem 1666
Bildnis eines jungen Mannes, um 1638/1640
Leinwand, 81 x 59 cm (Inv. Nr. 709)
1730 in den Sammlungen Kaiser Karls VI. erstmals erwähnt und im Storfferschen Bildinventar abgebildet

Hals' frühe bunte Farbigkeit hat sich auf eine mit Virtuosität gehandhabte Schwarz-Weiß-Skala reduziert.

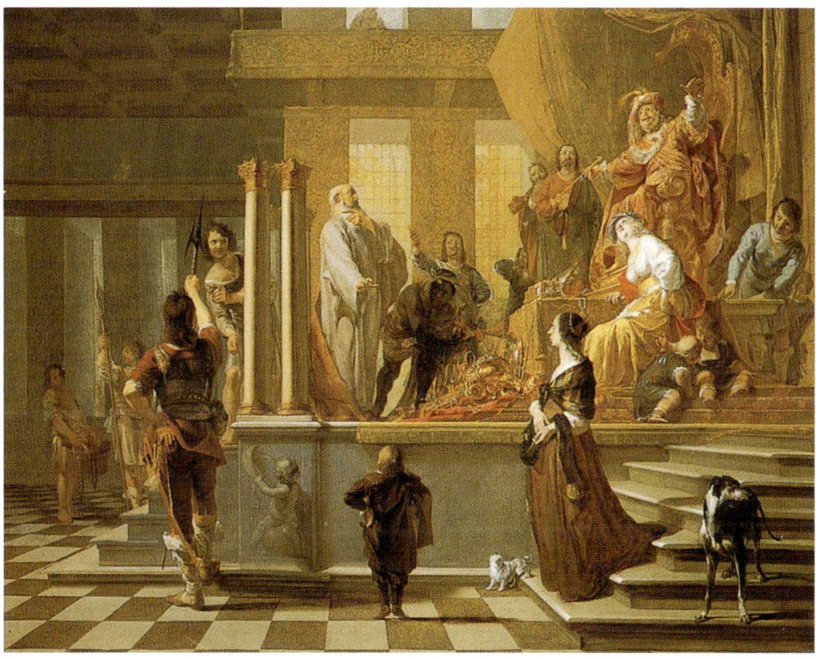

Nikolaus Knüpfer Leipzig 1603–Utrecht 1655
Leonaert Bramer (?) Delft 1596–Delft 1674
Krösus zeigt Solon seine Reichtümer, 1647
Leinwand, 100,5 x 130 cm (Inv. Nr. 9869)
1923 Sammlung Dr. Hock, Wien; 1996 vom Kunsthistorischen Museum erworben

Der sagenhaft reiche König von Lydien, Krösus, empfing einst den weisen athenischen Gesetzgeber Solon und fragte ihn, welchen Sterblichen er für den glücklichsten Menschen halte – dies in der Erwartung, der Weise würde ihn selbst, Krösus, nennen. Solon antwortete jedoch, vor dem Tode sei keiner glücklich zu preisen. Das tragische Schicksal des Krösus schien der Nachwelt die Weisheit Solons zu bestätigen.

Knüpfer, der Lehrer von Jan Steen, zählt zur Utrechter Malerschule, in der er eine Sonderstellung einnimmt. Theatralisch sich gebärdende, brillant gemalte mythologische oder historische Figuren, oft mit Humor und Witz geschildert, werden in perspektivisch exakt verkürzte Architekturen gestellt. Für Spezialaufgaben arbeitete er häufig mit anderen Malern zusammen: Bramer, wahrscheinlich ein Lehrer Vermeers, malte wohl das Stilleben und aufblitzende dekorative Details.

Rembrandt Harmensz van Rijn
Leiden 1606–Amsterdam 1669
Die Mutter des Künstlers als Prophetin Hanna,
1639, signiert und datiert
Holz, oval beschnitten, 79,5 x 61,7 cm
(Inv. Nr. 408)
1772 aus dem Schloß in Preßburg in die kaiserliche Galerie nach Wien

Rembrandts Mutter ist ein Jahr vor ihrem Tod in ihrem 71. Lebensjahr dargestellt. Gehüllt in den jüdischen Gebetsmantel, ist sie als Prophetin Hanna aus dem Lukasevangelium ‚verkleidet'. Obwohl das jüngste Œuvre-Verzeichnis der Werke Rembrandts das berühmte Bild in die Werkstatt-Kategorie verbannt hat, möchte man es gerade aus qualitativen Gründen für eigenhändig halten.

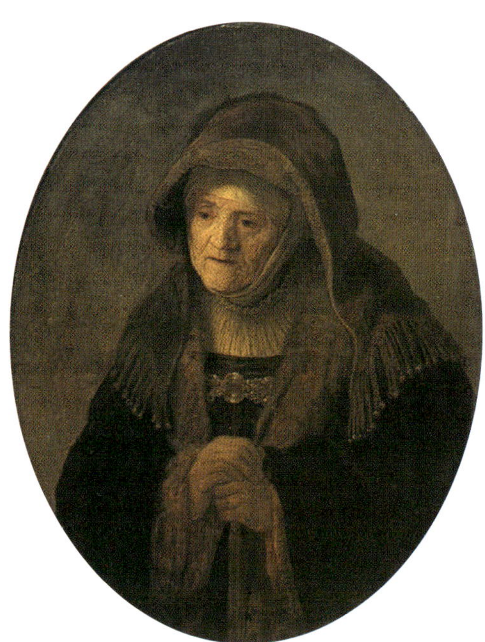

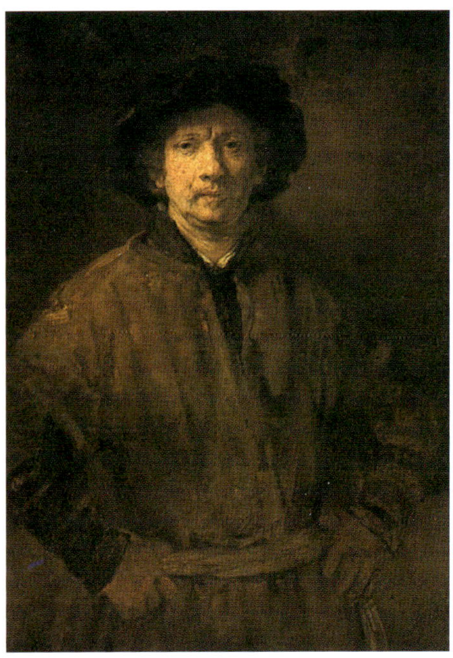

Rembrandt Harmensz van Rijn
Leiden 1606–Amsterdam 1669
Das Große Selbstporträt, 1652, signiert und datiert
Leinwand, 112 x 81,5 cm (Inv. Nr. 411)
1720 in der kaiserlichen Gemäldegalerie

Im Jahr beginnender wirtschaftlicher Schwierigkeiten entstanden, stellt sich Rembrandt, im Unterschied zur früher häufigen reichen Verkleidung, ‚berufsmäßig' im Malerkittel vor den Betrachter, selbstbewußt und frontal. Die Farbigkeit hat sich auf differenziert gestufte Braun- und Schwarztöne reduziert, der Pinselstrich ist nicht mehr kleinteilig die Oberfläche nachzeichnend, sondern pastos, flächig, breit und formzeichnend nur in dem leuchtend hell und plastisch herausgearbeiteten Gesicht.

Rembrandt Harmensz van Rijn
Leiden 1606–Amsterdam 1669
Der Sohn des Künstlers, Titus van Rijn, lesend, um 1656/57
Leinwand, 70,5 x 64 cm (Inv. Nr. 410)
1720 in der kaiserlichen Gemäldegalerie

Titus van Rijn wurde 1641 als viertes Kind Rembrandts und seiner ersten Frau Saskia van Uylenburgh geboren und erreichte als einziger der Nachkommen das Erwachsenenalter. Titus übernahm nach dem Bankrott Rembrandts 1656, zusammen mit dessen Lebensgefährtin Hendrickje Stoffels, die ‚Firma', in welcher der Maler als Angestellter arbeitete.

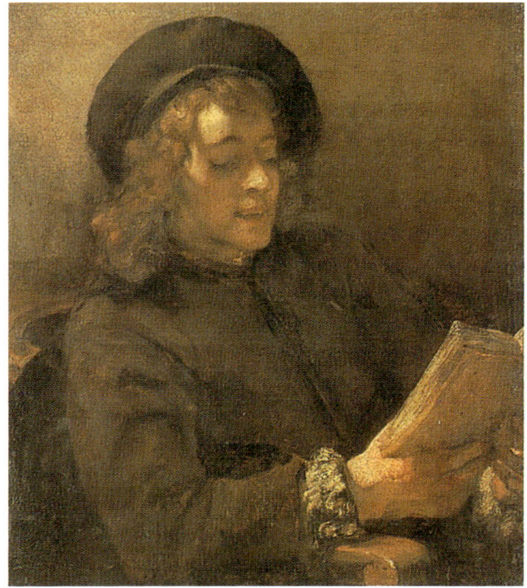

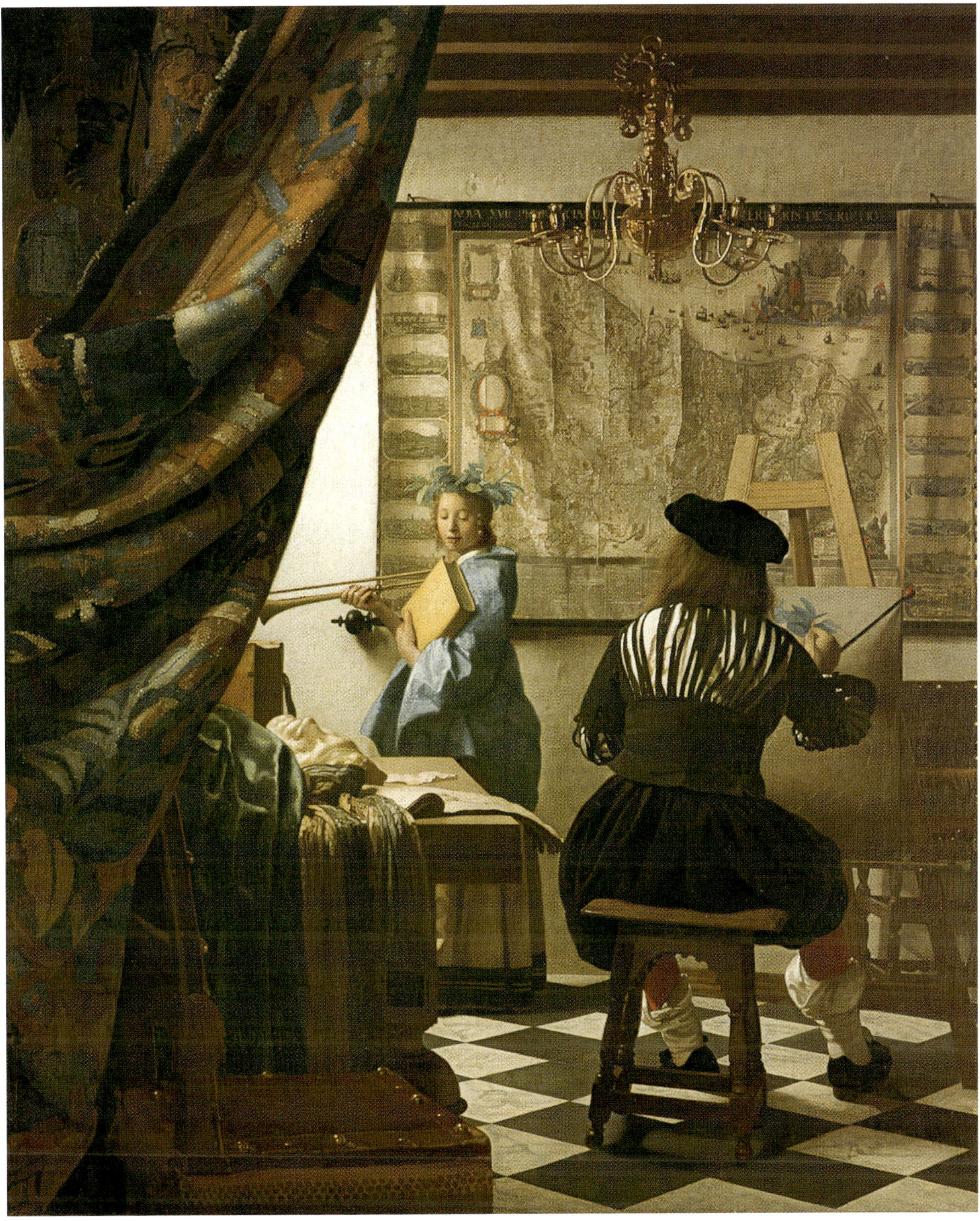

Jan Vermeer van Delft
Delft 1632–Delft 1675
Der Maler in seinem Atelier (*Die Malkunst*), um 1666/1668, signiert
Leinwand, 120 x 100 cm (Inv. Nr. 9128)

Kompliziert überlagern sich die Bedeutungsschichten der Allegorie. Die Muse der Geschichte, Klio, posiert als Modell des Malers. In die Deutung einzubeziehen sind die auf dem Tisch ausgebreiteten Gegenstände wie Malereitraktat, Maske oder Bildhauermodell, Skizzenbuch sowie die Landkarte der 17 Provinzen der Niederlande vor ihrer erzwungenen Teilung 1581: Die Muse der Geschichte inspiriert also den Maler und verkündet zugleich den Ruhm der Malkunst in den alten Niederlanden, den sie ins Buch der Geschichte einträgt.

Deutsche Malerei

Die Abteilung deutscher Malerei ist vor allem reich an Bildern Albrecht Dürers, der beiden Cranach und des jüngeren Holbein, sie besitzt eine große Zahl von Werken der Donauschule und der Augsburger Porträtkunst des 16. Jahrhunderts. Uneinheitlich, aber darin typisch für die deutsche Kunst vor allem des 17. Jahrhunderts, ist die Sammlung barocker Malerei. Repräsentanten des internationalen Klassizismus gegen Ende des 18. Jahrhunderts beschließen diesen Sammlungsteil.

Aus verschiedenen historischen Gründen, bedingt durch die politische Entwicklung nach dem Ersten Weltkrieg, fehlt heute in der Gemäldegalerie des Kunsthistorischen Museums die so bedeutende österreichische Malerei des 15. und 18. Jahrhunderts: Zum Teil gespeist aus Beständen der kaiserlichen Sammlungen, wird sie in einer administrativ selbständigen ‚Nationalgalerie', der Österreichischen Galerie im Schloß Belvedere in Wien, gezeigt.

Der im Elsaß geborene Martin Schongauer führt die deutsche Malerei und Graphik am Ende des 15. Jahrhunderts endgültig aus einer gewissen Provinzialität heraus. Vor allem durch ihn ist der Boden bereitet für die Synthese aus Niederländischem und Italienischem, die Dürer dann zu leisten imstande war. Bei aller Abhängigkeit von den Ausdrucksformen Rogier van der Weydens entsteht in der *Heiligen Familie* durch das warme schattenspendende Licht, die tiefe leuchtende Farbigkeit, durch die in sich kreisenden Faltenzüge, den kleinteiligen Formenapparat eine ganz eigene und dem Vorbild fremde, eine trauliche, gemütvolle Atmosphäre.

Bis auf das *Bildnis einer jungen Venezianerin* stammen alle Gemälde Albrecht Dürers in Wien aus altem kaiserlichen Besitz; ihr Erwerb ist in fast jedem Fall auf die insistierende Liebe Rudolfs II. für alles zurückzuführen, was mit dem Namen Dürers verbunden war. Mit einer Ausnahme handelt es sich um Werke, die nach der zweiten venezianischen Reise Dürers, also ab 1505/06, entstanden sind. Höhepunkt der Dürer-Sammlung in Wien ist zweifellos das 1511 datierte *Allerheiligenbild*. Dürer, der sich selbst auf der leeren, nach dem Jüngsten Gericht im Sonnenaufgang wiederbelebten „Neuen Erde" abbildet, und der fromme Beschauer erleben diese Vision des „Gottesstaates" nach Augustinus, in der ihm „das Wunderbare nah und das Gewohnte fern erscheint" (H. Wölfflin). Dürer hatte sich selbst schon kurz zuvor inmitten des grausamen Geschehens der *Marter der 10 000 Christen*, zusammen mit seinem Humanistenfreund Conrad Celtis, ins Bild gebracht. Das detailreich geschilderte Martyrium der 10 000 Christen, von denen Dürers Auftraggeber, Kurfürst Friedrich der Weise von Sachsen, Gebeine in seiner berühmten Reliquiensammlung besaß, wird zu einer exemplarischen, in der Nachfolge Christi konzipierten Passion umgestaltet.

Albrecht Dürer
Nürnberg 1471–
Nürnberg 1528
Das Allerheiligenbild
(Ausschnitt aus
Abb. S. 96)

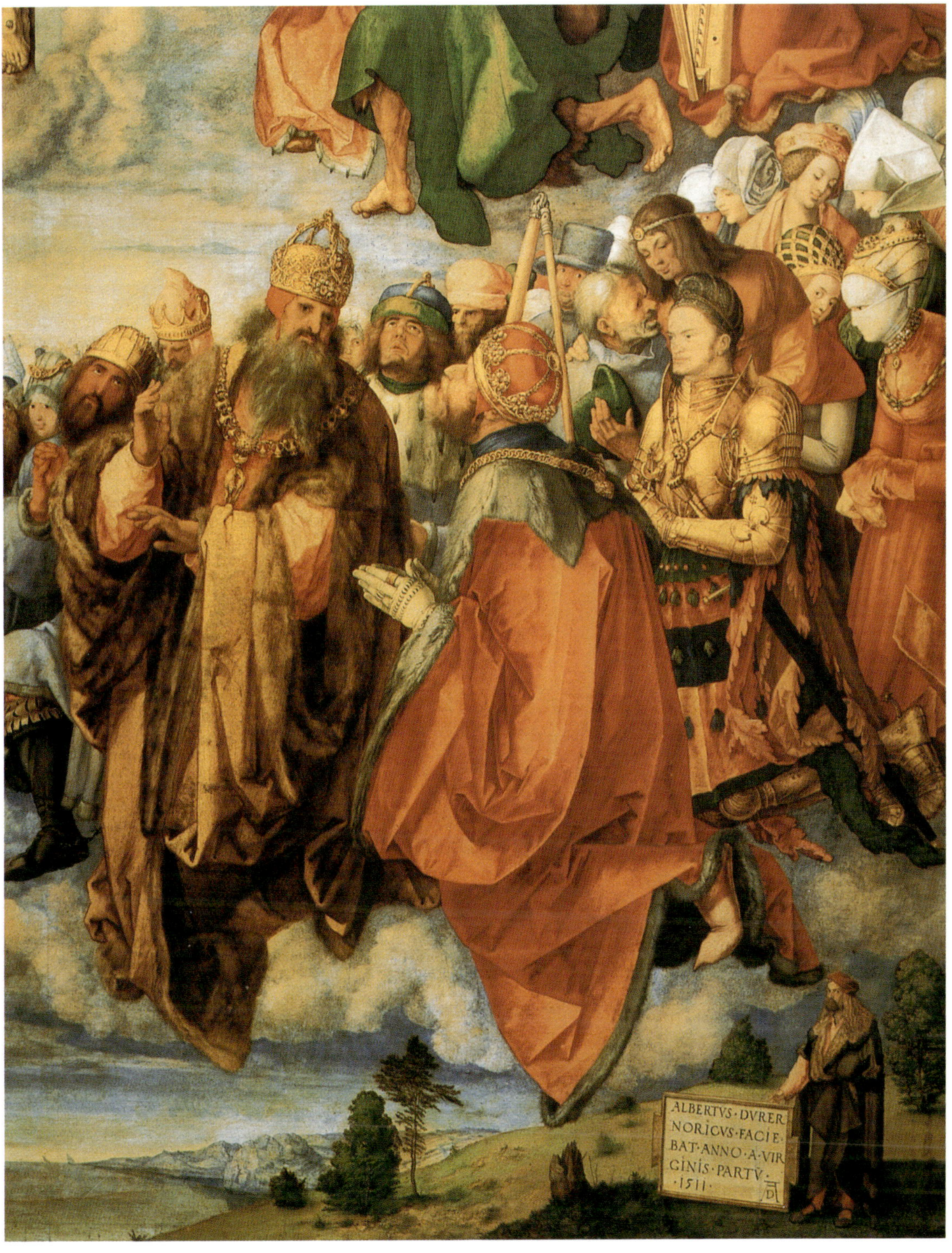
ALBERTVS·DVRER
NORICVS·FACIE·
BAT·ANNO·A·VIR
GINIS·PARTV·
·1511·

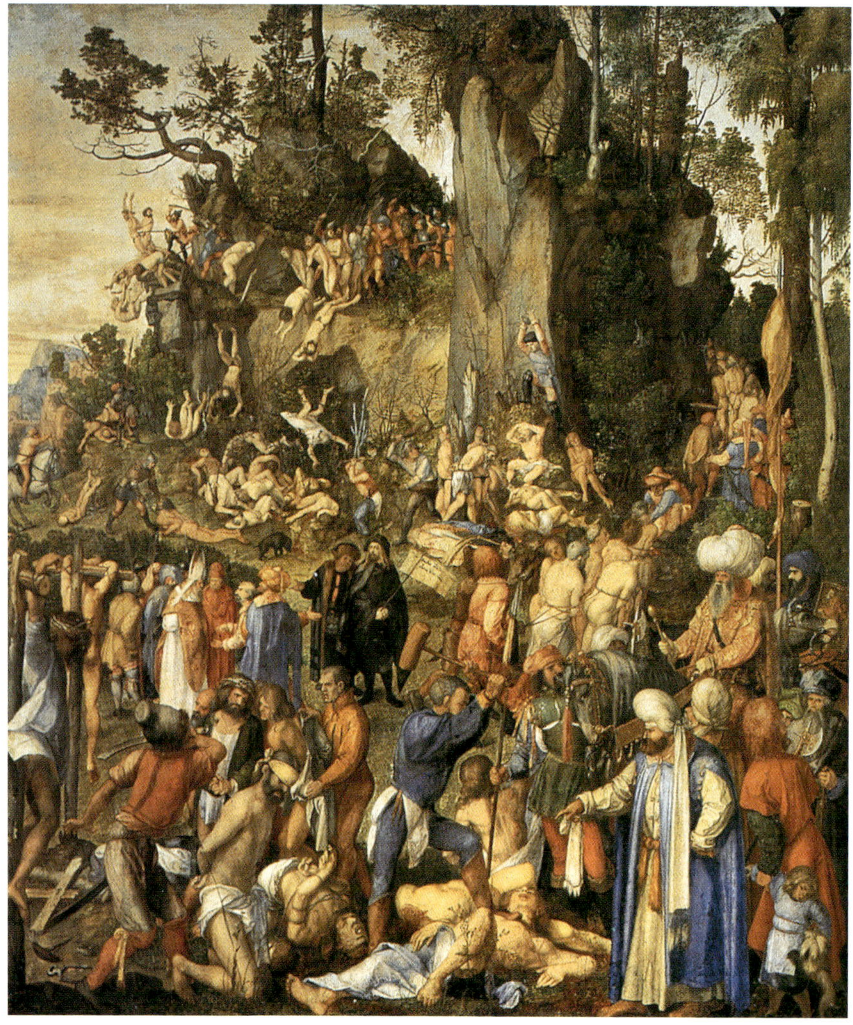

Albrecht Dürer
Nürnberg 1471–
Nürnberg 1528
Marter der 10 000 Christen, 1508,
signiert und datiert
Holz auf Leinwand
übertragen, 99 x 87 cm
(Inv. Nr. 835)
Für Kurfürst Friedrich den Weisen von Sachsen für die Schloßkirche in Wittenberg gemalt.
Als Geschenk Johann Friedrichs von Sachsen an Nicolas Perrenot de Granvelle, den Kanzler Karls V.; Sammlung Kardinal Granvelle, 1600 von Kaiser Rudolf II. vom Grafen Cantecroy, einem Neffen Granvelles, in Besançon erworben, 1677 in der Wiener Schatzkammer

Der zum Christentum bekehrte Achatius und seine Soldaten erlitten auf Befehl des persischen Königs Sapor das Martyrium am Berge Ararat, indem sie gekreuzigt, gesteinigt und in Dornengestrüpp gestoßen wurden. Der Auftraggeber Dürers, Kurfürst Friedrich der Weise, besaß eine riesige Reliquiensammlung, in der sich auch Reliquien dieser 10 000 Christen und ihres Anführers befanden. Das kleine Altarbild ist aber auch, sicher mit Wissen des Kurfürsten, ein Erinnerungsbild an Dürers Freund, den jüngst verstorbenen Humanisten Conrad Celtis, mit dem Dürer sich inmitten des turbulenten Geschehens dargestellt hat.

Ist der Einfluß italienischer, hier venezianischer Malerei in dem nicht ganz vollendeten *Bildnis einer jungen Venezianerin* vor allem in sinnlichen Qualitäten der Hautoberfläche, der Haare dieses anziehenden jungen Mädchens, in dem weicheren, die Form einhüllenden Licht zu sehen, so ist es in der *Madonna mit dem Birnenschnitz* die an Michelangelo gemahnende körperliche Schwere des Kindes in seiner komplizierten Bewegung, für die Dürer in Italien aufnahmebereit geworden war. Eines der faszinierendsten Bildnisse der deutschen Renaissance ist Dürers spätes Porträt des rätselhaften *Johann Kleberger*, von dessen charakterlicher Zwielichtigkeit manches auch in die Form des Bildnisses eingegangen sein mag.

Seit dem ersten Jahrzehnt des 16. Jahrhunderts hat sich, künstlerisch vor allem von Dürers Holzschnittfolge der Apokalypse ausgehend, ein Stil entfaltet, den man gewohnt ist, nach seinem geographischen Verbreitungsgebiet ‚Donauschule' zu nennen. Seine Hauptvertreter sind der aus Franken gebürtige Lucas Cranach, Albrecht Altdorfer aus Regensburg und Wolf Huber, der aus Feldkirch in Vorarlberg stammt und einen großen Teil seines Lebens in Passau verbracht hat. Diese Malerei wächst aus dem unendlich vielfältigen spätgotischen Formenreichtum, unterscheidet sich aber von allem Vorangehenden durch ein ganz neues Verhältnis zur Natur, vor allem zur Landschaft. Entscheidend für die erste Phase sind die Werke des jungen

Lucas Cranach, die 1500 bis 1503 auf seiner Gesellenreise in Wien entstanden, darunter auch die hier wiedergegebene *Kreuzigung Christi*. In Altdorfer und seiner Schule erfährt diese expressive Stilrichtung noch eine Steigerung. Von der Predella seines Hauptwerkes, des 1518 vollendeten Sebastianaltars in St. Florian in Oberösterreich, stammt ein Täfelchen, auf dem das alle überwältigende Lichtwunder der *Auferstehung Christi* in der Natur, in dem rotgold glühenden Himmel widergespiegelt erscheint. Dieser kraftvolle, affektgeladene Stil wurde auch im Humanistenkreis um den Fürstbischof von Passau, Wolfgang I. Graf Salm, geschätzt. Die große, den ganzen Kosmos einbeziehende *Erlösungsallegorie* Wolf Hubers und dessen strenges, klassisches Porträt des Geographen und Astronomen *Jacob Ziegler*, in dem der wie durchsichtige Gelehrtenkopf vor eine unendliche, verblauende Landschaft gesetzt ist, sind Beispiele für diese romantische und zugleich gelehrte Malerei.

Lucas Cranach wandte sich nach 1504, dem Jahr seiner Bestallung zum Hofmaler Kurfürst Friedrichs des Weisen von Sachsen in Wittenberg, gründlich vom expressiven Stil seiner Frühzeit ab, dessen Naturerfülltheit am ehesten noch in der *Hirschjagd des Kurfürsten Friedrich der Weise* nachklingt. Bis zu seinem Tod ändert sich dann seine besonders in der durchgehaltenen Typik des ‚Personals' sehr einprägsame, auf dekorativ-flächige Wirkung zielende Bildsprache kaum mehr. Kabinettbilder im Geist des Humanismus, wobei der weibliche Akt in unterschiedlichster ‚Verkleidung' eine bedeutende Rolle spielt, und belehrend moralisierende Darstellungen im Sinn der Reformation wie die alttestamentliche Heroine *Judith* stecken neben Porträts das Aufgabengebiet des Malers am sächsischen Hof ab.

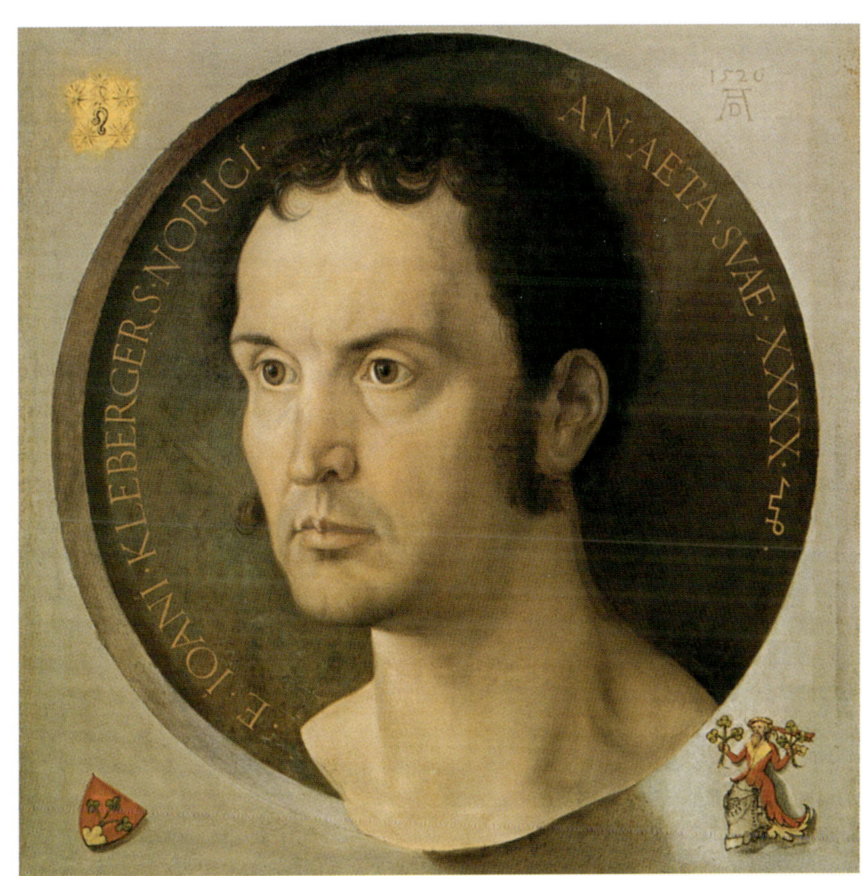

Albrecht Dürer
Nürnberg 1471–Nürnberg 1528
Bildnis des Johann Kleberger, 1526, monogrammiert und datiert
Lindenholz, 37 x 36,6 cm (Inv. Nr. 850)
Im Besitz David Klebergers, des Sohnes des Dargestellten, in Lyon; 1564 Sammlung Willibald Imhoff, Nürnberg, Klebergers Stiefsohn, aus der es Kaiser Rudolf II. 1588 erwarb, 1748 in der Wiener Galerie

Kleberger (1486–1546) war sowohl ein reicher und skrupelloser Geschäftsmann als auch ein Wohltäter der Armen – dem Leben dieses ungewöhnlichen Menschen scheint Dürers seltsame Bildnisform kongenial. Die formalen Quellen liegen bei antiken Münzen, zeitgenössischen Porträtmedaillen, oberitalienischen Büsten vor kreisrunden Marmorplatten und Stichen Marcantonio Raimondis von römischen Kaisern. Dürer mag auch in den kunsttheoretischen Wettstreit zwischen Malerei und Skulptur, den Paragone, eingetreten sein, in dem er als Maler die Skulptur durch die sinnliche Oberfläche und die Farbe zu übertreffen suchte.

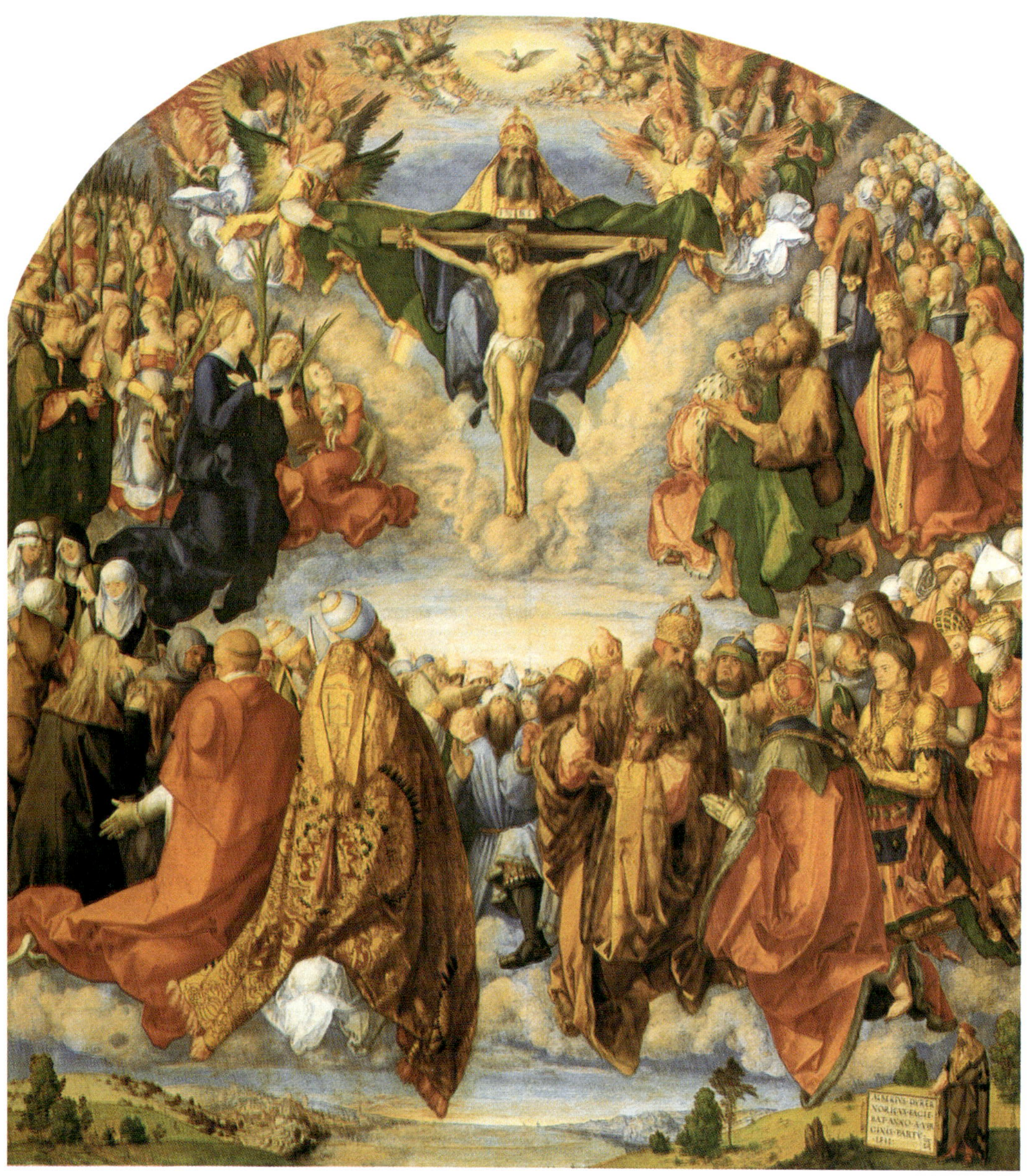

Nahezu eine Generation jünger als Dürer, Cranach oder Altdorfer ist Hans Holbein d.J. Er ist in Wien mit sieben Bildnissen aus seiner englischen Spätzeit vertreten. Unter allen deutschen Malern kann man ihn wohl als den klassischem Formgefühl am nächsten stehenden Künstler bezeichnen. Mit unbestechlichem, Abstand haltenden Blick, aber zugleich mit größter Unmittelbarkeit stellt uns Holbein die Mitglieder des englischen Hofes oder die Kaufleute im Stahlhof, der deutschen Handelsniederlassung in London, vor Augen. So menschlich anrührend, warm und behutsam er *Jane Seymour*, König Heinrichs VIII. dritte Gemahlin, schildert, so unerbittlich werden Formgebung und Charakterisierungskunst in seinen spätesten Porträts, wie dem des *Jungen Kaufmanns* von 1541, wo die wunderschöne über den neutralen Grund laufende Antiqua-Schrift zur geometrischen Fixierung der plastischen Gestalt in der Bildfläche dient. Die Breite der Möglichkeiten deutscher Porträtkunst und die Verschiedenartigkeit in der Rezeption der italienischen Renaissance kann der Vergleich mit dem kaum später entstandenen Bildnis Wolf Hubers demonstrieren.

Albrecht Dürer
Nürnberg 1471–
Nürnberg 1528
Das Allerheiligenbild,
1511, signiert und datiert
Lindenholz,
135 x 126,3 cm
(Inv. Nr. 838)
Altarbild der Allerheiligenkapelle des Zwölfbrüderhauses in Nürnberg, einer Stiftung des Matthäus Landauer, 1585 von Kaiser Rudolf II. von der Stiftung gekauft; im 18. Jahrhundert in der Geistlichen Schatzkammer in Wien, 1780 in der Galerie

---

Das wahrhaft weltumspannende Konzept geht von den Vorstellungen des hl. Augustinus zum „Gottesstaat" aus. Es nimmt den Zustand der „Civitas Dei" nach dem Jüngsten Gericht voraus, wenn sich die irdische Christengemeinschaft mit Päpsten, Kaiser, den Ständen und den Stiftern des Altares mit der himmlischen Gemeinschaft aller Heiliger, angeführt von Maria und Johannes, in der Anbetung der Trinität vereinigt haben wird. Im unteren Rang links der Stifter des Altars, Matthäus Landauer, der das Bild 1508 in Auftrag gab, rechts, gerüstet, sein Schwiegersohn Wilhelm Haller.

Gegenüber Holbeins zarter Objektivität und Genauigkeit der Wiedergabe bei Wahrung der großen Form sind die süddeutschen Porträts Christoph Ambergers, Barthel Behams oder Hans Muelichs additiver, in ihrer inhaltlichen Aussage und ihrem Stil manchmal auftrumpfend, eindeutiger auch als Holbein abhängig von italienischen und flämischen Vorbildern des frühen und mittleren 16. Jahrhunderts. Trotzdem geben diese Bildnisse Zeugnis von der hohen malerischen Kultur, die in den Städten und an den Höfen in Süddeutschland gefordert wurde.

Aus dem 17. Jahrhundert seien fünf Meister vorgestellt, die exemplarisch zeigen, wie heterogen die deutsche Malerei in diesem Jahrhundert gleichsam sein mußte, wie, bis auf wenige Ausnahmen, „deutsch" als Stilbegriff in einem Land, dessen kulturelles Leben auch durch die kriegerischen und politischen Wirrnisse paralysiert war, seinen Sinn verloren hatte.

Joachim von Sandrart repräsentiert den Typus des *peintre chevalier*: Als Höfling, Antiquar, Gutsherr, Kunsttheoretiker und Schriftsteller war er weitgereist und hatte das ganze Spektrum der europäischen Malerei räsonierend betrachtet. Sein Stil als Maler bleibt eigentümlich schwankend und hybride, obwohl durch seine frühe Schulung in den Niederlanden die flämische Komponente immer spürbar bleibt.

Johann Heinrich Schönfelds künstlerisch fruchtbarste Jahre liegen zwischen 1633 und 1651, als der aus dem Seeschwäbischen stammende Künstler in Rom und vor allem in Neapel arbeitete. Besonders in den vielfigurigen alttestamentlichen und mythologischen Bildern sind seine phantasievollen Kompositionen voll antiker Reminiszenzen, mit Figuren in leicht manierierten, graziösen Posen, in einer höchst eigentümlichen, schimmernd-delikaten, von Blau beherrschten Farbigkeit zu bewundern.

Die Bilder des aus Niedersachsen stammenden Christoffer Paudiss, der in den vierziger Jahren bei Rembrandt lernte und in Dresden, Wien und Freising tätig war, sind häufig bestürzend durch die krasse Genauigkeit der Darstellung grausamer Martyrien, des allen Genremäßigen entkleideten Elends und der kreatürlichen Vereinsamung.

Einer der eigenartigsten Maler in der ohnedies schon disparaten Versammlung deutscher Maler des 17. Jahrhunderts ist der aus dem Oldenburgischen gebürtige Wolfgang Heimbach, ein in Holland, Mittel- und Nordeuropa, aber auch in Italien weitgereister Künstler, dessen Behinderung in allen Quellen erwähnt wird: Er war taubstumm, und in vielen seiner Bilder, besonders aber in dem 1640 entstandenen *Nächtlichen Bankett*, ist bei aller Turbulenz des Festes, der bunten Kostüme, der Bewegungen und der Lichtregie eine eigenartige Lautlosigkeit, Starrheit der Typik, Monotonie der Bewegungen zu spüren, die mit seiner eingeschränkten Rezeption der Umwelt zusammenhängen mag.

Im Gegensatz zu Paudiss und Heimbach war Johann Carl Loth kein Einzelgänger, sondern Haupt einer vor allem von den „Nordländern" frequentierten Werkstatt in Venedig, die als Ort der Synthese und als Vermittlerstelle für die süddeutsch-österreichische Malerei des 18. Jahrhunderts entscheidende Impulse zu geben vermochte.

Wie Sandrart steht der Deutsch-Römer Anton Raphael Mengs am Ende der barocken deutschen Malerei als Gelehrter, gefeierter Malerfürst, Schriftsteller, Theoretiker, Hofmaler und Akademieprofessor, dessen Kunst deutsch zu nennen kaum gerechtfertigt ist.

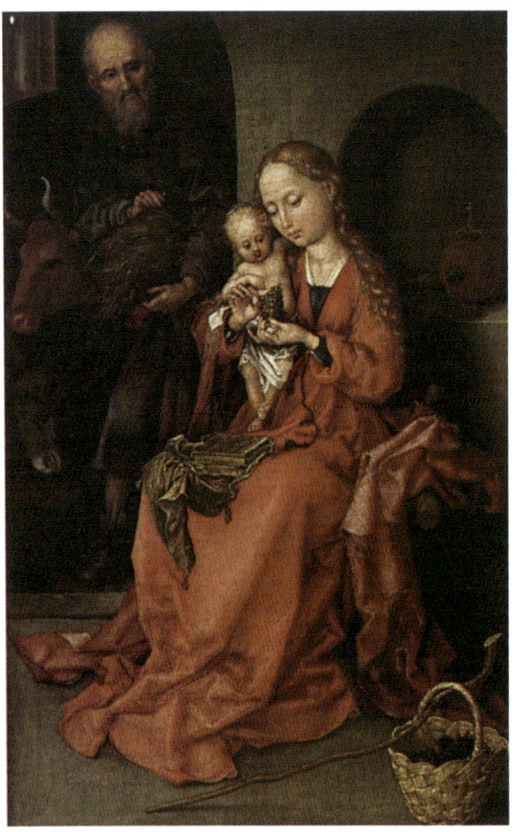

Martin Schongauer
Colmar 1440/45–Breisach 1491
Heilige Familie, 1480/1490
Holz, 26 x 17 cm (Inv. Nr. 843)
Erworben 1865

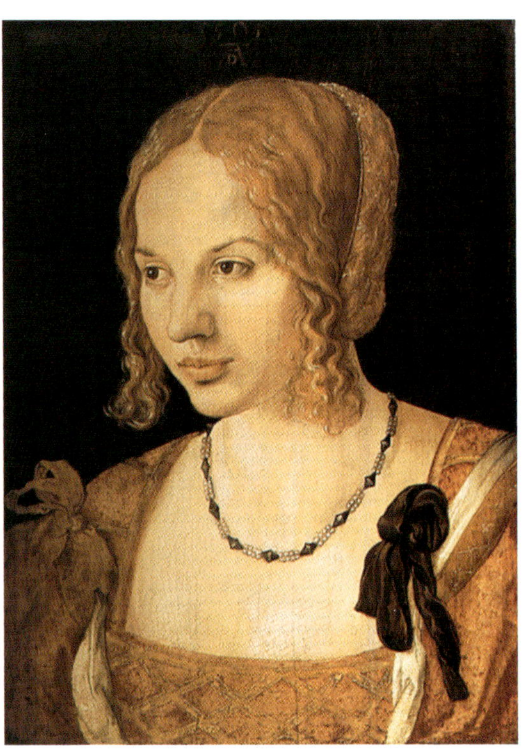

Albrecht Dürer
Nürnberg 1471–Nürnberg 1528
Bildnis einer jungen Venezianerin,
1505, monogrammiert und datiert
Fichtenholz, 32,5 x 24,5 cm (Inv. Nr. 6440)
Ende des 18. Jahrhunderts in der Sammlung des Bürgermeisters Schwartz in Danzig, 1923 aus litauischem Privatbesitz erworben

Wohl kurz nach der Ankunft Dürers in Venedig entstanden.

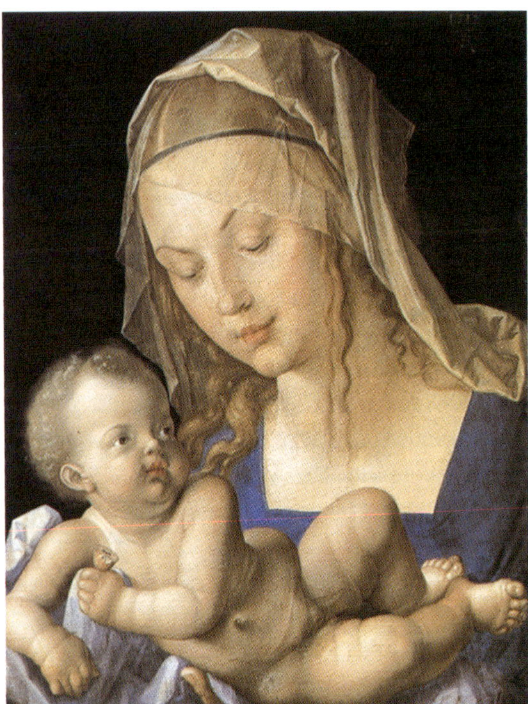

Albrecht Dürer
Nürnberg 1471–Nürnberg 1528
Madonna mit dem Birnenschnitz, 1512, signiert und datiert
Lindenholz, 49 x 37 cm (Inv. Nr. 848)
Wahrscheinlich 1600 von Rudolf II. erworben

Gleichsam symbolisches Bild für Dürers stilistische Orientierungen: einerseits das spätgotische Erbe in der feinteilig-zarten Madonna, andererseits das massive, bewegte, raumgreifende Christuskind, dessen Darstellung deutlich italienische Wurzeln erkennen läßt.

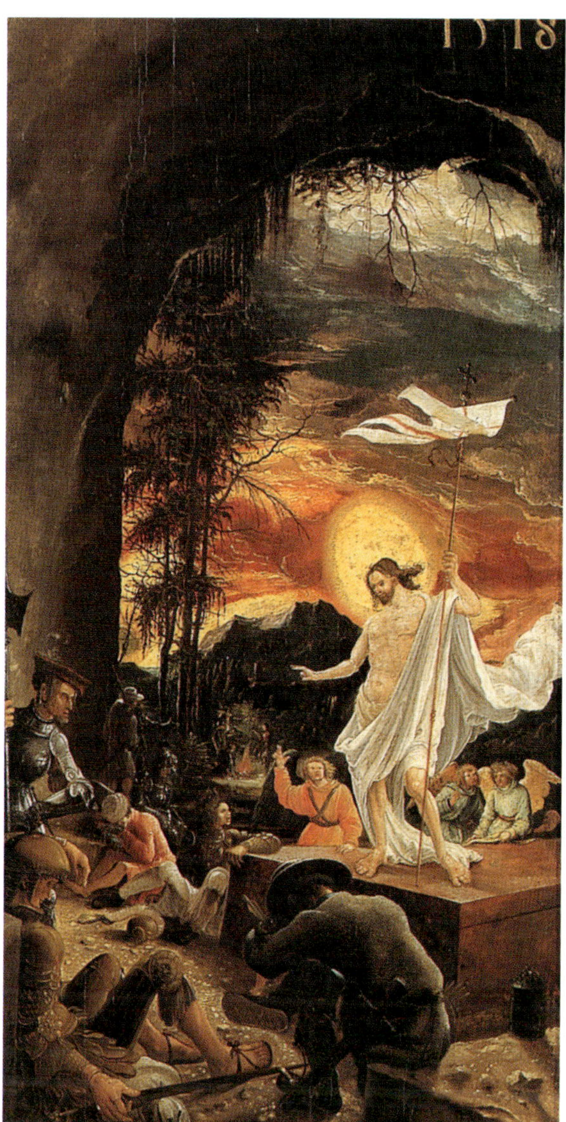

Albrecht Altdorfer
Regensburg (?) um 1480–Regensburg 1538
Auferstehung Christi, 1518, datiert
Fichtenholz, 70,5 x 37 cm (Inv. Nr. 6796)
Teil der Predella des Flügelaltars in St. Florian, Oberösterreich; aus St. Florian 1930

Vom großen Altar mit Passionsszenen und der Legende des hl. Florian, dem Hauptwerk Altdorfers und der ‚Donauschule' überhaupt, gelangten nur zwei Predellentäfelchen ins Kunsthistorische Museum, der Altar selbst ist heute noch im Stiftsmuseum des Augustiner-Chorherrenstifts St. Florian zu bewundern.

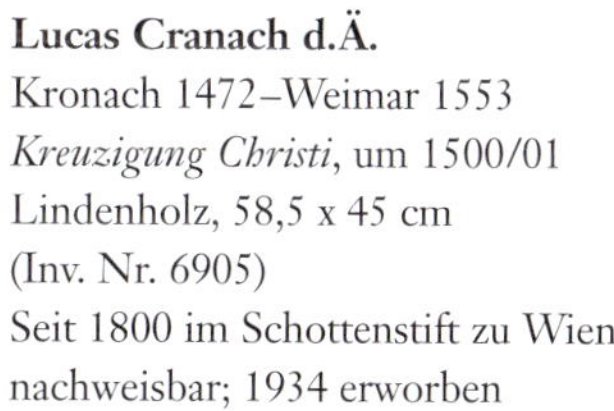

Lucas Cranach d.Ä.
Kronach 1472–Weimar 1553
Kreuzigung Christi, um 1500/01
Lindenholz, 58,5 x 45 cm
(Inv. Nr. 6905)
Seit 1800 im Schottenstift zu Wien nachweisbar; 1934 erworben

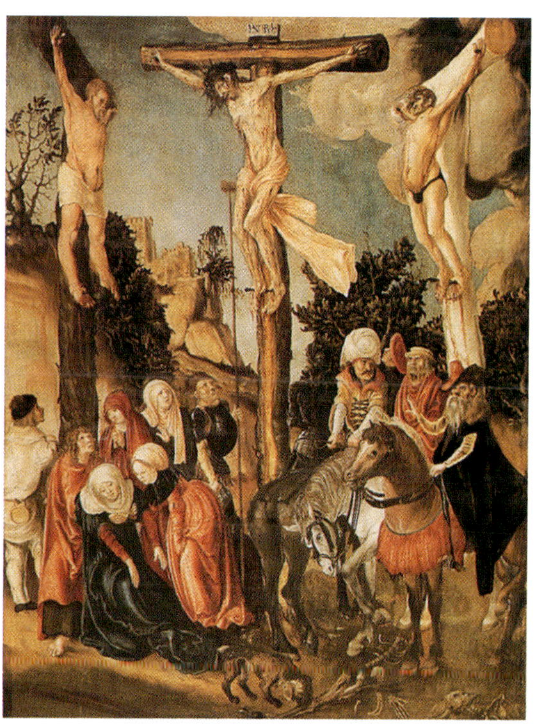

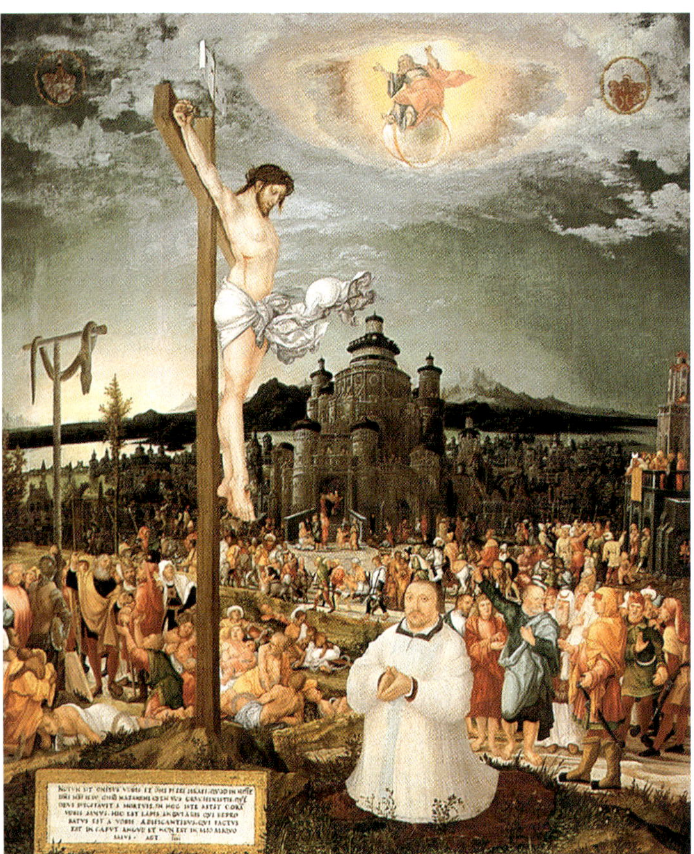

Wolf Huber
Feldkirch um 1485–Passau 1553
Erlösungsallegorie, um 1540
Lindenholz, 154 x 130 cm (Inv. Nr. 971)
Aus der Geistlichen Schatzkammer 1781 in die kaiserliche Gemäldegalerie übernommen

Ausgehend von Petri Erlösungsverkündigung vor dem Hohen Rat (Apg. 4, 10–12: Text auf der Inschrifttafel) sind die Kreuzigung und die typologische Parallelstelle des Alten Testaments, die Aufrichtung der Ehernen Schlange, einander gegenübergestellt. Im Hintergrund Heilung des Lahmgeborenen und Einkerkerung der Apostel Petrus und Johannes. Vorne kniet der Stifter, Wolfgang I. Graf Salm, von 1540 bis 1555 Fürstbischof von Passau.

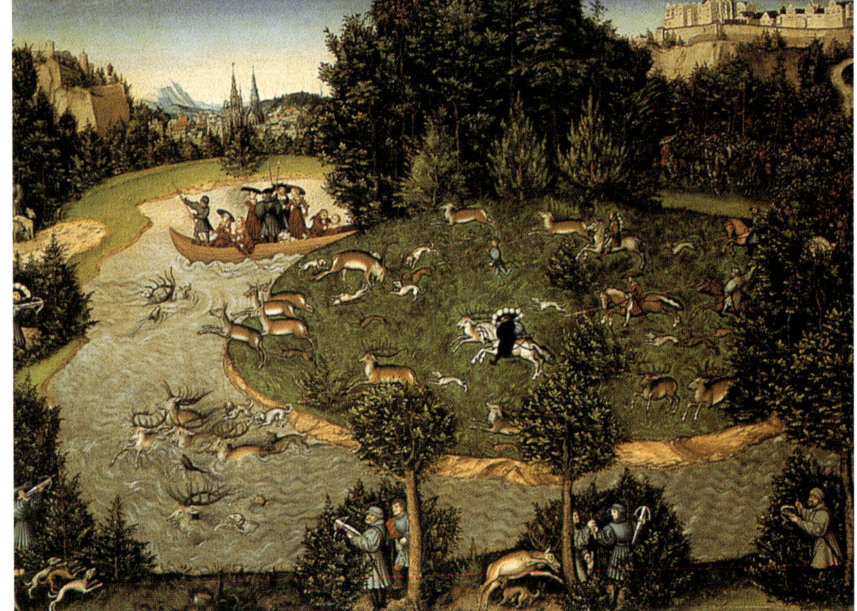

Lucas Cranach d.Ä.
Kronach 1472–
Weimar 1553
Hirschjagd des Kurfürsten Friedrich der Weise, 1529, bezeichnet und datiert
Lindenholz, 80 x 114 cm (Inv. Nr. 3560)
1621 in den kaiserlichen Sammlungen in Prag; seit 1894 in Wien

Unter den Jägern Kurfürst Friedrich der Weise (gest. 1525) und Kaiser Maximilian I. (gest. 1519), rechts Kurfürst Johann der Beständige. Aufgrund der Darstellung der 1529 bereits verstorbenen Jagdteilnehmer handelt es sich offenbar um ein Gedächtnisbild, das von Johann dem Beständigen zur Erinnering an eine lange zurückliegende Jagd in Auftrag gegeben wurde.

Lucas Cranach d.Ä.
Kronach 1472–Weimar 1553
Judith mit dem Haupt des Holofernes,
um 1530, bezeichnet
Lindenholz, 87 x 56 cm
(Inv. Nr. 858)
Um 1615 in den kaiserlichen Sammlungen in Wien

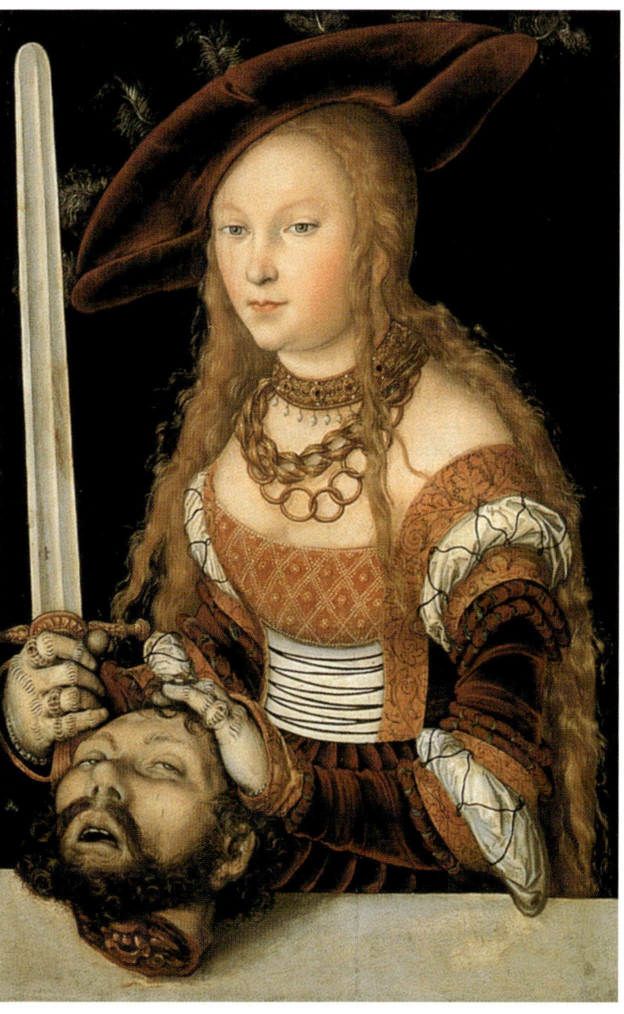

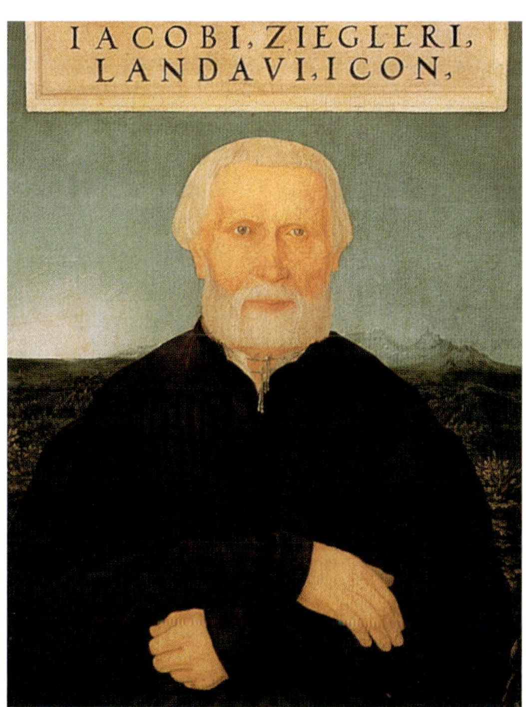

Wolf Huber
Feldkirch um 1485–Passau 1553
Bildnis des Jacob Ziegler, 1544/1549
Lindenholz, 58,5 x 44,3 cm (Inv. Nr. 1942)
Aus dem Galerievorrat

Gebürtig aus Landau an der Isar und in Wien unter Conrad Celtis ausgebildet, war der vielseitige Gelehrte (1470/71–1549), dessen interessanteste Leistungen auf geographischem und astronomischem Gebiet lagen, seit 1544 am Hof des Fürstbischofs von Passau, Wolfgang I. Graf Salm, tätig.

Hans Holbein d.J.
Augsburg 1497–
London 1543
Bildnis der Jane Seymour, Königin von England, 1536
Eichenholz,
65,4 x 40,7 cm
(Inv. Nr. 881)
Wohl Sammlung Thomas Graf Arundel 1654; ab 1720 in den kaiserlichen Sammlungen nachweisbar

Jane Seymour (um 1509–1537) kam 1530 an den Hof nach London, wo sie den Königinnen Katharina von Aragon und Anne Boleyn als Hofdame diente. Heinrich VIII. heiratete sie 1536; sie starb 1537 an den Folgen der Geburt des nachmaligen Königs Edward VI. Eines der ersten Bildnisse Holbeins in seiner 1536 angetretenen Funktion als Hofmaler Heinrichs VIII.

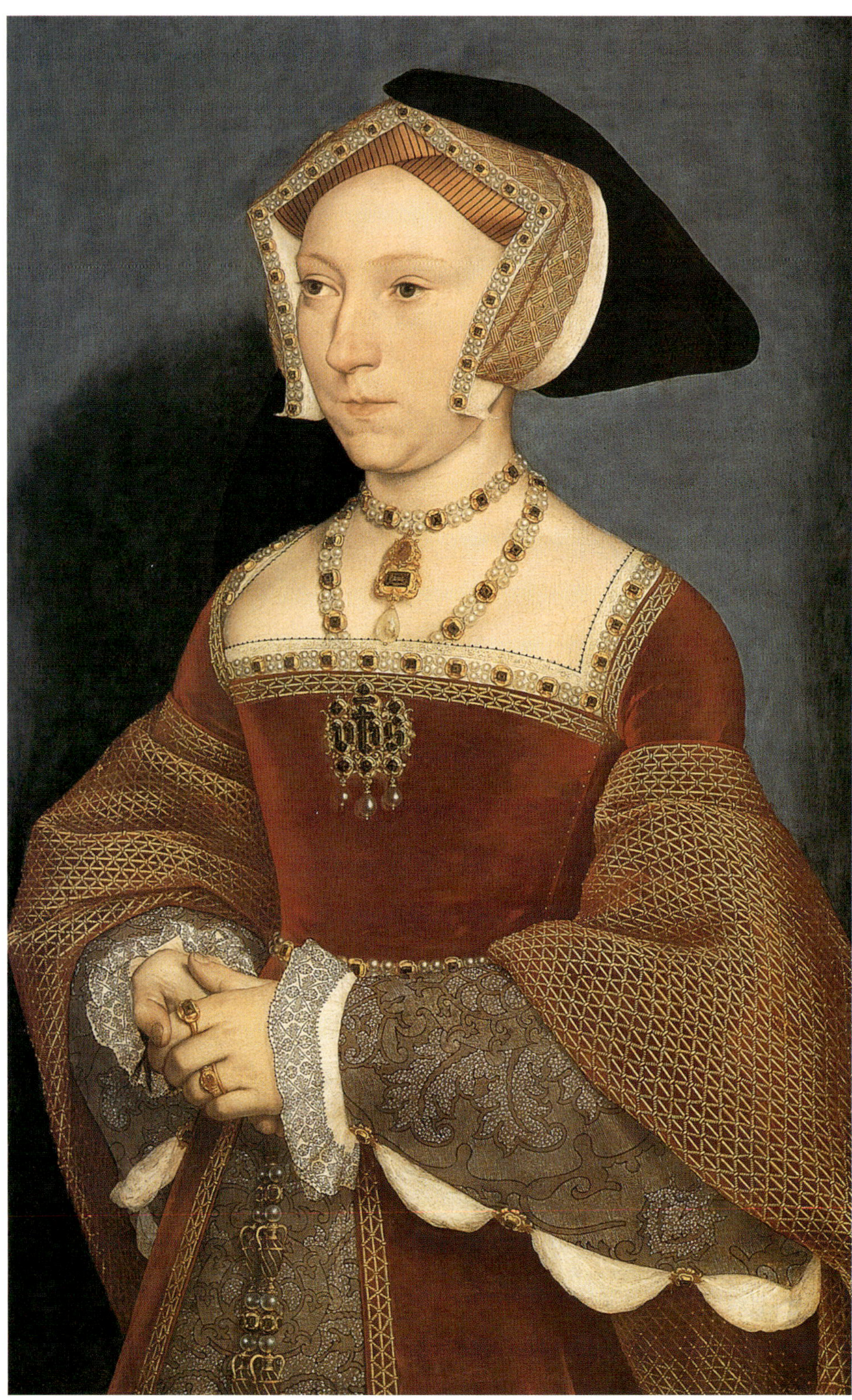

Hans Holbein d.J.
Augsburg 1497–London 1543
Bildnis eines jungen Kaufmanns, 1541, datiert
Eichenholz, 46,5 × 34,8 cm (Inv. Nr. 905)
Sammlung Erzherzog Leopold Wilhelm 1659

Angeblich das Bildnis des Nürnberger Patriziers Hans von Muffel (gest. 1565).

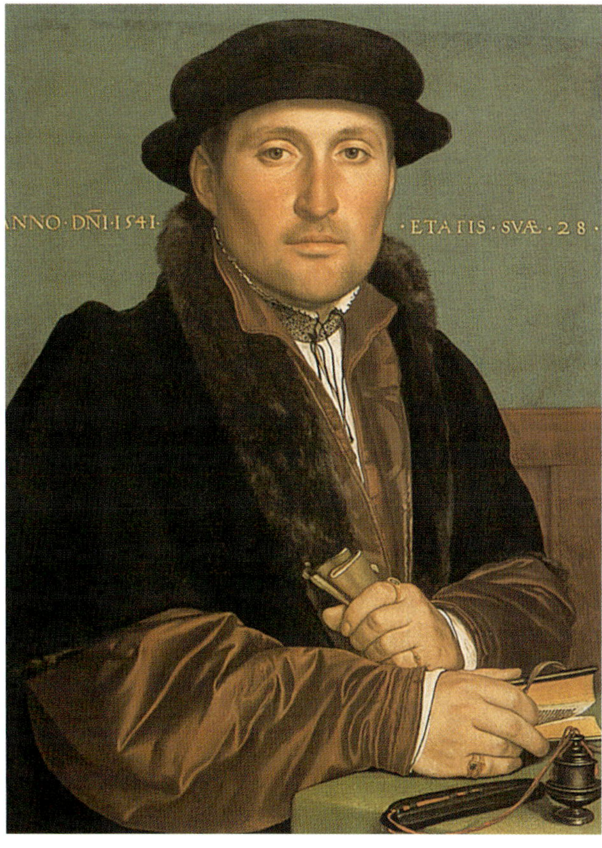

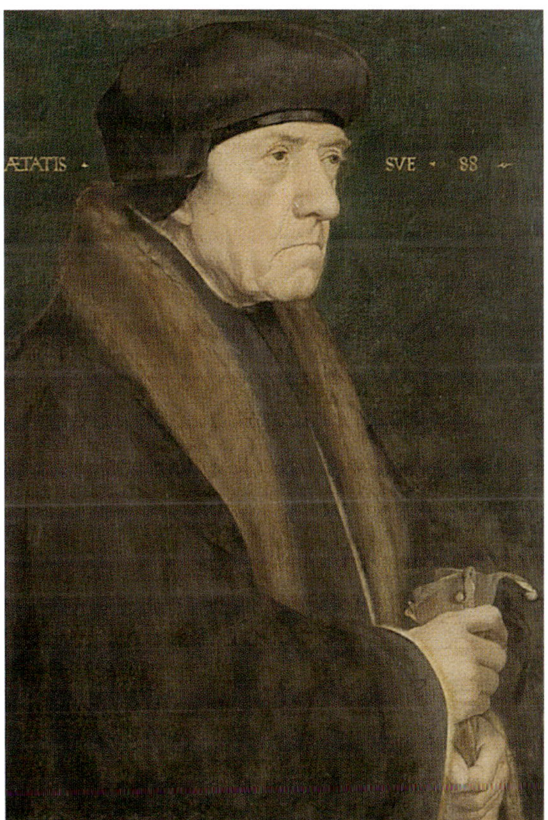

Hans Holbein d.J.
Augsburg 1497–London 1543
Dr. John Chambers, 1543
Eichenholz, 57,8 × 39,7 cm (Inv. Nr. 882)
1654 Sammlung Thomas Graf Arundel;
Sammlung Erzherzog Leopold Wilhelm 1659

Eine der spätesten, reifsten Bildnisschöpfungen Holbeins, die den Leibarzt Heinrichs VIII. (1470–1549), Dekan der Königlichen Kapelle und des Kollegiums zu Westminster Hall, im Alter von 73 Jahren zeigt. (Die Altersangabe auf dem Porträt ist falsch ergänzt.)

Lucas (Laux) Furtenagel
Augsburg (?) 1505–Augsburg nach 1546
Der Maler Hans Burgkmair und seine Frau Anna, geb. Allerlai, 1529, signiert und datiert
Lindenholz, 60 x 52 cm (Inv. Nr. 924)
1685 in den kaiserlichen Sammlungen in Prag; 1781 in Wien

Einziges sicheres Gemälde dieses Künstlers, das den Augsburger Maler Hans Burgkmair in seinem 56., seine Frau in ihrem 52. Lebensjahr darstellt. Auf dem Spiegel eine Vergänglichkeitsanspielung: „Erken dich selbs/ o mors/ hofnvng der welt", die ergänzt wird durch die Selbsterkenntnis und Fassung gegenüber dem Tod ausdrückende Bemerkung der beiden: „(Soll)che Gestalt vnser baider vvas. Im Spiegel aber nix dan das." Vor der Entdeckung der Signatur für ein Werk Burgkmairs selbst gehalten.

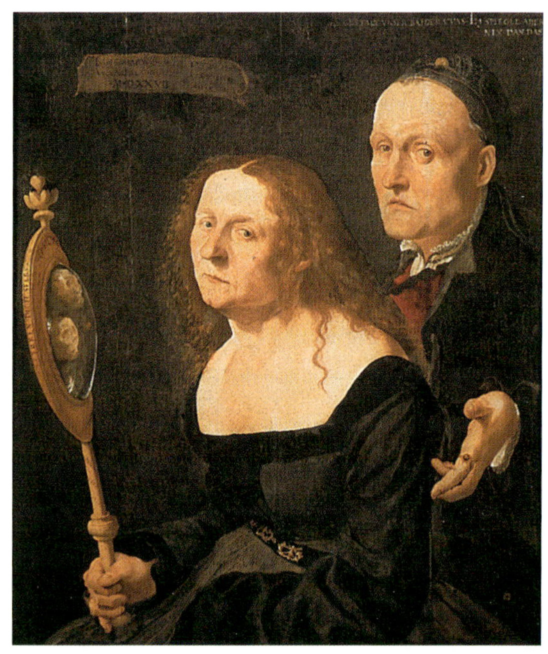

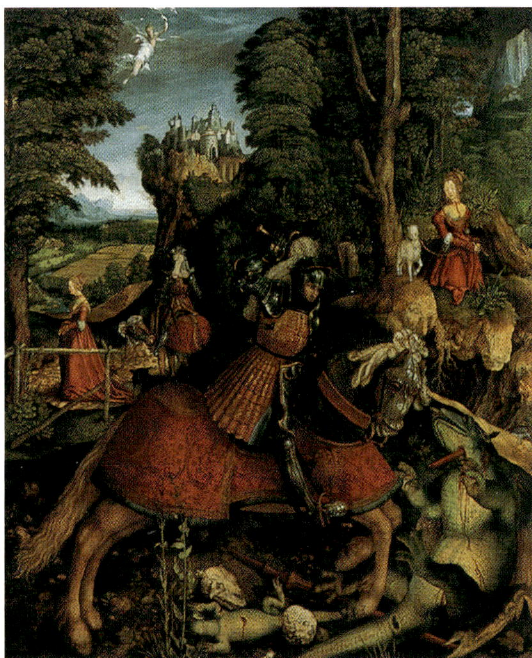

Leonhard Beck
Augsburg um 1480–Augsburg 1542
Der hl. Georg im Kampf mit dem Drachen, um 1515
Fichtenholz, 134,5 x 116 cm (Inv. Nr. 5669)
Ambraser Sammlung

Der Maler faßt den legendären Drachenkampf wie ein Rittermärchen in einer Waldlandschaft. Die Hofmaler Kaiser Rudolfs II. müssen das Bild gekannt haben: Der Engel oben zeigt einen Stil, der bei Hans von Aachen wiederkehrt, die Landschaft im Hintergrund kommt auf einem Bild von Bartholomäus Spranger vor.

Barthel Beham
Nürnberg 1502–Bologna 1540
Bildnis eines Schiedsrichters, 1529, datiert
Lindenholz, 84,8 x 66 cm (Inv. Nr. 783)
1781 in der kaiserlichen Galerie in Wien

Der Dargestellte notiert Punkte beim Bogenschießen oder Ballspiel.

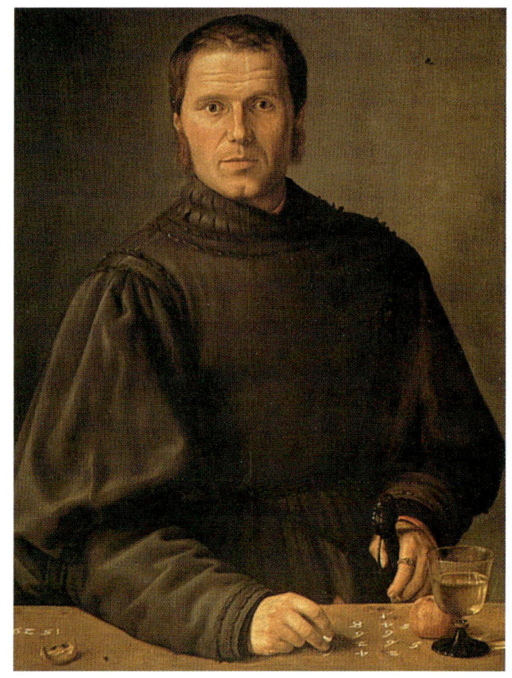

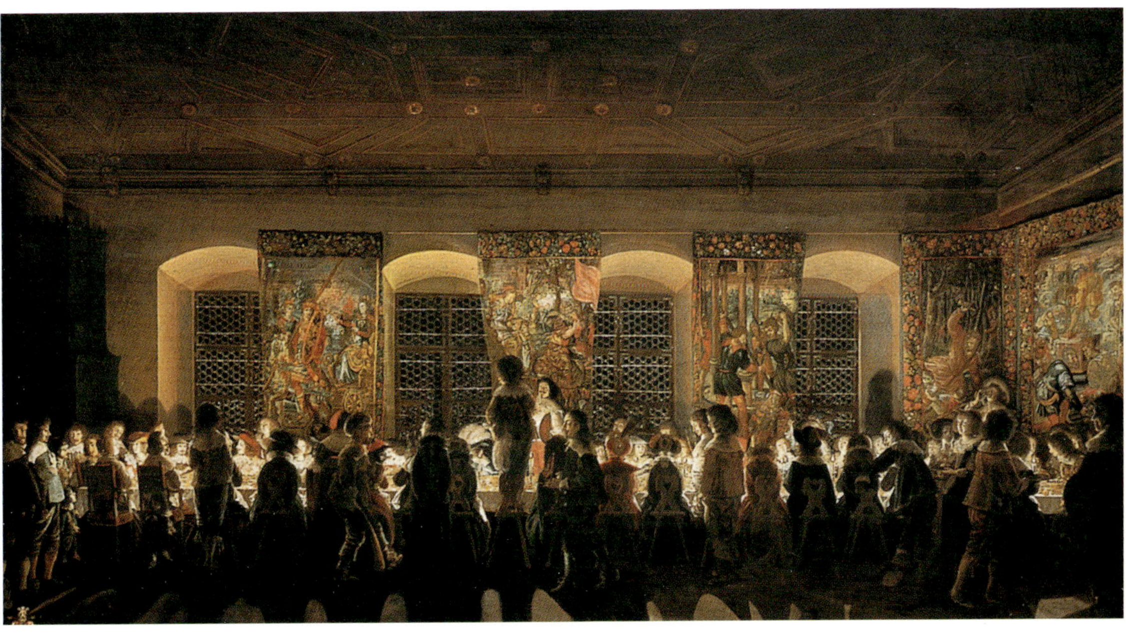

Wolfgang Heimbach
Ovelgönne/Oldenburg
um 1600/1615–nach 1678
Nächtliches Bankett, 1640, signiert und datiert
Kupfer, 62 x 114 cm (Inv. Nr. 599)
1772 in der kaiserlichen Gemäldegalerie in Wien nachweisbar

Neuen Forschungen zufolge ist ein Festmahl für eine türkische Gesandtschaft in der Ritterstube der Alten Hofburg in Wien dargestellt. Bemerkenswert die präzise Wiedergabe der um 1560 zu datierenden Brüsseler Tapisserien.

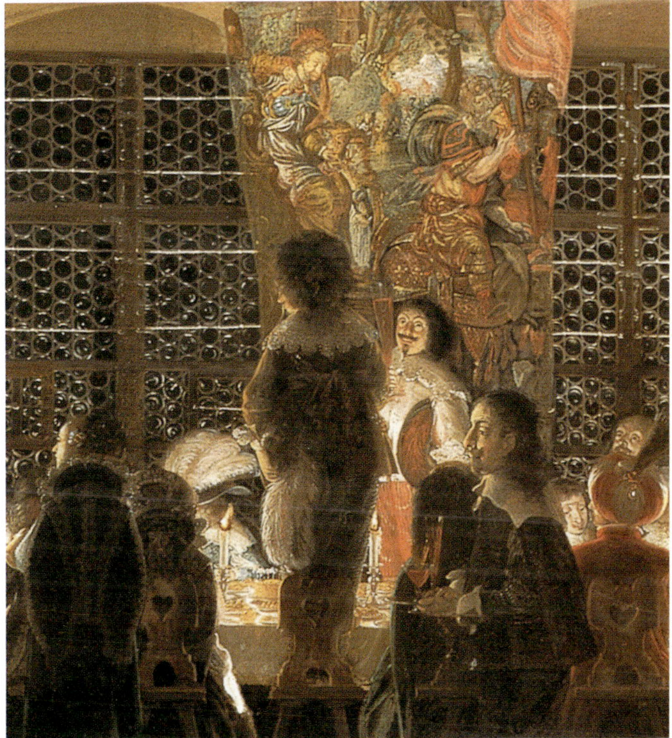

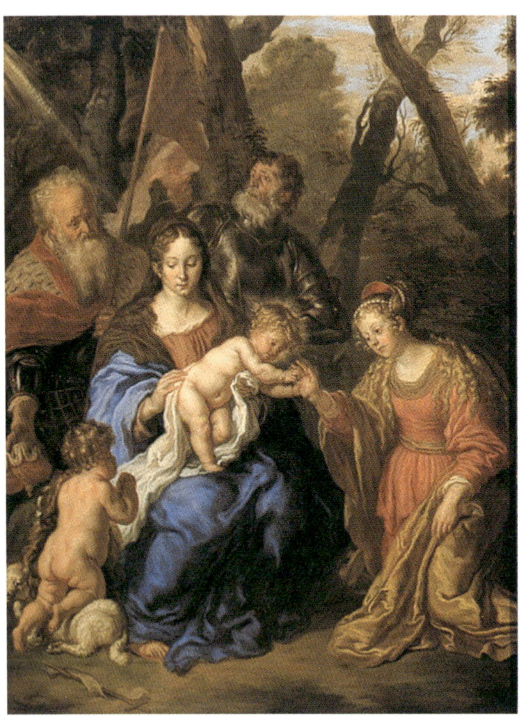

Joachim von Sandrart
Frankfurt am Main 1606–Nürnberg 1688
Die mystische Verlobung der hl. Katharina, mit den hll. Leopold und Wilhelm, 1647, signiert und datiert
Ahornholz, 74 x 57 cm (Inv. Nr. 1117)
Für Erzherzog Leopold Wilhelm gemalt, von Kaiser Ferdinand III. nach Prag geschenkt, 1781 in Wien

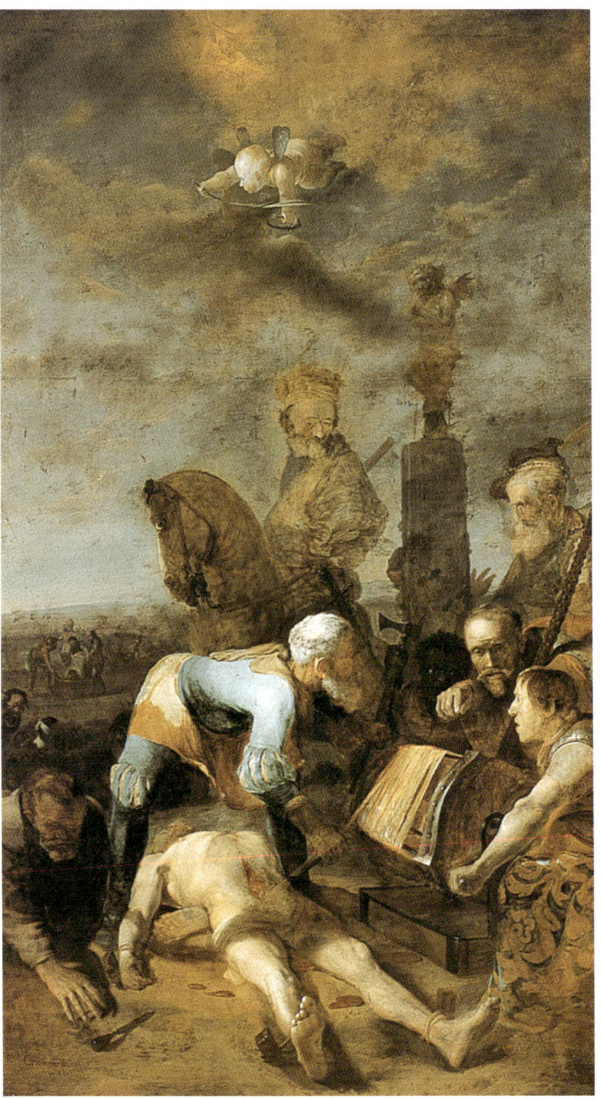

Christoffer Paudiss
Niedersachsen um 1625–Freising 1666
Marter des hl. Thiemo, 1662, signiert und datiert
Leinwand, 336 x 191 cm (Inv. Nr. 2284)
Wohl Seitenaltarbild des Salzburger Domes; 1806 aus der Fürsterzbischöflichen Residenz in Salzburg erworben

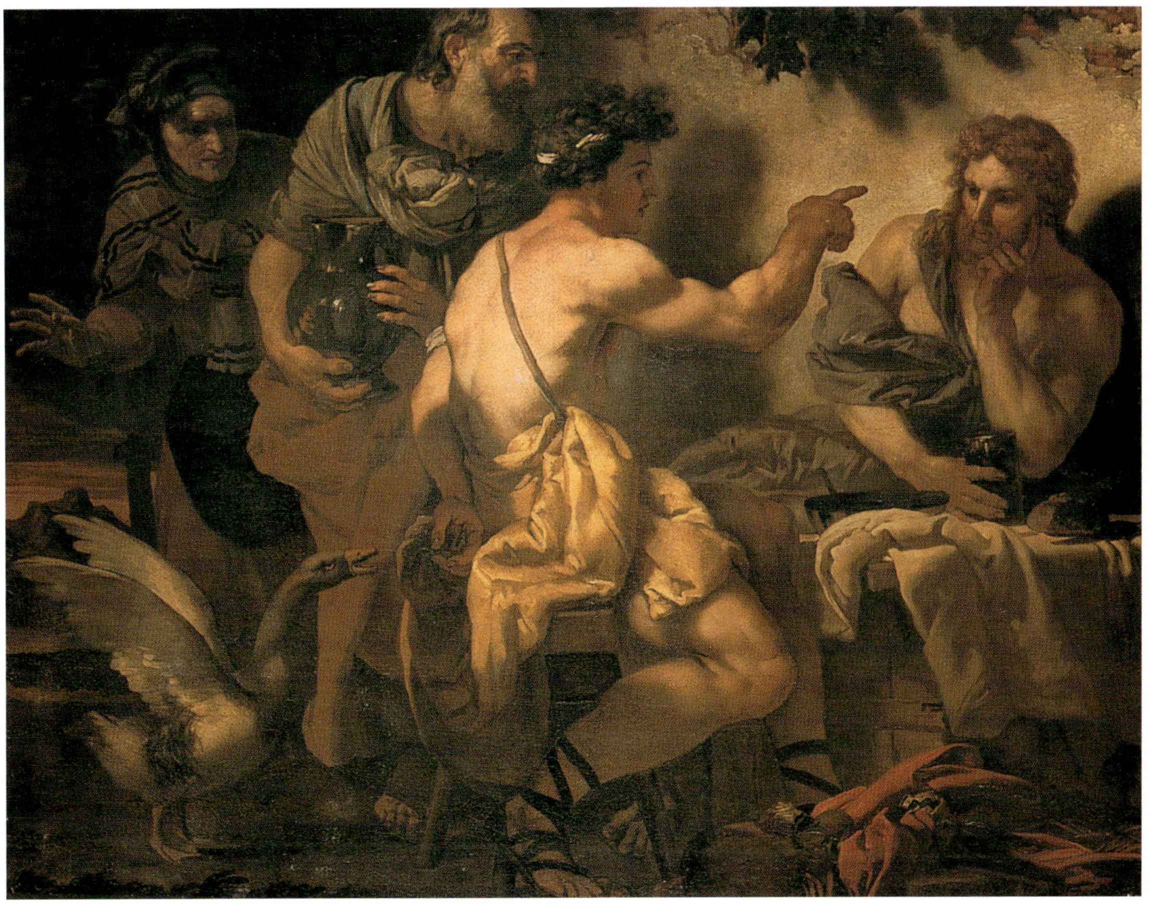

Johann Carl Loth
München 1632–Venedig 1698
Jupiter und Merkur bei Philemon und Baucis, 1659/1662
Leinwand, 178 x 252 cm (Inv. Nr. 109)
Sammlung Erzherzog Leopold Wilhelm, Nachtrag

Loth erhielt seine künstlerische Prägung in Rom und vor allem in Venedig, wo er nach 1656 lebte, eine große Werkstatt führte und auch starb. Das Thema des Götterbesuchs bei dem alten Ehepaar ist den *Metamorpohosen* Ovids entnommen. Bei dem Gemälde handelt es sich um das erste bekannte, selbständige Werk Johann Carl Loths.

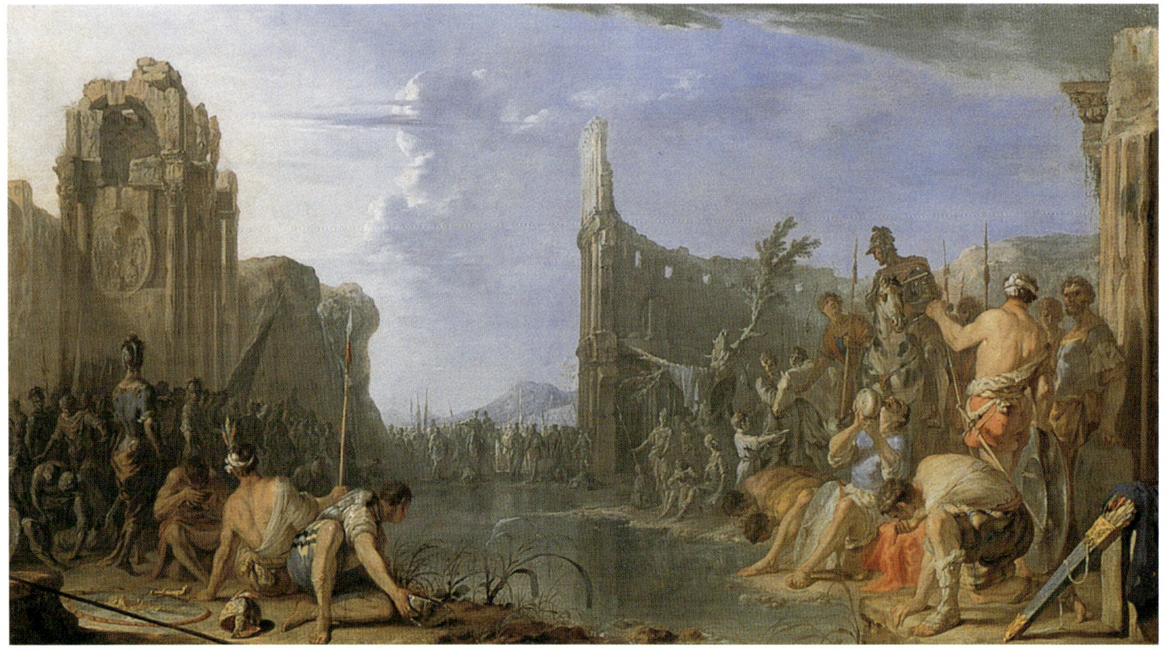

Johann Heinrich Schönfeld
Biberach/Riß 1609–Augsburg 1683
Gideon prüft sein Heer, um 1640/1642, signiert
Leinwand, 99 x 179 cm (Inv. Nr. 1143)
1663 in der Prager Kunstkammer; 1781 in Wien

Das Thema des Bildes ist dem alttestamentlichen Buch der Richter entnommen (7,5 ff.) und erzählt eine Episode aus Gideons Krieg gegen die Midianiter: Gott befahl Gideon, nur jene zum Kampf auszuwählen, die „das Wasser mit der Zunge lecken, wie der Hund leckt".

Anton von Maron
Wien 1733–Rom 1808
Porträt der Elisabeth Hervey, 4th Marchioness of Bristol,
um 1778/79
Leinwand, 76 x 59,5 cm (Inv. Nr. 9796)
1980 aus dem Kunsthandel erworben

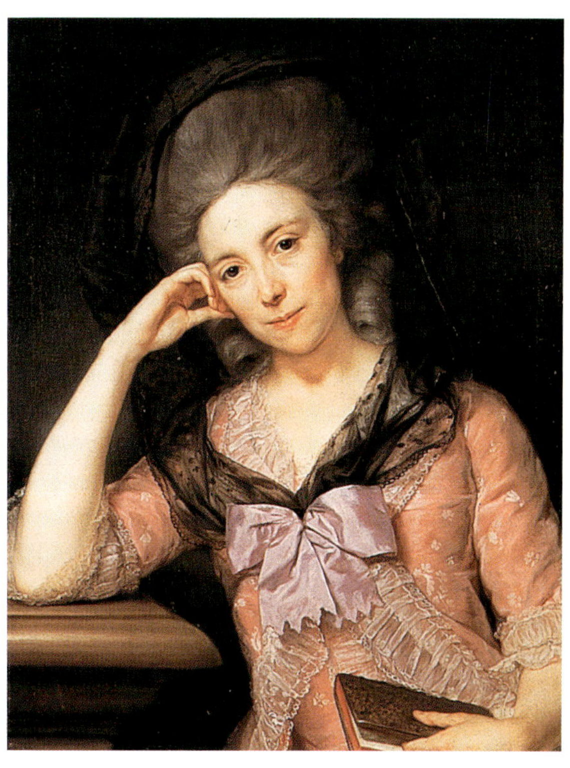

Mit dem wie sein Schwager Anton Raphael Mengs hauptsächlich in Rom als Porträtist arbeitenden Maron beginnt eine neue Porträtauffassung Platz zu greifen. In seinen Bildnissen führt er eine mit besonderem Schmelz der feuchten Augen und der Haut das Gefühl ansprechende, ‚sentimentalische' Auffassung vor. Dargestellt ist die Gattin des in Rom berühmt-berüchtigten Exzentrikers und Mäzens Frederick Hervey, Lordbishop of Derry und 4th Earl of Bristol. Ihre Pose ist die alte, aber besonders in der englischen Porträtkunst des 18. Jahrhunderts für Intellektuelle und Frauen beliebte Kontemplationshaltung, auch Haltung der Melancholie. Von ihrem ‚zartfühlenden' Gatten als „majestätische Ruine" bezeichnet, sei sie, nach eigener Aussage von 1778, durch die unerfreulichen Umstände ihrer Ehe „fast schon zu einem Skelett wie Voltaire" abgemagert. Sei es, daß Maron seinem Modell schmeicheln wollte, sei es, daß sie selbst übertrieben haben sollte, jedenfalls steht uns eine zwar belastete, jedoch attraktive Frau in ihren Vierzigern vor Augen.

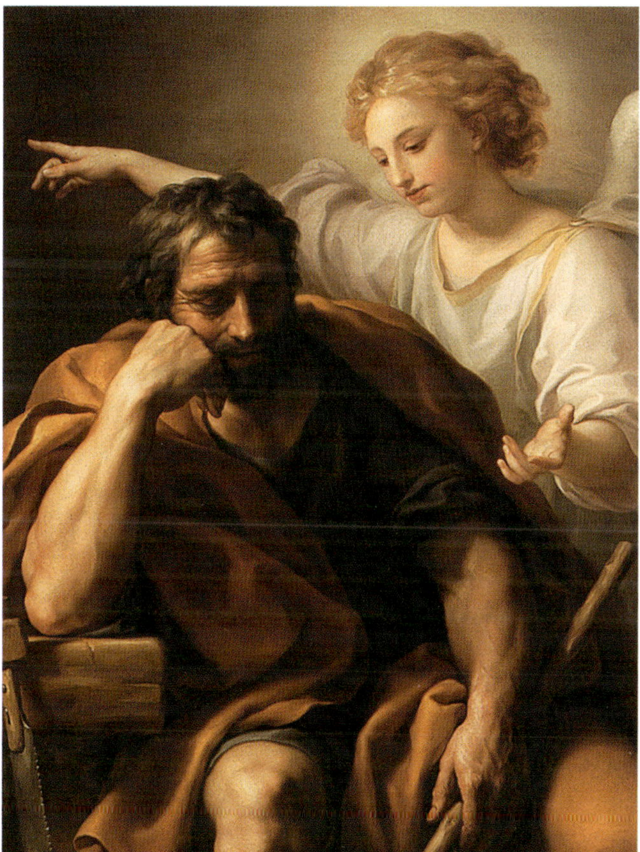

Anton Raphael Mengs
Aussig 1728–Rom 1779
Traum des hl. Joseph, um 1773/74
Eichenholz, 114 x 86 cm (Inv. Nr. 124)
1796 in der kaiserlichen Gemäldegalerie

Die Pose wohl angeregt durch den ‚Jeremias' Michelangelos in der Sixtinischen Kapelle.

Spanische, französische und englische Malerei

Die kleine Sammlung spanischer Malerei ist vor allem durch Velázquez' Infanten-Bildnisse berühmt. Sie werden im Kapitel über die höfische Porträtmalerei behandelt.

Antonio de Peredas *Allegorie* weist auf die Vergänglichkeit aller irdischen Macht. Entstanden wohl um 1640, enthält das Bild so deutliche Anspielungen auf die Casa de Austria, daß man an einen königlichen Auftrag zu denken hat.

Im rein höfischen Bereich bewegt sich die Kunst Juan Bautista Martínez del Mazos, des Schwiegersohns von Velázquez und Nachfolgers in dessen Hofämtern. Sein Atelierbild (*Die Familie des Künstlers*) von etwa 1664 übersetzt Velázquez' königliches Gruppenporträt *Las Meninas* im Madrider Prado ins Private. So entstand eine subtile, mit dem Beziehungsreichtum des höfischen Porträts ausgestattete Hommage an den größten spanischen Maler.

Noch weniger als die spanische Malerei läßt sich an Hand der wenigen Beispiele in der Wiener Sammlung die französische Malerei darstellen.

Die Identität des sogenannten Meisters von Heiligenkreuz, eines Malers, der um 1400 wahrscheinlich in Frankreich tätig war, hat sich bisher noch nicht bestimmen lassen. Sein zweiteiliger Altar (*Mystische Verlobung*) läßt sich durch die Übersteigerungen der Figurenproportionen, den weich-flüssigen Gewandstil, die preziöse Farbigkeit als ein charakteristisches Produkt des sogenannten Weichen oder Internationalen Stils bestimmen. Gerade bei Kunstwerken dieser Zeit ist eine genaue Lokalisierung schwierig, zu ähnlich sind sich häufig Werke aus Paris, Prag, Mailand, Wien oder Köln. Auch über Zuschreibung und Lokalisierung des *Ferraresischen Hofnarren Gonella* herrschte bis vor kurzem Unklarheit – bezeichnend war schon die Bemerkung im Inventar Erzherzogs Leopold Wilhelms: „Auff Albrecht Dürer Manier von Johanne Bellino Original." Erst als der Maler Jean Fouquet als Autor ins Spiel gebracht wurde, lösten sich die vielen Ungereimtheiten.

Charakteristisch für das habsburgische ‚Sammeln' französischer Malerei im 17. Jahrhundert ist die Herkunft der Bilder Valentins und Poussins. Valentin de Boulogne lebte und starb in Rom und blieb bis zu seinem Tode ein observanter Nachfolger Caravaggios; so ist sein *Moses mit den Gesetzestafeln* im Inventar Leopold Wilhelms auch mit der italienischen Namensbezeichnung „Valentino" zugeschrieben. Die *Zerstörung des Tempels durch Titus* von Nicolas Poussin ist heute das einzige in Österreich verbliebene Bild dieses wohl bedeutendsten französisch-römischen Malers im 17. Jahrhundert. Poussin erhielt 1638 in Rom vom Kardinalnepoten Francesco Barberini den Auftrag, und das Bild wurde 1639 dem kaiserlichen Gesandten vom Papst als Geschenk für Kaiser Ferdinand III. übergeben.

Joseph Duplessis
Carpentras/Vaucluse
1725–Versailles 1802
Christoph Willibald von Gluck am Spinett, 1775,
signiert und datiert
Leinwand,
99,5 x 80,5 cm
(Inv. Nr. 1795)
1824 in der kaiserlichen Gemäldegalerie

Eines der überzeugendsten Musikerbildnisse der Geschichte. Trotz der ‚Inszenierung' sind Seelisches, Ergriffenheit und Begeisterung in dieses Berufsporträt des großen Komponisten (1714–1787) eingeflossen.

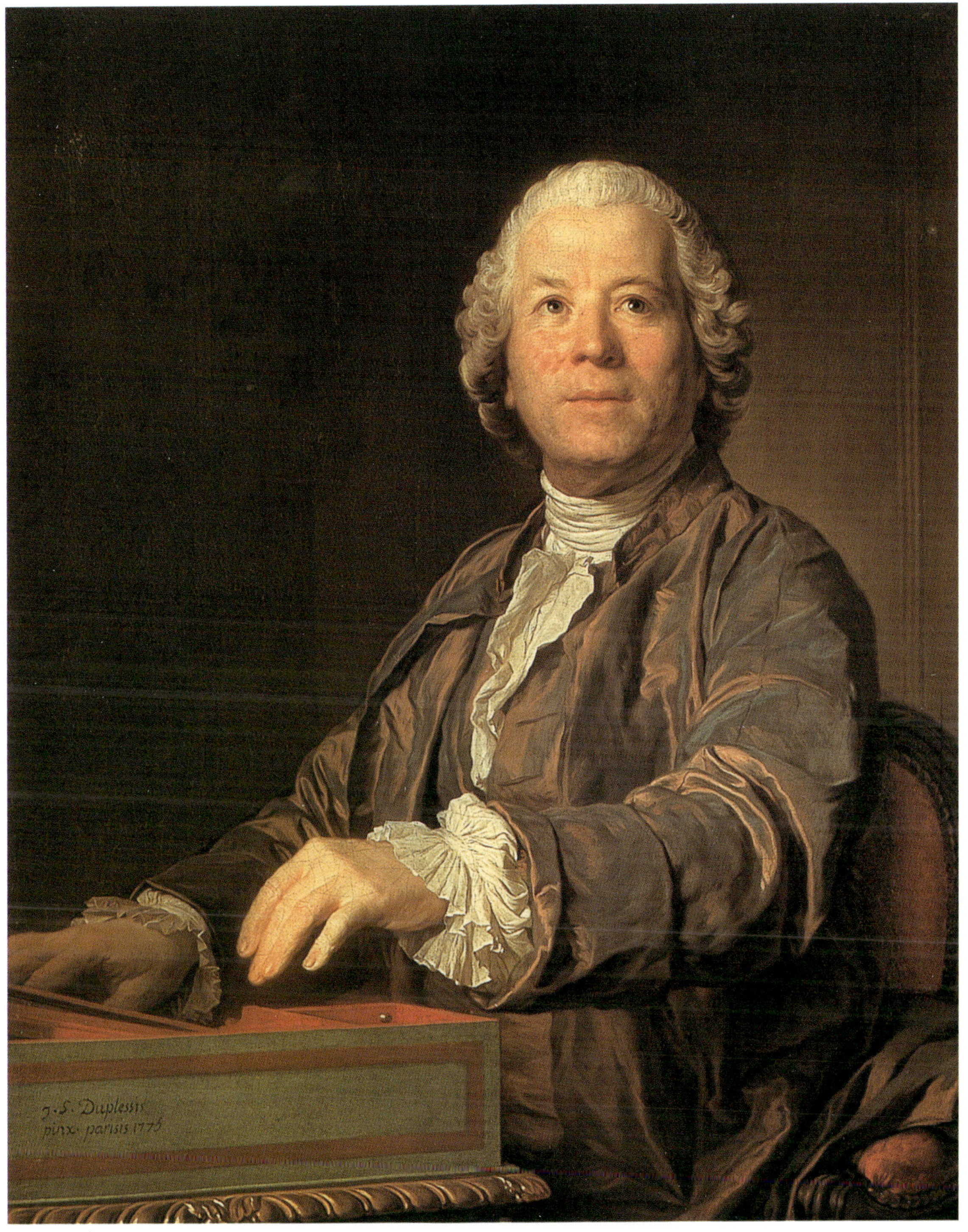
J. S. Duplessis
pinx. parisis 1775

Leider fehlt in Wien das große französische 18. Jahrhundert fast völlig. Der Erneuerer des musikalischen Dramas, Christoph Willibald Ritter von Gluck, wurde von Joseph Duplessis porträtiert, als der Komponist in Paris nach den triumphalen Aufführungen der ‚Iphigénie en Aulide' und der französischen Fassung des ‚Orpheus' auf dem Höhepunkt seiner Karriere stand. Mit diesem Bild, in dem das Innehalten im Moment der Inspiration festgehalten ist, schuf der Maler ein Bildnis des schöpferischen Menschen schlechthin.

Vom Reichtum der Stimmungen in der englischen Malerei des späten 18. Jahrhunderts, der Breite der Möglichkeiten in der Wiedergabe sozialer Repräsentanz läßt sich in der Wiener Galerie nur ein unvollkommener Eindruck gewinnen.

Wahrscheinlich hat man die Verschiedenheit der beiden großen Antipoden der englischen Malerei, Sir Joshua Reynolds und Thomas Gainsborough, zu stark betont, den Verstandesmenschen, *homme de lettres* und Akademiepräsidenten Reynolds gegen den anmutigen Bohemien Gainsborough ausgespielt, der allein die Natur als seinen Lehrmeister anerkannt habe und nur den Schönheiten des flüchtigen Moments, den Licht- und Schattenspielen in der Landschaft, auf den Gesichtern, der Textur der kostbaren Kleider nachgegangen sei. Gainsborough malte die *Landschaft* in den frühen fünfziger Jahren während seines Aufenthaltes im heimatlichen Suffolk. Sie ist, nach holländischem Vorbild, trotz der stürmischen Bewegung der Wolken, der sich schlängelnden Wege, der unruhigen Silhouetten, der Skizzenhaftigkeit, eine sehr bewußt gebaute Landschaft, die einen daran erinnern möge, daß Gainsborough nach den Studien in der Natur Landschaftsmodelle auf Tischplatten angefertigt hatte, in denen er aus Kohle, Moos, Kork, Sand und Spargelköpfen seine Kompositionen zusammensetzte.

Joseph Wright of Derby war – angeregt durch eine Umgebung, in der die neuesten naturwissenschaftlichen Erkenntnisse und Experimente diskutiert wurden – sehr stark an der Wiedergabe der optischen Phänomene von Licht, Nacht, Feuer, Vulkanausbrüchen etc. interessiert. In seinem Wiener *Bildnis des Reverend Basil Bury Beridge* ist es vor allem die vom Porträtierten gleichsam erwiderte, kühle, distanzierte Beobachtung des Menschen im scharfen, starke Kontraste provozierenden Licht, die man nicht vergißt.

Juan Bautista Martínez del Mazo
Beteta/Cuenca um 1612/1616–Madrid 1667
Die Familie des Künstlers, um 1664/65
Leinwand, 148 x 174,5 cm
(Inv. Nr. 320)
Erworben 1800

Signiert mit dem Wappen der Keule (spanisch *mazo*). Die vier dunkel gekleideten älteren Kinder stammen aus Mazos erster Ehe mit Velázquez' Tochter Francisca, rechts Mazos zweite Frau Francisca de la Vega mit ihren vier Kindern. Am Wandpfeiler im Mittelgrund ein Velázquezsches Porträt Philipps IV. von Spanien. Die Atelierszene im Hintergrund mit einem Bildnis der Infantin Margarita Teresa und einer Genreszene ist nicht geklärt.

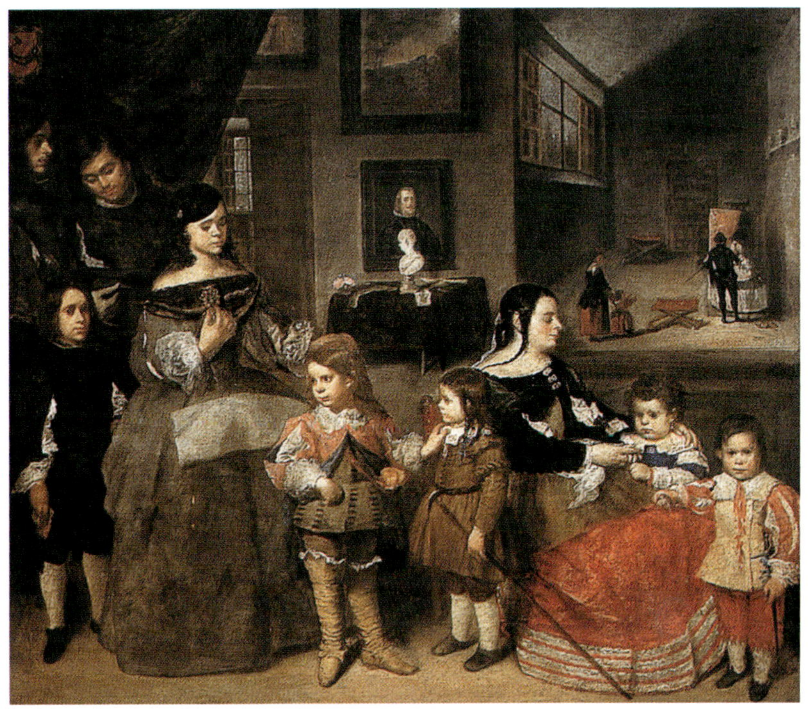

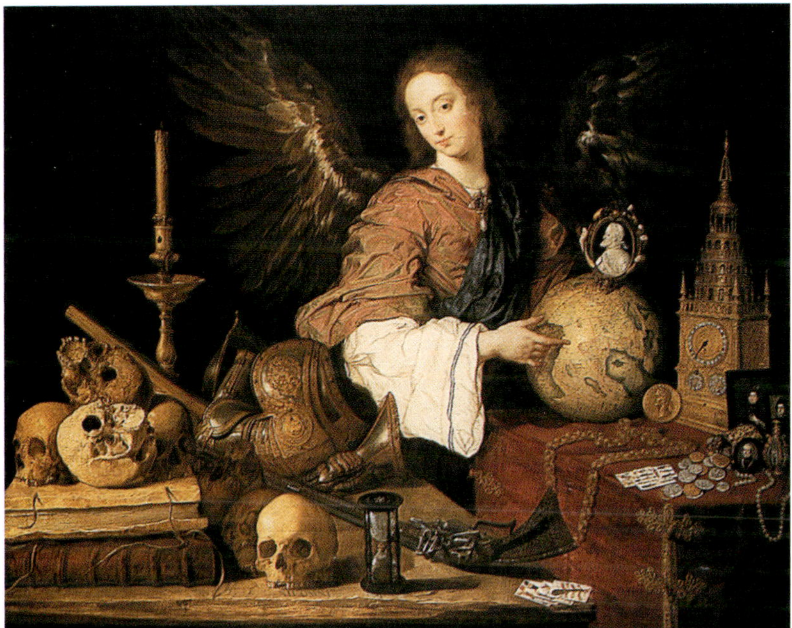

Antonio de Pereda
Valladolid 1611–Madrid 1678
Allegorie der Vergänglichkeit, um 1640
Leinwand, 139,5 x 174 cm
(Inv. Nr. 771)
1733 in der kaiserlichen Gemäldegalerie

Wahrscheinlich im Auftrag des spanischen Hofes entstanden. Der geflügelte Genius hält einen Kameo mit dem Porträt Kaiser Karls V. in der Linken, während die auf den Globus zeigende Rechte auf die Weltherrschaft der Casa de Austria anspielt. Die antike Medaille mit dem Porträt des Augustus soll die Beziehung zum Römischen Reich bzw. zu dessen Herrschaftskontinuum deutlich machen.

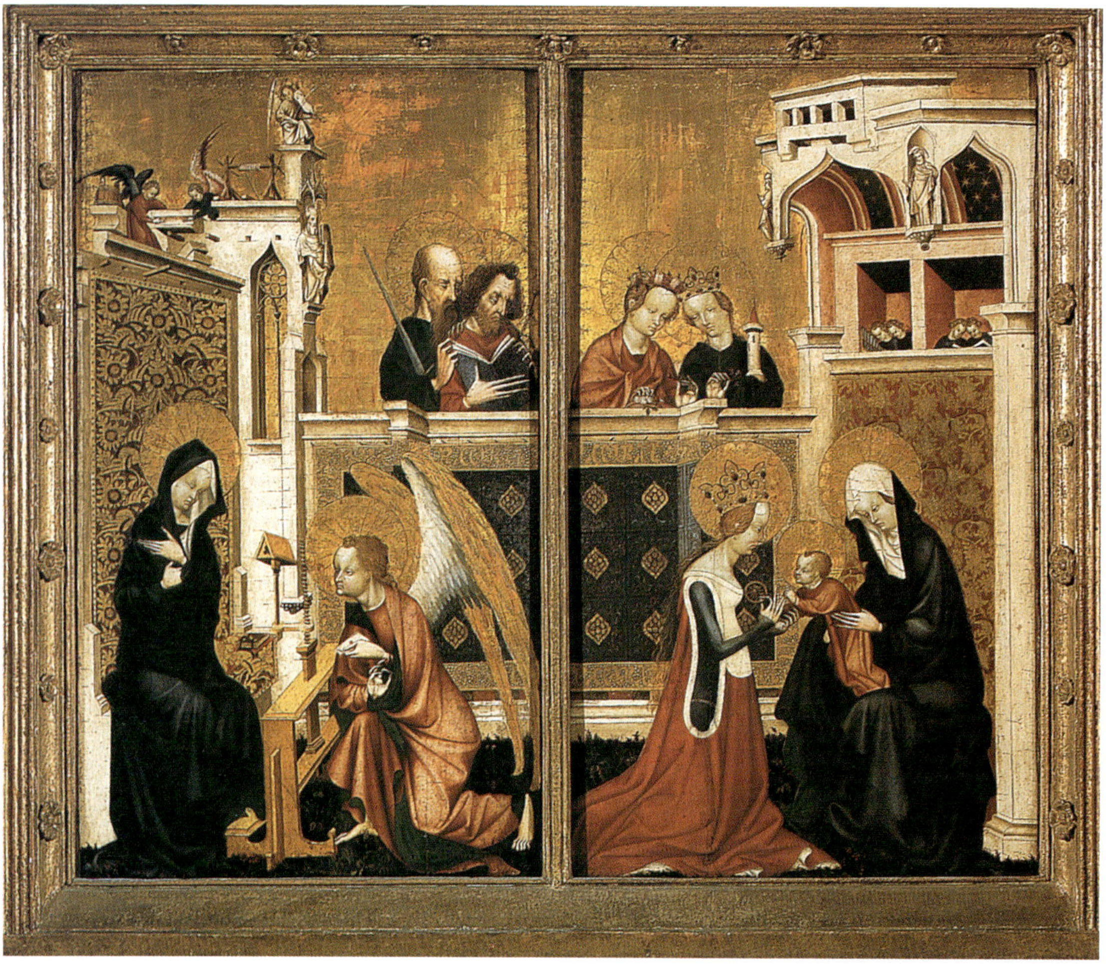

Meister von Heiligenkreuz
Tätig in Frankreich
um 1395–um 1420
Verkündigung und *Mystische Verlobung der hl. Katharina*,
um 1410
Holz, 72 x 43,5 cm
(Inv. Nr. 6523, 6524)
Aus Stift Heiligenkreuz in Niederösterreich 1926 erworben

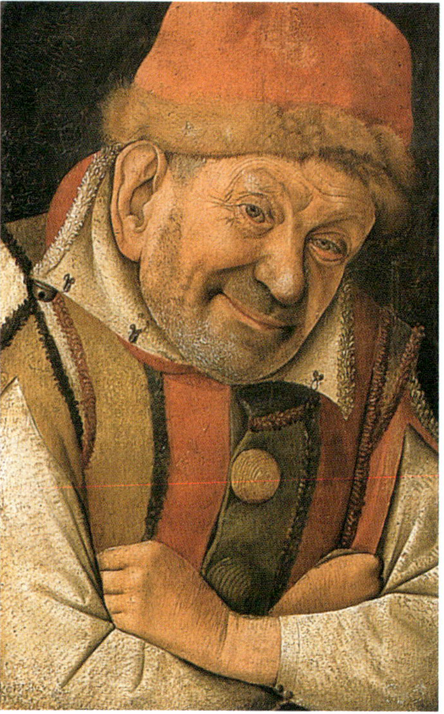

Jean Fouquet
Tours um 1415/1420–Tours 1481
Bildnis des ferraresischen Hofnarren Gonella, um 1440/1445
Holz, 36 x 24 cm (Inv. Nr. 1840)
Sammlung Erzherzog Leopold Wilhelm 1659

Den im Inventar Leopold Wilhelms genannten Attributionen – Dürer, Giovanni Bellini – sollten noch weitere – van Eyck, allgemein niederländisch Mitte 15. Jahrhundert, Pieter Bruegel d.Ä. – folgen. Neben stilkritischen Vergleichen mit gesicherten Werken Fouquets wird die Zuschreibung an einen französischen Künstler durch Ergebnisse der Infrarotreflektographie gestützt: In den Unterzeichnungen des Gemäldes kamen auf Französisch geschriebene Farbangaben zum Vorschein.

Valentin de Boulogne
Coulommiers 1591–Rom 1632
Moses mit den Gesetzestafeln, um 1630
Leinwand, 131 x 103,5 cm (Inv. Nr. 163)
Sammlung Nicolas Régnier, Venedig;
Sammlung Erzherzog Leopold Wilhelm 1659

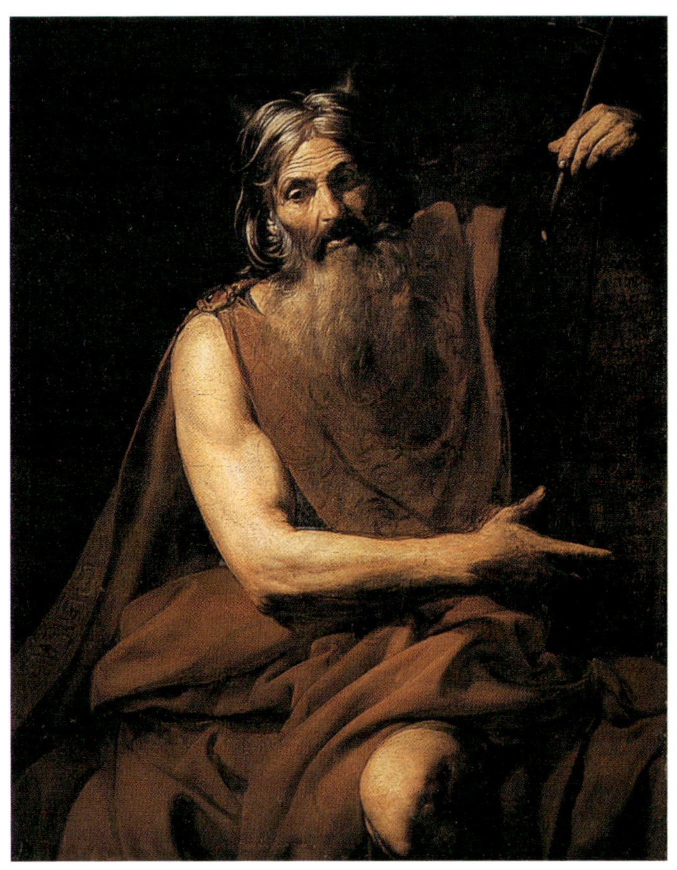

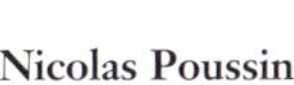

Nicolas Poussin
Les Andelys 1594–Rom 1665
Zerstörung des Tempels in Jerusalem durch Titus, 1636, signiert
Leinwand, 148 x 199 cm (Inv. Nr. 1556)
Vom Auftraggeber, Kardinal Francesco Barberini, dem kaiserlichen Gesandten Fürst Eggenberg in Rom als Geschenk für Kaiser Ferdinand III. übergeben. Vor 1685 in der kaiserlichen Galerie in Prag. 1720 in Wien in der Stallburg. 1820 aus dem Besitz des Fürsten Kaunitz wiedererworben

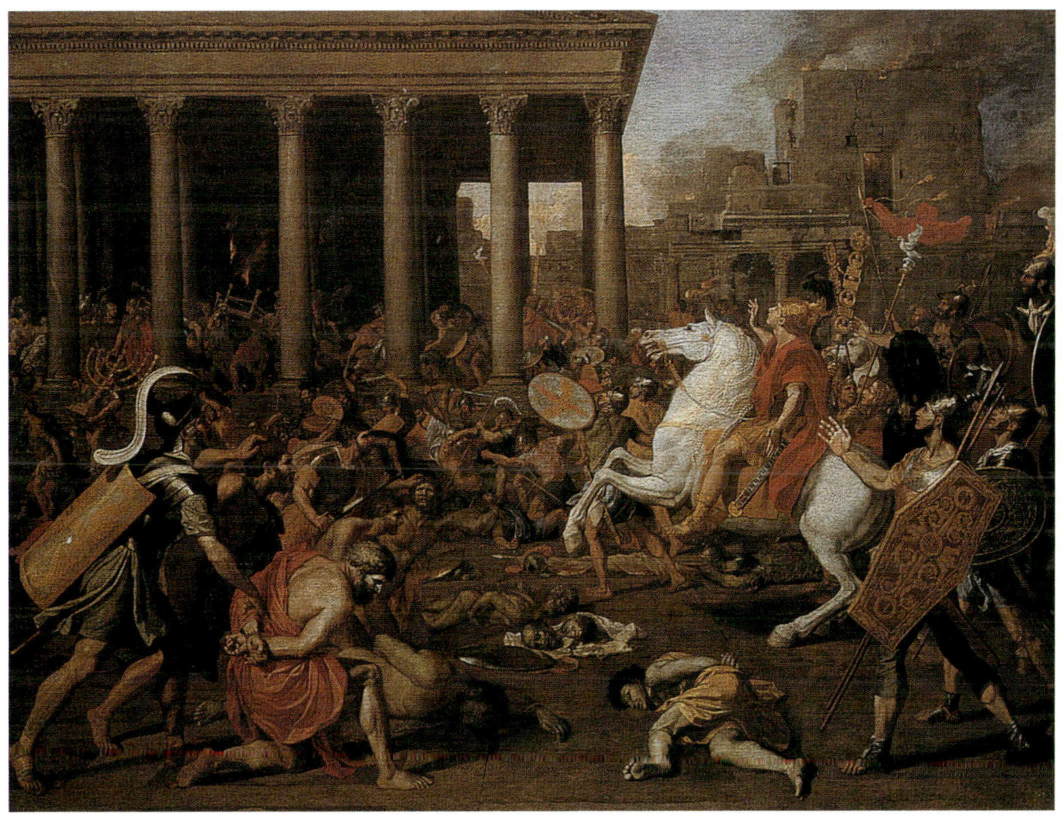

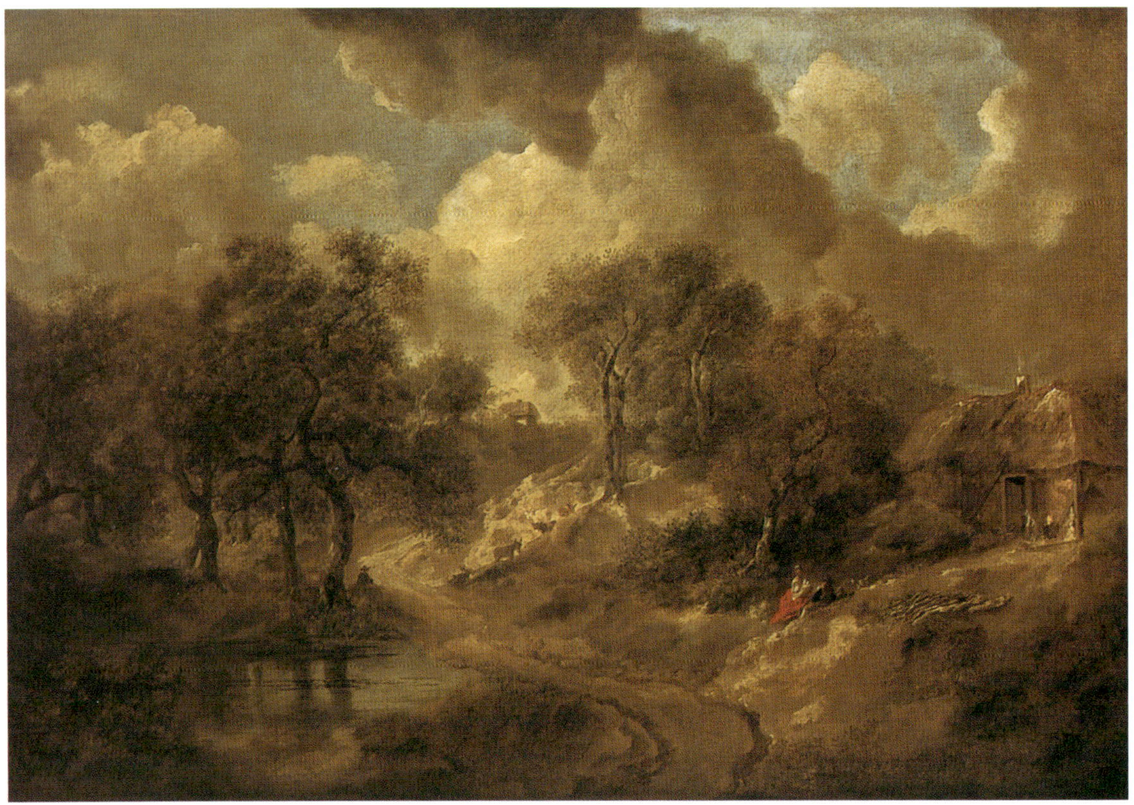

Thomas Gainsborough
Sudbury 1727–London 1788
Landschaft in Suffolk, um 1750
Leinwand, 66 x 95 cm (Inv. Nr. 6271)
Versteigerung Humphrey Roberts 1908;
von Agnew's, London, 1913 erworben

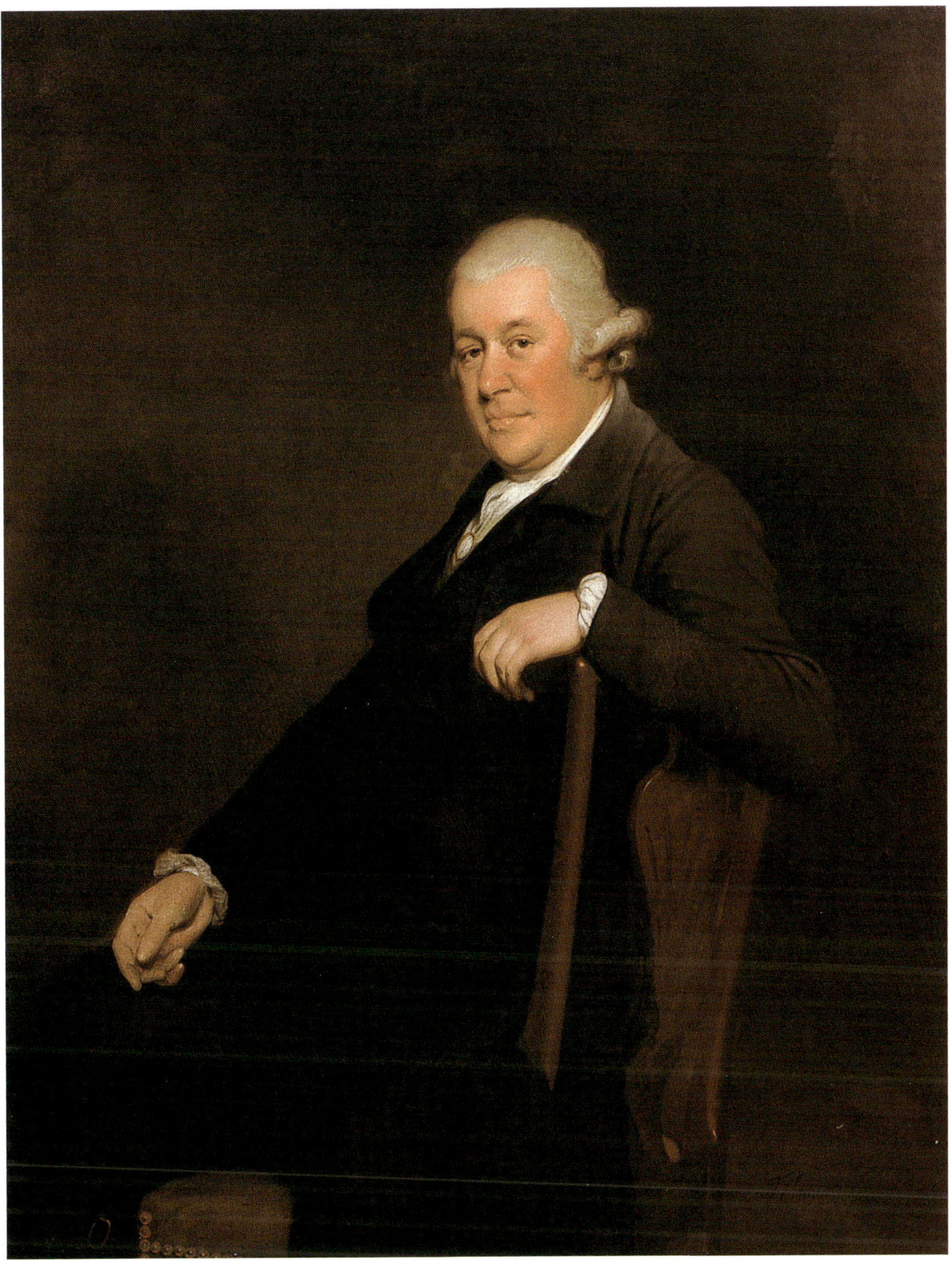

Joseph Wright, gen. **Wright of Derby**
Derby 1734–Derby 1797
Bildnis des Reverend Basil Bury Beridge, um 1780/1790, signiert
Leinwand, 127 x 101 cm (Inv. Nr. 6237)
Versteigerung Rev. B. Beridge, Christie's, London 1911; Widmung 1912

Nach einer nachwirkenden Italienreise und einem zweijährigen Aufenthalt in London kehrte Wright of Derby in seine Heimat zurück, wo er vor allem die Träger der beginnenden Industrialisierung Nordenglands porträtierte. Die Kühle und Rationalität dieser Gesellschaft mag auch in diesem Bildnis des Pfarrers von Algarkirk (Lincolnshire) zu spüren sein.

Höfische Porträtmalerei

Die Vielschichtigkeit des höfischen Porträts bedingt, daß man höchsten künstlerischen Ansprüchen nicht immer gerecht wurde. Es ist vor allem die doppelt gestellte Aufgabe, die eine freie Entfaltung der malerischen Fähigkeiten einschränkt: „Nachahmung des Sichtbaren, Beobachtung des Charakters und der psychischen Regungen einerseits, andererseits Dokumentation übergeordneter Prinzipien des richtig Handelns, des richtigen Verhaltens im geschichtlichen Kräftespiel ... schließlich der richtigen staatlichen Ordnung" (G. Heinz). Überkommene, abstrakte Prinzipien ausdrückende Bildnisformel und eindringende Charakterinterpretation des Individuums waren auszugleichen. Künstlerischer Wert des Bildnisses und dessen repräsentative Funktion als Propagandainstrument bleiben häufig unabhängig. Erst mit Kaiser Maximilian I. und gelenkt durch seine Ideenwelt entwickelte sich das höfische Porträt. Dürers berühmtes Bildnis *Maximilians I.*, des „Letzten Ritters", prägt auf immer die Vorstellung der Nachwelt von diesem Herrscher. Ein Blick auf das 1536 entstandene Porträt der englischen Königin *Jane Seymour* von Holbein mag einen Eindruck von der Weite der Auffassungsmöglichkeiten auf höchster künstlerischer Ebene vermitteln. Beim Hofmaler Maximilians, dem aus dem Schwäbischen stammenden Bernhard Strigel, bei Cranach und seinen Nachfolgern liegt der Akzent eher auf der Seite des Überindividuellen, des allgemein Höfischen, was immer die Gefahr einer gewissen Entleerung des Ausdrucks in sich birgt.

Auch bei der Ausprägung des ganzfigurigen Bildnisses, eines Typus, der weitgehend ohne äußere Zeichen oder Insignien imstande war, Größe und Herrschertugend zu vermitteln, spielt die ‚deutsche' Malerei eine entscheidende Rolle. Jacob Seiseneggers 1532 in Bologna entstandenes Bildnis *Kaiser Karl V. mit seiner Ulmer Dogge* war die direkte Vorlage für die ‚Kopie' von Tizian im Madrider Prado und damit typenprägender Ausgangspunkt für viele andere Künstler. Mit Anthonis Mor ist ein weiterer bedeutender Hofmaler genannt, der vor allem für die spanischen Habsburger in Brüssel und Madrid tätig war und als „einer der Schöpfer des idealen politischen Menschen" (G. Heinz) zu gelten hat. Er verbindet die den Niederländern eigene scharfe Beobachtung des greifbar Stofflichen, des Physiognomischen mit einer Ordnung der Bildelemente, die dem Beschauer unmittelbar die Ausdrucksqualitäten des Strengen, Unnahbaren, des über das Individuum Hinausweisenden zu vermitteln vermag. Seine ganzfigurigen Bildnisse repräsentieren einen Typus, dessen Haltung, gestischer Habitus und Accessoires dann in Spanien in einer eigentümlich intensiv wirkenden Erstarrung bei Sánchez Coello und anderen spanischen Hofmalern bis zu Velázquez und seiner Nachfolge tradiert wurden.

Diego Velázquez
Sevilla 1599–
Madrid 1660
Infantin Margarita Teresa im blauen Kleid, 1659
Leinwand, 127 x 107 cm
(in der Höhe beschnitten)
(Inv. Nr. 2130)
1659 als Geschenk an den Wiener Hof gesendet

Seit die Casa de Austria in eine spanische und eine österreichische Linie gespalten war, bestanden zwischen Wien und Madrid engste dynastische Verbindungen, die man durch Heiraten zu festigen suchte. Diesem Umstand verdankt die Wiener Galerie die Reihe von Infantenporträts des Diego Velázquez – Höhepunkte der höfischen Porträtmalerei. Margarita Teresa, erstes Kind aus der zweiten Ehe des spanischen Königs Philipp IV. mit seiner direkten Nichte Maria Anna, einer Tochter Kaiser Ferdinands III. (die damit gleichzeitig Cousine und Mutter der Infantin war), wurde 1651 geboren und war schon früh mit ihrem Onkel und Vetter, dem nachmaligen Kaiser Leopold I., verlobt worden – den sie dann auch 1666 heiraten sollte.

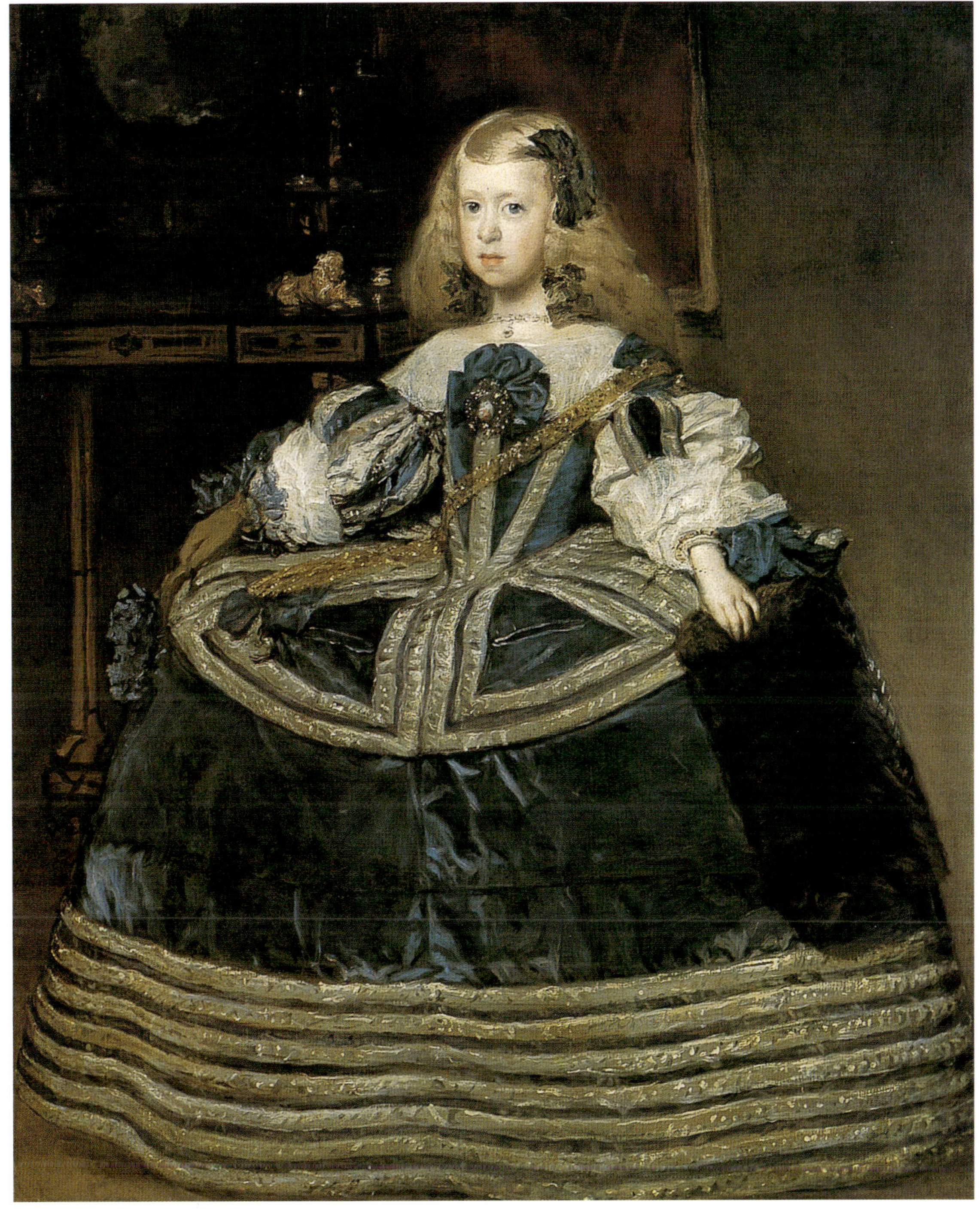

Mor, Seisenegger, Cranach und Tizian trafen sich auf den Reichstagen von Augsburg 1548 und 1550: Die höfische Bildnisauffassung ist durch und durch habsburgisch geprägt und verbreitete sich aus diesem Bereich über ganz Europa. Tizians Wiener Porträt des *Kurfürsten Johann Friedrich von Sachsen* entstand damals wohl im Auftrag des Kaisers selbst. Tizians Bildniskunst ist so individuell, daß sie, obwohl unübertroffener Ausdruck von Vornehmheit und ethischer Größe, auf die unmittelbar folgende Entwicklung des höfischen Porträts kaum Einfluß nahm und erst bei Rubens und van Dyck, bei der Erneuerung der erstarrten Bildnisschemata des 16. Jahrhunderts Pate stand.

Rubens ist mit Kopien nach Tizianschen Porträts und historisierenden höfischen Bildnissen nach niederländischen Vorbildern vertreten. Gehört auch die Instrumentierung in van Dycks Bildnis des *Marchese di Borgomanero* zum Requisitenfonds des höfischen Porträts, so bezieht ihn der Maler in höchst geistvoller Weise wie in eine Aktion ein. Ein charakteristisches Abbild mühelos-hochmütiger Eleganz und Beherrschung entsteht, Vorbild für die ,hohe' Bildniskunst bis ins 20. Jahrhundert.

Die Wiener Gemäldegalerie ist besonders berühmt wegen der Infantenbildnisse des Velázquez. Als Hofmaler Philipps IV. behält auch Velázquez die überkommenen Gesten und Requisiten des Repräsentationsporträts bei. Er löst aber alles Greifbare in pure, rein optisch wirksame Malerei auf. Spürbarer noch als bei van Dyck – weil eben ohne nervösen Affekt erzielt – ist das vollkommene Gleichgewicht zwischen offizieller Porträtaufgabe, Eindringen ins Individuum und malerischem Kunstwerk.

Auf österreichisch-habsburgischer Seite war dem nichts Adäquates entgegenzusetzen. Man blieb hier konservativ und weitgehend auch unbeeinflußt angesichts eines neuen, am Hof Ludwigs XIV. ausgebildeten Porträtstils, der am reinsten wohl von Hyacinthe Rigaud vertreten wurde. Er zeichnet sich vor allem aus durch ostentatives Präsentieren der Staats- und Machtsymbole, aber auch durch die Zurschaustellung der mit hochbewegten Draperien zu mächtiger Präsenz vergrößerten Person. Im weiteren wird dann sehr deutlich, daß sich in stürmisch wandelnden Zeiten jene ,auftrumpfende' Repräsentation des Herrschers nicht mehr glaubwürdig darstellen ließ, zumal auch seit der zweiten Hälfte des 18. Jahrhunderts im höfischen Bereich ein ,aufgeklärter' Porträttypus geschätzt wurde, in dem sich ethischer Anspruch mit einem gerade bei den Habsburgern ausgeprägten familiär-bürgerlichen Zug verbindet.

Bernhard Strigel
Memmingen um 1460–Memmingen 1528
Die Familie Kaiser Maximilians I., 1516
Fichte, 72,8 x 60,4 cm (Inv. Nr. 832)
Für Kaiser Maximilian gemalt, dann im Besitz des Humanisten und Beraters Maximilians I., Johannes Cuspinian; um 1615 in den kaiserlichen Sammlungen in Wien nachweisbar

Das Bild nimmt auf die Wiener Doppelverlobung von 1515 Bezug, in der die Verbindung der Habsburger mit dem ungarisch-jagellonischen Königshaus beschlossen wurde. Cuspinian ließ die Tafel von Strigel durch Hinzufügung einer Rückseite und einer zweiten Tafel zu einer ausführlichen Hl. Sippe erweitern. Es überwiegt hier eindeutig die politisch-dynastische Funktion des höfischen Porträts, die in einem Zurücktreten des Individuellen zu spüren ist.

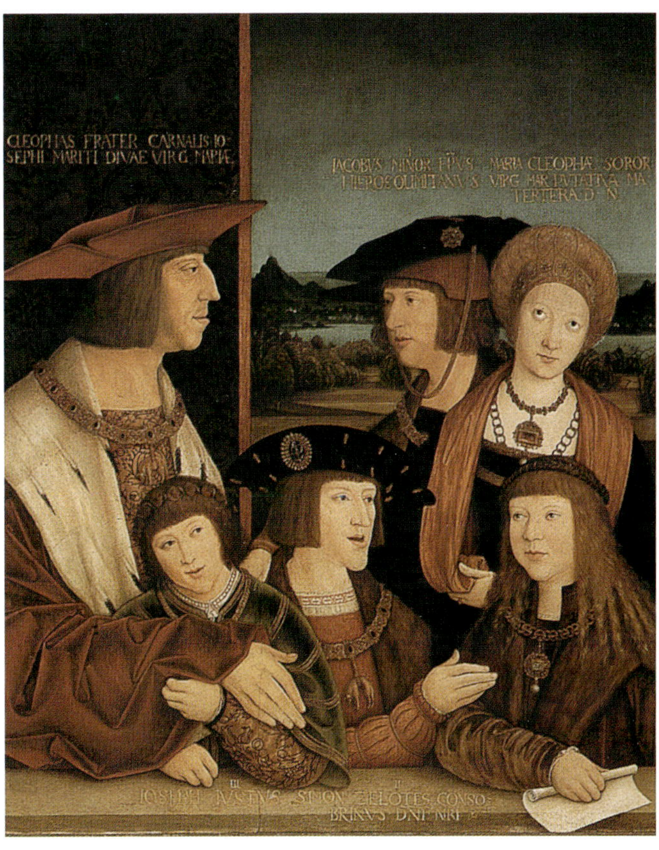

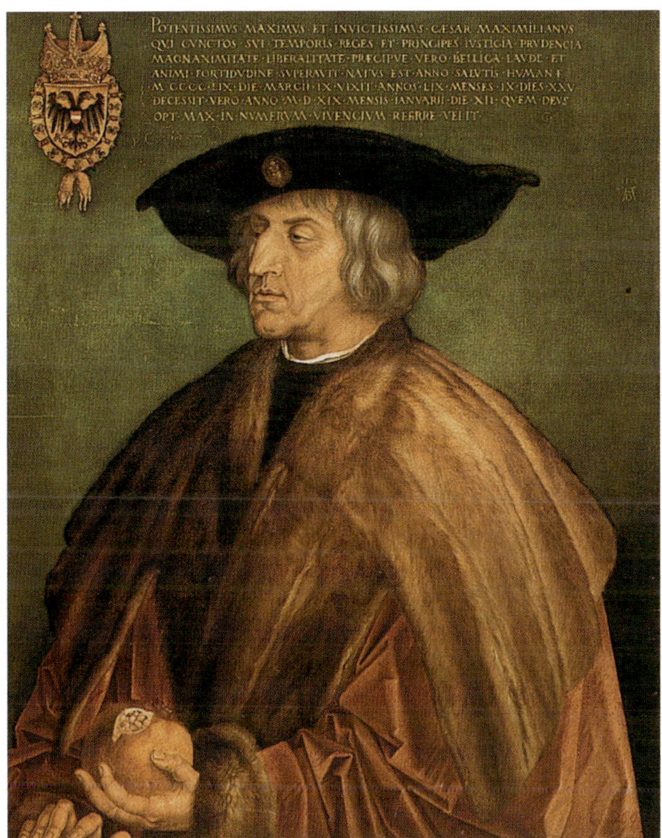

Albrecht Dürer
Nürnberg 1471–Nürnberg 1528
Kaiser Maximilian I., 1519, monogrammiert und datiert
Linde, 74 x 61,5 cm (Inv. Nr. 825)
Erst 1781 sicher in der kaiserlichen Galerie nachweisbar

Maximilian (1459–1519) war sich als bewußter Förderer der Künste über deren Bedeutung zur Rechtfertigung seiner Politik und für den eigenen Nachruhm im klaren. Dürers Zeichnung (Wien, Albertina) nach dem Leben entstand 1518 in Augsburg. Das Porträt selbst wurde erst nach dem Tod des Kaisers vollendet. Maximilian, nicht als Kaiser, sondern als ‚Privatmann' dargestellt, hält statt des Reichsapfels einen Granatapfel in der Linken, ein Symbol für Macht, Reichtum und Einigkeit.

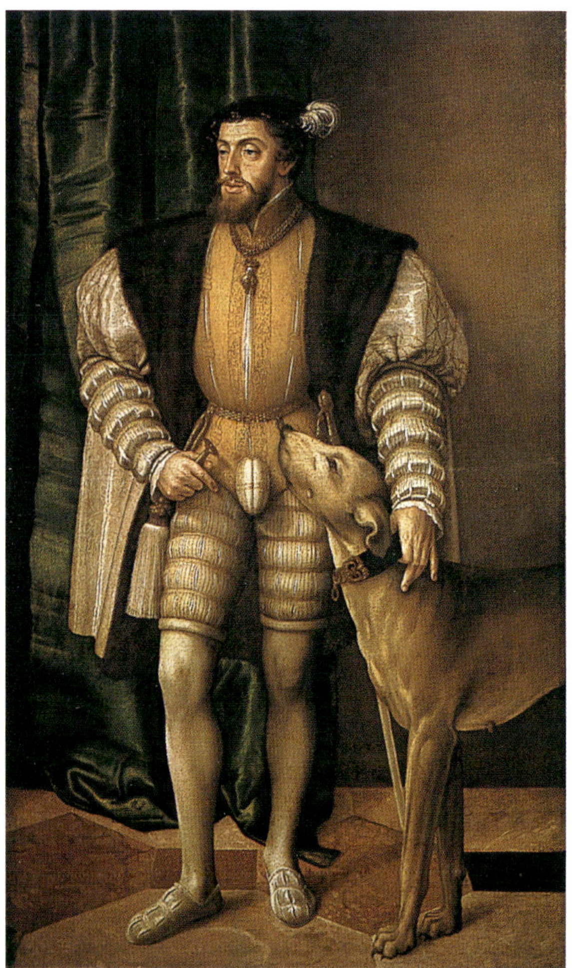

Jacob Seisenegger
Niederösterreich 1505–Linz 1567
Kaiser Karl V. mit seiner Ulmer Dogge, 1532, monogrammiert und datiert
Leinwand, 203,5 x 123 cm (Inv. Nr. A 114)
1685 in den kaiserlichen Sammlungen in Prag nachweisbar

Kaiser Karl V. (1500–1558) wurde 1516 als Karl I. König von Spanien, 1519 Römischer Kaiser, 1530 Krönung in Bologna; 1556 Abdankung und Rückzug ins Kloster San Yuste. Weltumspannender Politiker und Förderer der Künste. Dieses Bildnis, ein Auftrag des späteren Kaisers Ferdinand I., ist einer der Ausgangspunkte für die Entwicklung des ganzfigurigen höfischen Porträts.

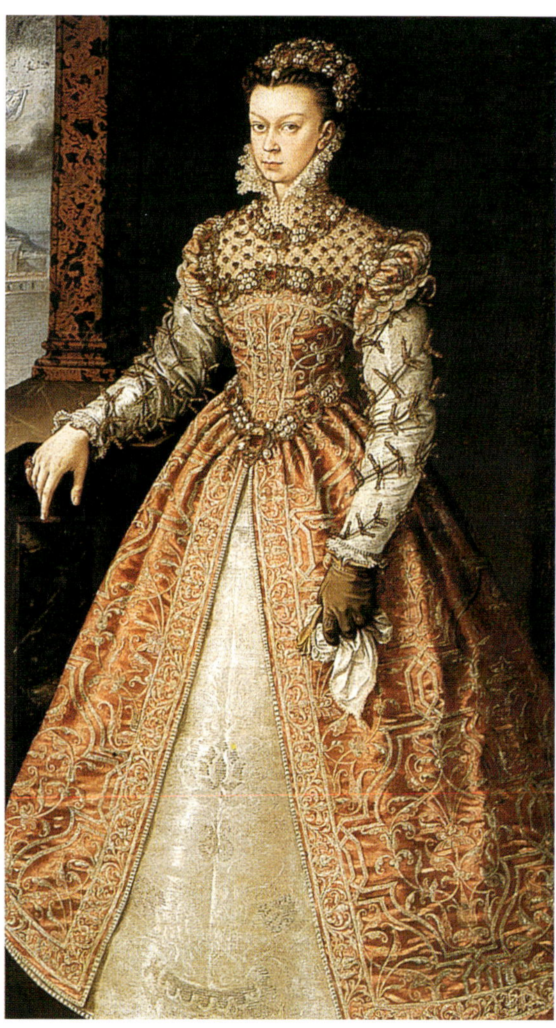

Alonso Sánchez Coello
Alquería Blanca/Valencia 1531/32–Madrid 1588
Isabella von Valois, Königin von Spanien, um 1560
Leinwand, 163 x 91,5cm (Inv. Nr. 3182)

Geboren 1546 als Tochter Heinrichs II. von Frankreich und der Katharina von Medici, 1559 mit König Philipp II. als dessen dritte Gemahlin verheiratet, gestorben 1568. Mutter der Infantin Isabella Clara Eugenia. An der Perlhaube ein aus „Y“ und „F“ (für Ysabella und Francia) gebildetes Monogramm.

Anthonis Mor
Utrecht um 1517/1520–
Antwerpen 1576/77
Antoine Perrenot de Granvelle,
1549, signiert und datiert
Eiche, 107 x 82 cm (Inv. Nr. 1035)
1772 in der kaiserlichen Galerie

Granvelle (1517–1586), aus Burgund stammend, Sohn des mächtigen Staatssekretärs Karls V., Nicolas, dessen Nachfolger seit 1550, mit 21 Jahren Bischof von Arras, Erzbischof von Mechelen, 1561 Kardinal, mächtiger und verhaßter Präsident des niederländischen Geheimen Kabinettsrates unter Margarete von Parma; Entlassung 1564; spanischer Botschafter in Rom; 1571/1575 spanischer Vizekönig in Neapel.

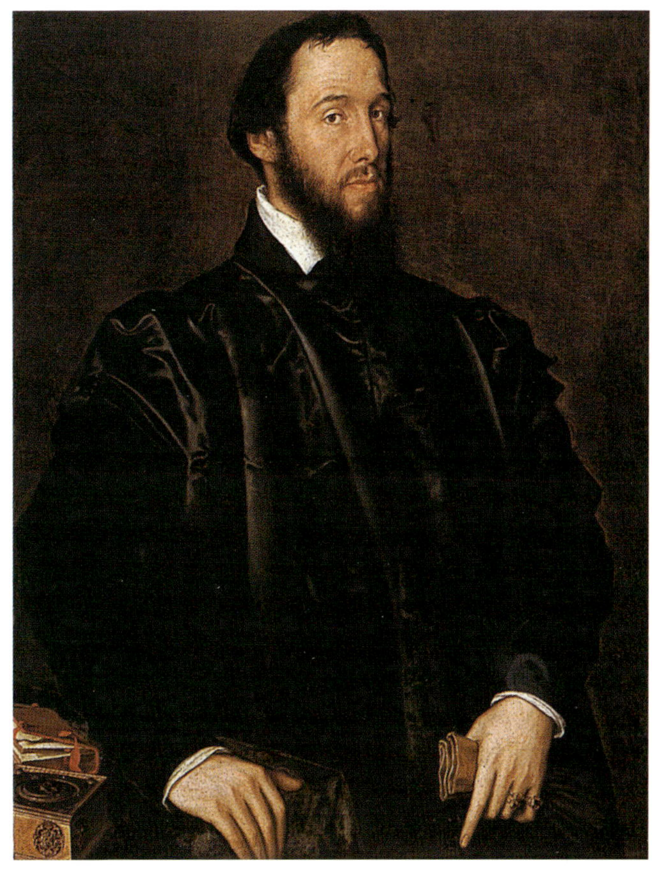

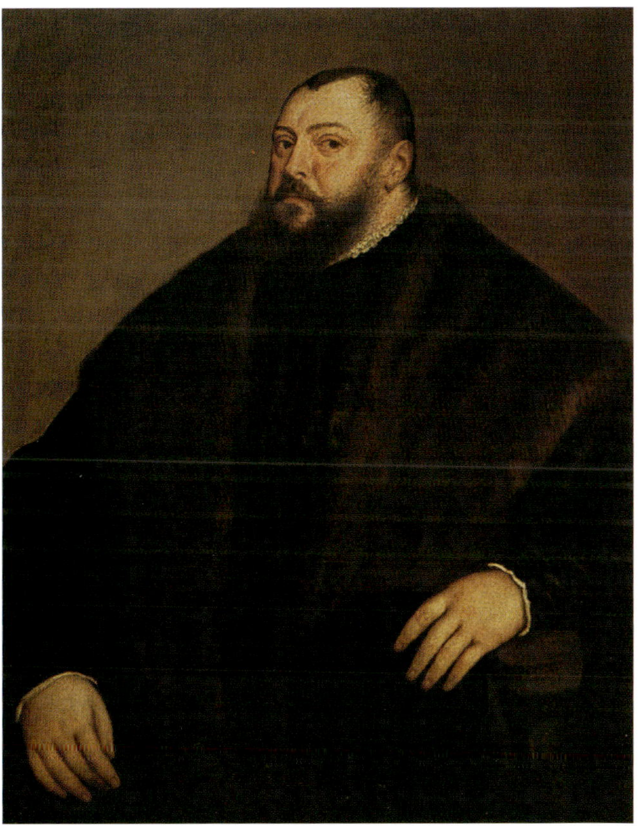

Tizian, eigentl. **Tiziano Vecellio**
Pieve di Cadore um 1488/1490–Venedig 1576
Kurfürst Johann Friedrich von Sachsen, 1550/51
Leinwand, 103,5 x 83 cm (Inv. Nr. 100)
Von Erzherzog Leopold Wilhelm erworben

Johann Friedrich der Großmütige (1503–1554), Gegner des Kaisers im Schmalkaldischen Krieg, wurde von Karl V. in der Schlacht von Mühlberg 1547 gefangengenommen und während seiner Gefangenschaft in Augsburg von Tizian porträtiert. Tizian setzt das Modell auf geniale Weise knapp in den Bildausschnitt, um den fast monströs dicken Kurfürsten in all seiner unnahbaren Würde, um die finster brütende Ruhe des in seiner Bewegungsfreiheit Eingeschränkten zu charakterisieren.

Anthonis van Dyck
Antwerpen 1599–
London 1641
Carlo Emanuele d'Este, Marchese di Borgomanero,
1634/35
Leinwand, 175 × 95,5 cm
(Inv. Nr. 484)
1730 in den kaiserlichen Sammlungen in Wien nachweisbar

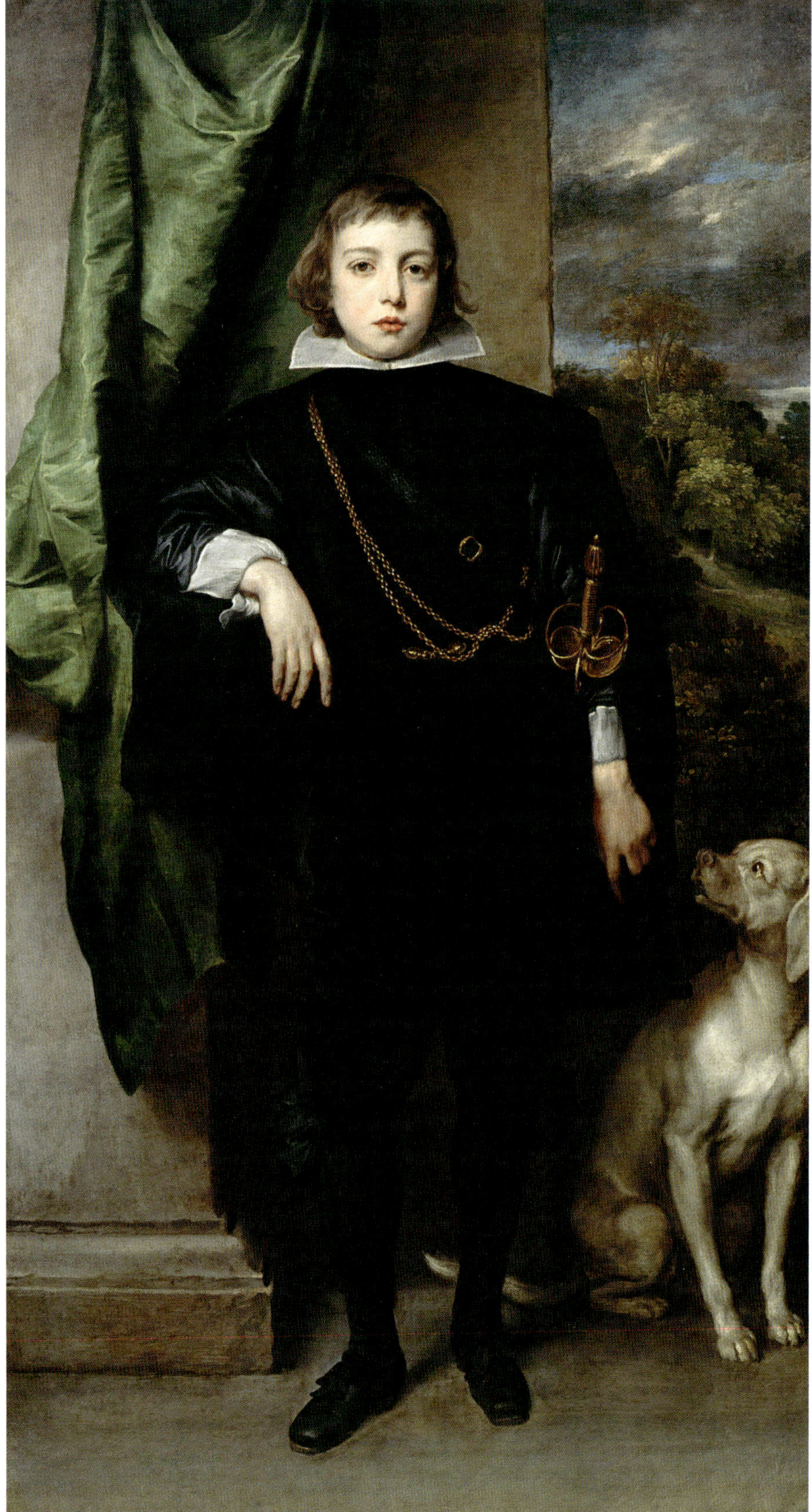

Dieses Knabenporträt und sein ebenfalls in Wien befindliches Pendant sind nicht, wie früher angenommen, mit den Kindern des protestantischen „Winterkönigs" Friedrich V. von der Pfalz zu identifizieren, sondern stellen zwei katholische Prinzen aus dem Haus Savoyen dar. Beide kamen im November 1634 im Gefolge des neuen spanischen Statthalters, des Kardinal-Infanten Ferdinand, in die Niederlande (s. S. 74). Van Dyck hat sie 1634/35 dort porträtiert. Borgomanero (1622–1695) war 1681–1695 spanischer Botschafter in Wien und der wichtigste Förderer der frühen Karriere seines entfernten Neffen, des Prinzen Eugen von Savoyen. Möglicherweise kamen die Bildnisse von Borgomanero und seinem Bruder Filippo Francesco als Geschenke in den Besitz von Kaiser Leopold I. Van Dyck hat es verstanden, dem Alter seiner Modelle genauen Ausdruck zu verleihen. Dies gelingt ihm sogar im höfischen Bildnis, das den ideellen Anspruch des Standes mit der Individualität des Dargestellten in ein spezifisches Verhältnis zu bringen hat. Unsere Vorstellung von müheloser, „aristokratischer" Eleganz ist stark von Van Dycks Porträtauffassung geprägt.

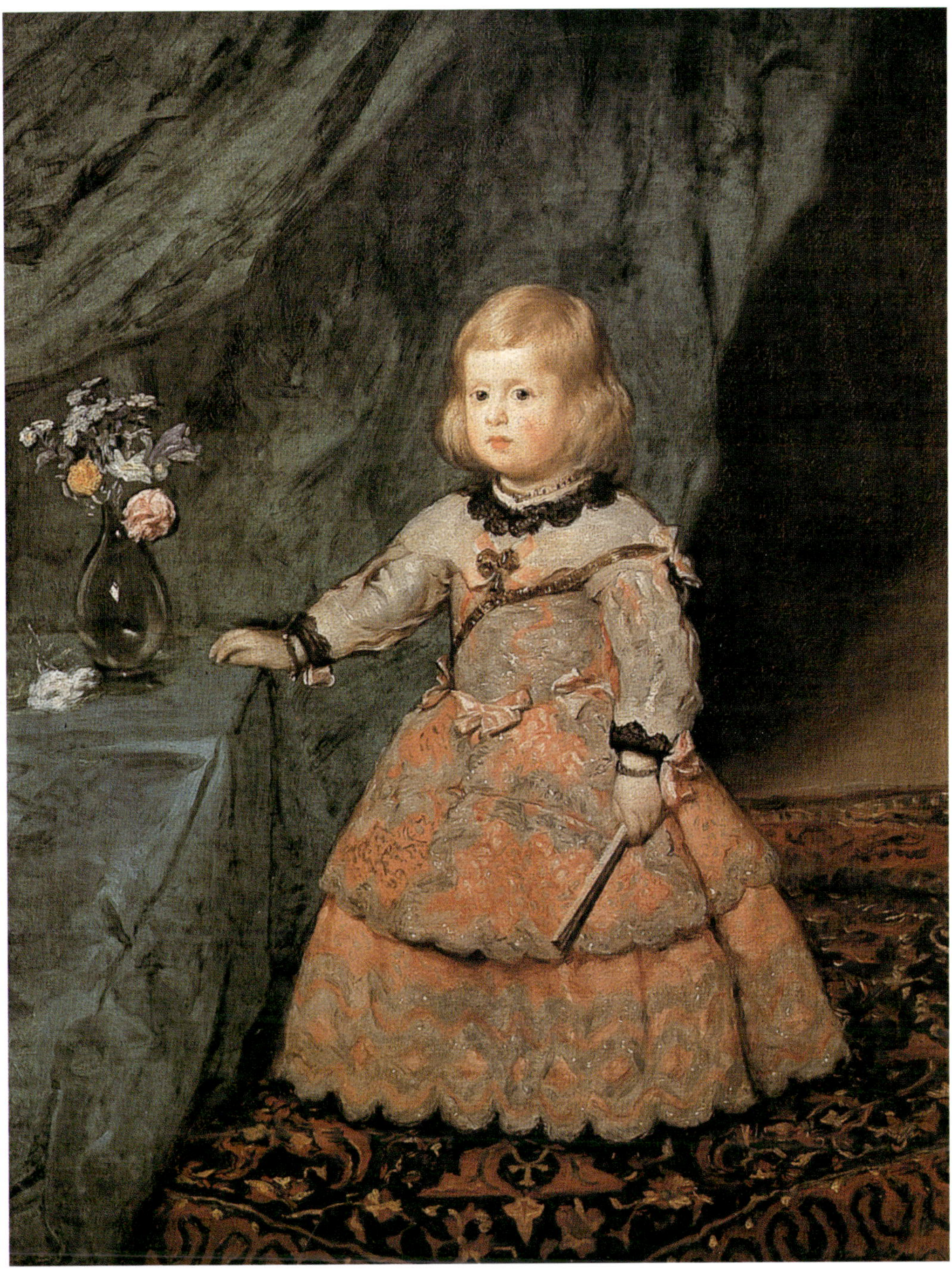

Diego Velázquez
Sevilla 1599–Madrid 1660
Infantin Margarita Teresa im rosafarbenen Kleid, um 1653/54
Leinwand, 128,5 x 100 cm (Inv. Nr. 321)
Geschenk König Philipps IV. an den Wiener Hof

Das erste der drei in der Galerie erhaltenen Bildnisse der 1651 geborenen Infantin, in dem Velázquez die traditionellen Requisiten des spanischen höfischen Porträts für eine etwa Dreijährige benutzt. Mit unglaublicher Sicherheit bringt Velázquez das Geschehe in ein – eben nur anscheinend lockeres – Gefüge frei hingesetzter unverschmolzener Striche und Farbflecke, in dem nichts verrückbar, nichts austauschbar ist. Erst aus einer gewissen Entfernung schließt sich das Strichgefüge zu kohärenter Körperlichkeit zusammen.

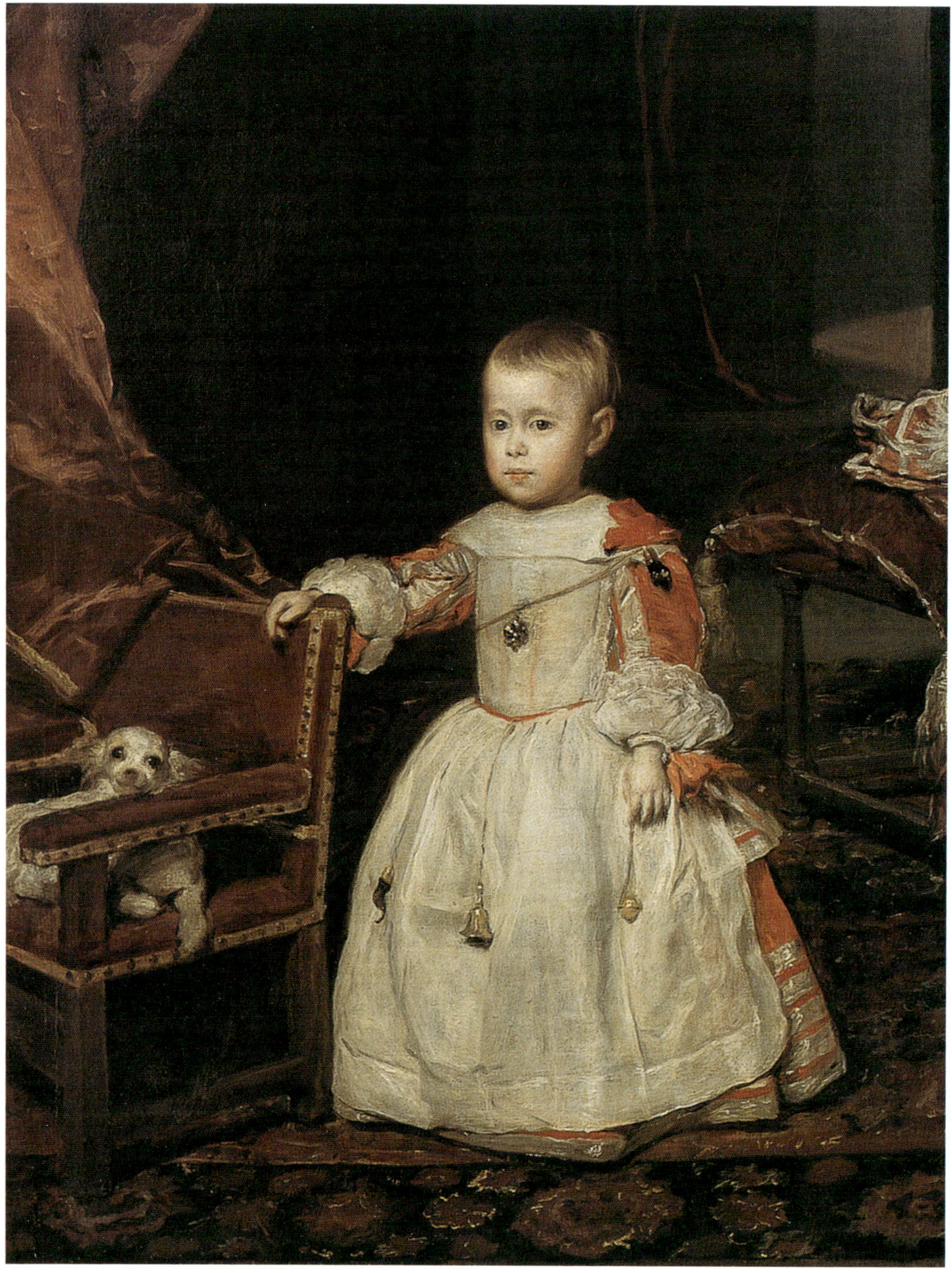

Diego Velázquez
Sevilla 1599–Madrid 1660
Infant Philipp Prosper, 1659
Leinwand, 128,5 x 99,5 cm (Inv. Nr. 319)
1659 als Geschenk an den Wiener Hof gesandt

Der kränklich aussehende Infant (1657–1661) – nicht umsonst trägt er über der weißen Schürze die Glöckchen sowie Unglück abwehrende Korallenamulette –, in den alle Hoffnungen auf einen Thronfolger gesetzt worden waren, verstarb schon zwei Jahre nach Velázquez' Porträtaufnahme. Der im höfischen Porträt häufig vorkommende Jagdhund, Anspielung auf den treuen und gehorsamen Untertan, ist ersetzt durch ein großäugiges Schoßhündchen. Allein schon durch die Verkleinerung der Accessoires charakterisiert Velázquez die fragile Existenz des Prinzen.

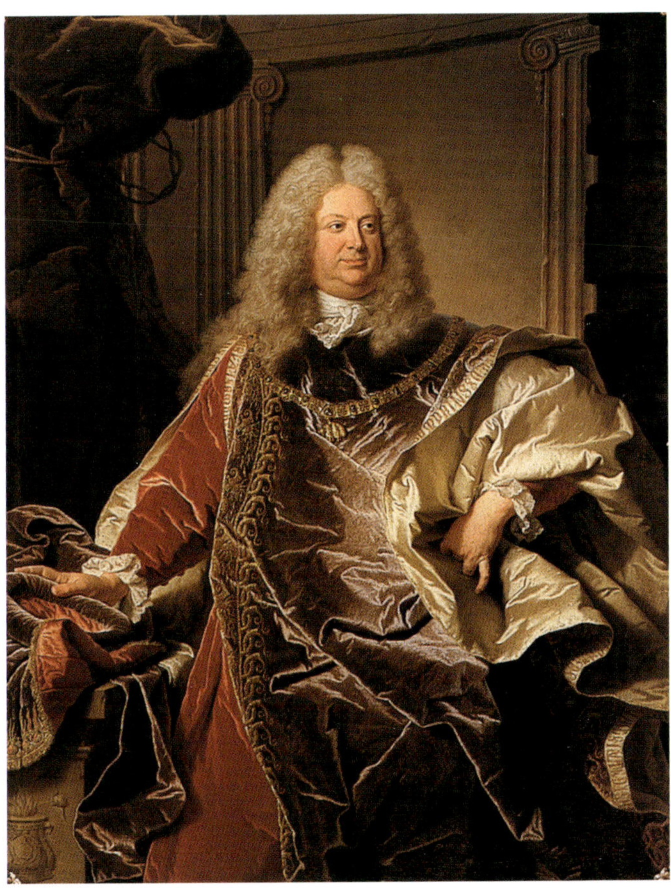

Hyacinthe Rigaud
Perpignan 1659–Paris 1743
Philipp Ludwig Wenzel Graf Sinzendorf, 1728
Leinwand, 166 x 132 cm (Inv. Nr. 9871)
Widmung Bettina Looram Rothschild, 1999

Der im Ornat des Goldenen Vlieses wiedergegebene Diplomat (1671–1742) nahm 1728 an den Verhandlungen der Friedenskonferenz von Soissons teil. Er war hoher Beamter unter den Kaisern Leopold I., Joseph I. und Karl VI. Im österreichischen Bereich seltenes Beispiel des französischen Porträttypus unter Ludwig XIV. und seinen unmittelbaren Nachfolgern.

Pompeo Batoni
Lucca 1708–Rom 1787
Kaiser Joseph II. und Großherzog Pietro Leopoldo von Toskana, 1769, signiert und datiert, im originalen Rahmen
Leinwand, 173 x 122 cm (Inv. Nr. 1628)
1824 in der kaiserlichen Gemäldegalerie nachweisbar

Dieses ‚Freundschaftsporträt' der beiden Fürsten, Kaiser Joseph II. (1741–1790, Kaiser seit 1765) und seines jüngeren Bruders Pietro Leopoldo (1747–1792, Großherzog von Toscana 1765, 1790 als Leopold II. Kaiser), entstand während einer Zusammenkunft der beiden in Rom. Batoni verzichtet auf allen Prunk und stellt die jungen Souveräne als Bildungsreisende vor; auf die Maximen der Aufklärung wird durch Montesquieus ‚L'esprit des lois' verwiesen.

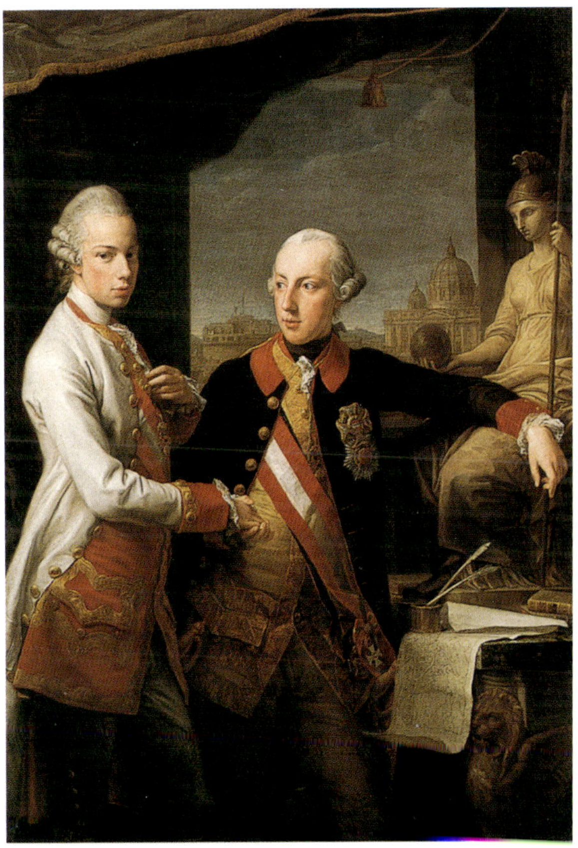

Literatur

AAVV, *Kunsthistorisches Museum Wien, Führer durch die Sammlungen*, 3. Auflage, Wien 1996

Ferino-Pagden, Sylvia; Prohaska, Wolfgang; Schütz, Karl: *Die Gemäldegalerie des Kunsthistorischen Museums in Wien. Verzeichnis der Gemälde*, Wien 1991

Haupt, Herbert: *Das Kunsthistorische Museum. Die Geschichte des Hauses am Ring. Hundert Jahre im Spiegel historischer Ereignisse*, Wien 1991

Kriller, Beatrix; Kugler, Georg: *Das Kunsthistorische Museum. Die Architektur und Ausstattung. Idee und Wirklichkeit des Gesamtkunstwerks*, Wien 1991

Lhotsky, Alphons: *Geschichte der Sammlungen*, 2 Bde., Wien 1941, 1945

Swoboda, Gudrun: *Die Wege der Bilder. Eine Geschichte der Kaiserlichen Gemäldesammlungen von 1600 bis 1800*, Wien 2008

Abbildungsregister